PAISAJES DEL LIMBO
Una antología de la narrativa mexicana del siglo XX

colección andanzas

PAISAJES DEL LIMBO
Una antología de la narrativa mexicana del siglo XX

Selección y notas de
Mario González Suárez

Guadalupe Dueñas • Salvador Elizondo • Ricardo Elizondo Elizondo • Jesús Gardea • Efrén Henández • Juan Vicente Melo • Pedro F. Miret • Daniel Sada • Francisco Tario • Juan Manuel Torres • Álvaro Uribe • Arqueles Vela

TUSQUETS EDITORES

1.ª edición: junio de 2001

Diseño de la colección: Guillemot-Navares

Edgar Allan Poe 91, 11560, Polanco, México, D.F.
Tel. 52 81 50 40 Fax 52 81 55 92
Fotocomposición: Quinta del Agua Ediciones, S.A. de C.V.
Aniceto Ortega 822, 03100, Del Valle, México, D.F.
Tel. 55 75 5846
Impresión: Grupo Sánchez Impresores
Av. de los Valles 12, 54740, Cuautitlán Izcalli, Estado de México
ISBN: 970-699-024-0
Impreso en México/Printed in Mexico

Índice

Banquete en el limbo

El otro día desperté en un cuarto amplio y oscuro cuyo único mobiliario es una mesa atestada de libros: corrí la cortina para verlos mejor. Con tal fuerza entró la luz que pensé que eran libélulas. Creo que me asusté porque tiré varios volúmenes al piso. Al recogerlos, quién sabe cómo junté en mis manos doce libros que me parecieron una curiosa reunión de autores, un encuentro casi fortuito al cabo de una fiesta, cuando la mayoría de los convidados ya se ha ido y es noche cerrada pero aún se tiene ánimo para departir y aliento para conversar hasta la madrugada. Imaginé que improvisaban un banquete, quizá en la casa de Efrén Hernández... Se acomodan los insomnes... ¿Qué van a contar? Por sus ropas –alguno traía paraguas, ella sombrero– me percaté de que era gente acostumbrada a trajinar por la noche, bajo los efectos de la luna.

Antes de la primera libación los noctámbulos se apoltronaron en la sala, dejaron encendida sólo la luz del pasillo y quien empezó a fumar ofreció a los otros... Ningún comensal de este banquete es burócrata; hablarían por turno pero no en orden cronológico y mucho menos alfabético.

Traté de definir si a estos autores los habían unido sus diferencias o sus afinidades literarias en cuanto a poética, simbología, estilo...

Mientras descorchaban otra botella de vino, estuve pensando que estos narradores manifiestan una abierta repulsión por el mundo de la materia, miran con olímpico desdén la realidad social y política; también que los hermana la creación de una obra que ha sabido navegar por debajo de la marea literaria nacional. Su universo no se ubica en un país sino en el limbo. Es decir que sus ficciones no se atoran en efigies entumecidas –la Cruz o el Martillo o México–; sus símbolos son sugerentes, como El Mago o La Fuerza o El Mundo...

Porque hace un siglo era una verdad latinoamericana que el escritor, así como el abogado y el cura, fungía como preceptor social y su más importante misión consistía en «hacer patria», edificar cívica y nacionalistamente a los lectores.

No hay que ignorar que la novela de la revolución mexicana ha sido muy mal leída porque en la escuela secundaria no nos enseñaban literatura sino historia nacional. Esta escritura épica, que a pesar de sí misma cuenta con más de una obra maestra, en México se ha valorado con un fanatismo similar al que en una secta protestante despiertan las epístolas de Pablo. Y hoy resulta por lo menos cómico que muchos narradores mexicanos insistan en mirar el mundo, que por supuesto se reduce a México, con los ojos de los muralistas prosoviéticos.

Los narradores del limbo son quienes han revelado su mitología personal, los que han sabido desplegar una «mitología espontánea», como dice Bachelard, y han dado el gran brinco que a cada hombre exigen la conciencia y el valor para no vivir preso de natura, la raza, las doctrinas ni la religión. Pues, según Joseph Campbell, «de la misma forma que en el pasado cada civilización era el vehículo de su propia mitología, desarrollando su carácter a medida que su mito iba siendo interpretado, analizado y elucidado por sus mejores mentes, en el mundo moderno –donde la aplicación de la ciencia a los campos de la vida práctica ha borrado todos los horizontes culturales, de tal forma que no se puede desarrollar una civilización aislada– cada individuo es el centro de una mitología propia, de la que su carácter inteligible es su Dios Encarnado, por así decirlo, el cual debe ser descubierto por su conciencia en una búsqueda empírica».

Por limbo no ha de entenderse aquí un tenebroso *kindergarten* para niños no bautizados, ni jardín de locos para inteligencias paganas. Limbo es un lugar donde transita libremente el alma y sabe que ella misma es el espacio. Allí se ubica el sujeto como centro de su soledad y su conciencia; su territorio le parece finito porque no se extiende más allá de donde le alcanza la vista, pero al moverse descubre que el horizonte también avanza. A tal esfera se le han puesto muchos nombres, tal vez con la intención de facilitar su estudio: es el ámbito de los sueños, el mito, la poesía, la imaginación, la infancia, el inconsciente o el mundo de los muertos. Y nos percatamos del limbo porque este mundo y aquel están conectados a través de nuestra mente. Ser hombre significa ser *umbral.*

Un imponderable

Se dice que en México existe una secta secreta –existen muchas– de gente que regala libros de Francisco Tario. Los miembros ignoran que pertenecen a la secta, y en el momento en que lo descubren son expulsados de ella. Creo que casualmente llegó a mis manos *La puerta en el muro* (1946) de Francisco Tario: un librito que me ha dejado admirado e inquieto.

No es una novela ni una colección de cuentos; quizá un opúsculo. No empieza ni termina; dura angustiosamente. Sus páginas reúnen una serie de experiencias psíquicas, no me atrevo a llamarlas espirituales pues el mismo Tario se burlaría de ello. Sin embargo, su prosa llena de símbolos crea una atmósfera numinosa, un espacio enrarecido en donde flotan almas abatidas por la conciencia de vivir encarnadas en un mundo triste y polvoriento que se desintegra a cada instante. Y más doloroso se torna el cerco cuando la criatura trata de saltar a la otra orilla de sus angustias: el amor sólo sirve para apuntalar la soledad impenetrable de cada quien.

José Luis Martínez escribió en 1946 que «las obras de Tario prefieren, antes que continuar una tradición, crearla por sí mismas aunque tal atrevimiento implique múltiples tanteos y no pocas dificultades». El riesgo que Tario corrió con sus ficciones fue no hacerle el juego al «gusto» literario nacional, a la infección ideológica que le ha exigido a los narradores mexicanos laborar de cronistas o historiadores de la vida pública del país; lo cual quiere decir hablar del poder.

Francisco Tario se atrevió a indagar su universo personal, donde no existen los intereses de la patria y sólo vuela el espíritu, que sopla en todas partes.

Tario anhela la destrucción del mundo en que vivimos y sueña fundar otro a la medida del alma humana: «Para estupor del que sobreviva estallarán los viejos astros y surgirán otros nuevos y, a cada alumbramiento de éstos, el mar rebasará sus límites, arrullará las ciudades y el perfume de sus algas será tan intenso que se marchitarán los retoños en sus tiestos, aunque la juventud infinita les será entregada a los hombres. Nadie hablará más de la hiedra en el muro, ni de la puerta en el muro, sino de la nueva montaña; nadie cultivará la hiedra, ni el enebro, ni las madreselvas, porque la tierra producirá unas flores azules de cristal que, trepando por la corteza de los árboles, derramarán su contenido sobre el que camina...» Una puerta es también una lápida.

El universo de Tario no es breve, visita varios géneros, tiene muchos registros. En *La puerta en el muro* –uno de sus diez libros– vemos al hombre encerrado en las murallas de sí mismo, consciente de que la única puerta que obligadamente se le abre es la de la muerte. Una de las voces de Tario apunta: «Verdaderamente lo único que me preocupa ante la inminencia es que al otro lado de ese muro y esa puerta continúe la calle polvorienta y desolada». Aquí dentro puede el hombre despertar o entregarse a impulsos ciegos, obedecer, mirar la televisión...

En otro momento de la narrativa de Francisco Tario –en *Una violeta de más* (1968), por ejemplo–, la melancolía es una potencia flaca en comparación con el humor negro de su talante flemático, con su convencimiento absoluto de lo que cuenta, el descaro con que quiere hacernos creer que es un fantasma. Para Tario la muerte no es un asunto que pueda interrumpir las cosas de la vida. Si no fuera un malora, pasaría por pensador oriental. En su obra, ya sea en la vertiente melancólica o en la burlona, todo lo exterior a la mente y la emotividad del hombre es *maya,* ilusión. Solipsista inmortal, le da lo mismo la reencarnación que la vida de ultratumba, y se ríe de las leyes de la materia: lo que importa es que el hombre no muere, y sólo los pusilánimes no son demiurgos de sí mismos y su cosmos. En uno de los aforismos de *Equinoccio* (1946) Tario ordena: «Y que se destruya todo si no ocurre eso».

También hay en Tario una universalidad secreta, pues mientras en el mundo alardeaba el existencialismo, él experimentó y expresó un horror intenso y bello ante el hecho de estar vivo, independientemente del miedo que nos dan la bomba atómica, las enfermedades y la muerte. En la marginalidad de Tario no hay pose alguna, antes bien pudor y soberbia.

Francisco Tario
La puerta en el muro

Bien ves que nosotros hemos dejado
todas las cosas y seguídote.

Lucas, XVIII, 28

Hay un trecho largo hasta aquella puerta y, quien no conozca bien el camino, corre el riesgo de extraviarse.

Primeramente las calles son anchas, planas, sin árboles, blanqueadas por el sol y el polvo, con altos edificios azules, rosados o grises; no hay jardines por los alrededores y las casas se levantan sobre la misma acera formando una doble muralla de piedra cuyo objeto nadie conoce. Son numerosas las calles, aparentemente iguales y corren hacia un solo punto lejano, como los tallos de un ramo de rosas en un florero. Mas, a merced que se avanza en la infinita y calurosa tarde, las casas se hacen pequeñas, los colores se atenúan y uno experimenta el primer impulso en todo el día de levantar los ojos y mirar al cielo. Ya recorrido un buen trecho, no hallaréis sino una calle.

Larga para el hombre, cuyas piernas son quebradizas, no debe serlo así para el tiempo, cuya voracidad y resistencia son insaciables. Se tiende en línea recta, sin protuberancias, como un eucalipto caído, y alguien diría sin pecar de exaltado o tonto que se bifurca en el horizonte. ¡Tal impresión da! Especialmente a estas horas, caminando de Oriente a Occidente, paréceme que el sol descansa al final de ella, quieto allí, reclinado, como un pastor a la sombra de los floridos manzanos. Nadie podría suponer quién habita esas casas silenciosas, sumergidas, de color pizarra, cuyas ventanas están todas cerradas; nadie podría sospechar qué ocurre tras esas ventanas, dentro de esas blancas cortinas, cuya sombra debe ser tan plácida; y mucho menos nadie acertaría a aventurar quién sembró esos árboles, quién cultivó esas flores y a quién se le ocurrió pintar los tejados con unos colores tan vivos que lastiman la vista. En toda la extensión de esta calzada no os sale al paso un perro, un hombre, un pájaro. Conformaos con la luz. Yo he hecho el recorrido algunos cientos de veces y, ni a una hora ni a otra, jamás tropecé con nadie. De noche, las luces están encendidas –es cierto– mas también lo están las estrellas arriba y nuestra incomodidad en la noche no es por eso más benigna. Tampoco sopla viento y debe hacer algunos años que no cae una gota de lluvia. Tal vez, en virtud de esto último, el polvo del camino sea leve, oloroso y blanco como la arena de una playa. Y tal vez, asimismo, a ello se deba el que los tejados se muestren tan duros. Y que los árboles hayan detenido su crecimiento, ensanchándose furiosa e inútilmente en un impulso constante por estallar. Y que nadie apetezca entreabrir las ventanas y asomarse a ellas, porque al hombre le complace la frescura, el rumor de la lluvia, el olor de la hierba joven y la presencia de las ramas tiernas doblándose bajo el peso de los frutos maduros. No, no: allí no madurarán los frutos, no hay más murmullo que el del silencio, y, si algún extraño día lloviera, la calle se poblaría de gente alegre y bien dispuesta que, sacando mecedoras y sillas de sus casas, se pondría a charlar animadamente, lanzando exclamaciones de júbilo, agitando como aspas los brazos, mirando sin cesar al cielo, en tanto que el agua les chorreaba por la frente, por las ropas, por el vientre y a lo largo de las desconsoladas piernas. Si algún día lloviera nadie podría transitar por la calle, pues el polvo se transforma en lodo; mas el hombre se sentiría tan satisfecho que se tumbaría a morir allí sobre ese lodo, y los hijos volverían a sus padres, los hermanos a los hermanos, se reconciliarían a reunirse entre sí como las bestias perdidas en la inmensidad de la montaña.

También alguien diría:

–Puesto que llueve es señal de que podemos reanudar nuestras labores.

Aunque nunca falta un escéptico –el que ha visto llover otras veces– que soslaya:

–¿Qué labores?

Y hay quien, al escuchar esto, recoge su mecedora o su silla, empuja la puerta de su casa y vuelve a sumergirse en la sombra de las cortinas blancas, persuadido de que efectivamente en la solitaria y polvorienta calle nada tendrá remedio.

Esto ocurre esporádicamente, de ordinario durante las grandes fiestas de la primavera, cuando la juventud, el amor y el canto alegre de los pájaros parecen prometerles a los hombres:

–Es bello y admirable vivir, ¿quién lo duda? Tomad vuestras pasiones, hasta el último impulso de vuestra sangre, y dejad la razón en casa. Reuníos pronto con nosotros, pues, contra lo que se supone, la vida es fecunda y pródiga, imperecedera la alegría y sumamente razonables y justas las ilusiones del hombre.

Al final de esta calzada hay una puerta. Reflexiono:

–¡Quién quita y hoy sí sea el día!

Era una mujer limpia, fresca y risueña y propendía a vestirse con telas claras, generalmente estampadas en flores. Peinábase con los cabellos recogidos sobre la nuca y se empolvaba con exceso el rostro. Cuidaba mucho, por otra parte, de sus manos, que sabía mover graciosamente como un niño o dejar caer abandonadas sobre sus faldas en esa actitud un poco religiosa, un poco campesina, un poco como en espera de algo que tienen las madonas italianas, los párrocos de aldea y los miserables idiotas. Gustaba de los sombreros altos –yo diría que extraordinarios– y de las piedras falsas. Y caminaba con sencillez, hasta tímidamente, como una buena esposa. Era tierna, no hay duda, y resultaba comprensible que me hubiese enamorado de ella.

Rara vez se perfumaba. Yo le decía:

–¿Olvidas que te quiero?

No es agradable ver sonreír siempre. Me exasperaba esto.

–¿Hay algo de risible en ello? –le preguntaba.

Y a lo mejor, de espaldas, poniéndose el sombrero, sonreía otra vez. O varias. Me tendía en la cama, viéndola.

–¡Oh, qué miras! –y se turbaba–. ¿Qué miras de ese modo? ¿No me conoces?

Había sido una vida dura la nuestra. Creo que en el fondo me temía y me admiraba: jamás me lo reveló. Sin embargo, hay algo secreto y común, mudo, terrible, en la convivencia prolongada de las gentes; algo que no es el amor, ni el rencor, ni el hábito, ni la inteligencia, ni el abandono, ni siquiera el orgullo, y, que, a manera del viento que levanta y se lleva el polvo desnudando las rocas, desnuda, expone y anima los sentimientos, las reflexiones, el delirio y hasta los propios ensueños. Ella sufría y es posible que yo compartiera su sufrimiento. Otras mujeres habían llenado en mi vida un vacío.

–Me sacrifico... –balbuceó una tarde. Tenía su orgullo.

–¿Tú me amas? –le preguntaba.

–¿Y tú?

Tampoco replicaba abiertamente; tampoco miraba como hubiera sido preciso en ciertos momentos. Era una buena esposa y caminaba con sencillez, sin ruido, sin pretender inquietar al hombre.

Nos sentábamos sin hacer nada.

–¿Piensas algo? –y hasta me parecía melancólica.

Debiera haberme dicho:

–Pienso en las mujeres que habrás amado.

Recuerdo una vez que la sorprendí llorando. El llanto afea tanto los rostros de las mujeres como los sombreros altos. Me afectó, lo confieso; y me conmovieron sus manos pálidas sobre las faldas, igual que las de los párrocos y los idiotas.

–¿Por qué lloras? ¿Estás enferma?

Hay una mirada que atrae y otra que rechaza; pero hay otra sin sed ni fatiga que invita a permanecer en un mismo sitio. Fue terrible esto último. No obstante, pronunció aquello que aún no olvido y que fue lo único que en realidad merece la pena de recordarse:

–Hace algún tiempo que lloro, ¿no te doy lástima?

Iba a decir:

–Si de verdad me dieras lástima todo se habría perdido. Te amo; esto ya es distinto.

En cambio, permanecí de pie, mirando su mirada que no impulsaba a moverse.

–Solamente el llanto de los niños me conmueve. Así, pues, cállate y escucha.

Nada de eso dije. Después me acomodé a su lado y hubiera deseado que reclinara su cabeza en mi hombro. Era orgullosa. Y altiva.

–¿Ves cómo llueve? El campo para estas fechas debe estar ya muy hermoso...

Y porque no experimentaba yo ninguna lástima huyó hasta su alcoba.

Rara vez se perfumaba. Hoy sí.

–¿Y qué perfume es ése?

Debía ser el otoño y ella se sentía a gusto en su vestido de flores. Incluso, me parecía que su cuerpo movíase con una agilidad, un presentimiento, una esperanza desconocidos; que su mirada, contra todo lo establecido, impulsaba a moverse también, a rondar en torno a ella como alrededor de un abismo o una llama y –¿por qué no?– a echarle un brazo por la espalda y contemplar de cerca su rostro excesivamente polveado. Sí, era el otoño y hasta en la ciudad se advertía su presencia. En esas tardes de octubre puede el hombre emprender los caminos más imprevistos. Puede, igualmente, descubrirse de pronto una nube no vista antes, un aroma jamás aspirado, una razón heroica o el resquicio de alguna puerta cuyo tenue resplandor invita a entrar. ¡Nadie sabe! Ciertamente, durante el verano y durante el invierno y durante cualquier instante de nuestra vida puede descubrirse ese resquicio. Pero tenía que ser en octubre, como tiene que ser un instante preciso aquel en que deba ocurrir esto o aquello.

–Me voy.

–¿Te vas?

No entreveía yo ni remotamente la pérdida.

–Sí.

–¿Volverás pronto?

–¡Nunca!

Y me eché a reír.

«Está de buen humor la señora», reflexioné allá adentro.

–¿Y adónde encaminarás tus pasos? ¿Tan lejos, tan lejos...?

Se hallaba ante mí, como el espíritu de sí misma.

–Tan lejos –articuló.

Me puse de pie.

–¡Mírame! –le dije.

–Ya te miro. ¿Qué?

No, no había nada en su mirada, como no lo hay en el firmamento lejano y limpio durante los cálidos días del estío.

–¡Mírame, mírame! Todo depende.

–Te estoy mirando. ¿Ya?

Fue la menor conmoción de mi vida. Y de la de ella. Pude decir adiós o hasta luego y me puse a fumar. Oí la puerta, sus pasos, otra puerta allá abajo, como cuando llamaba el cartero, y en la calle un soplo de viento que estremecía los árboles. Tal vez experimenté algo de frío. Aquel mes había llovido copiosamente y las montañas vecinas se hallaban cubiertas de nieve. Con el silencio, ese frío se acentuó. Miré hacia atrás, en dirección al espejo, y la proyección no me sugirió nada importante. Tuve, eso sí, la visión de una calle extraordinaria, cubierta de polvo, sin perros ni hombres ni un pájaro en el espacio, y que se bifurcaba en el horizonte. En seguida, me pareció que el cielo se encapotaba, que algún postigo cedía y que la calle se poblaba inauditamente como en los sueños. Todos parecían confusos y me miraban. Contra la ventana caía la lluvia. Y alguien proclamaba:

–Puesto que llueve es señal de que podemos reanudar nuestras labores.

Tomad una piedra redonda y plana y lanzadla con todas vuestras fuerzas sobre la superficie de un estanque. Tomad después otra piedra igual y arrojadla verticalmente contra el remanso. ¿Qué preferís, sin duda, la carrera loca y ágil sobre las aguas quietas y la inmersión lenta o el profundo sonido grave de algo que verticalmente desaparece?

–Me gusta ver las ondas ampliarse y llegar a la orilla –decía mi primera amante.

El hecho es que era una mujer sin importancia y con demasiado vello en las piernas. Por si fuera poco, ha muerto y no viene al caso ocuparse de ella.

–¡Ah, sí, sí me acuerdo! De la iglesia conservo una idea general muy vaga: algo así como un montón de pedruscos grises con una cruz gris en alguna parte. Podría aventurar que las imágenes eran tornasoladas y crueles y que sobre las gradas del altar mayor se alzaban dos candelabros descomunales. Posiblemente, si los viera de nuevo convendría en que no miden ni un metro. Pero, en fin, durante los atardeceres hacía mucho frío en la iglesia, se veía escasamente por entre las sombras y cuando alguien entraba por la puerta trasera todos nos volvíamos a mirar a un tiempo como si a cada cual lo llamaran por su nombre. Éramos desmedrados y a usted le inspirábamos una piedad cristiana.

–A ver, a ver –repetía–. Amar a Dios sobre todas las cosas.

¿Amar a Dios? ¿Amarlo, amarlo? ¿O temerlo, especialmente, cuando usted se encaramaba en el púlpito y con la pesadumbre de quien lleva a cabo un acto feo o deshonroso vomitaba injurias contra los pecadores y prometía el fuego eterno? ¿Cuando usted, con sus ojos azules tan incapaces, pretendía persuadirnos de que, en efecto, Dios era una cosa horrible?

–A ver, a ver: amar a Dios sobre todas las cosas.

¡Cómo no he de recordarlo! Y sepa, además, que durante las noches de aquellos días uno se arrrebujaba entre las mantas, apretaba los muslos y, por precaución nada más, repetía entre dientes la lección del catecismo.

Ordinariamente mi madre me preparaba algún postre: era la recompensa a una devoción obligada. Y comía de aquel postre hasta hartarme, hasta que se me retorcían las tripas y me entraban náuseas. Mi cuarto tenía una ventana. Era feliz.

–Harás bien en amar a Dios sobre todas las cosas –me aconsejaba ella.

Esto me preocupaba. ¿Efectivamente, era así?

–Si te contara –argüía– que te amo a ti infinitamente más que a Él, ¿qué dirías?

–Diría que has pecado y que deberás hacer la primera comunión cuanto antes.

Y la hice. Y no fue posible nunca nunca que se llevaran a cabo los propósitos de mi madre.

¡Acuérdese usted! Éramos alrededor de una docena y nos sentábamos en la última banca. Debe usted perdonarme: me distraían sus hermosos ojos azules.

Lo primero que oí de Beethoven fue que era sordo. Después, que era sucio, horrible y muy desdichado. Una tarde –ahí sí no sé en qué parte– escuché algo de su música. Alguien pedía:

–Que se salga el niño.

Un pariente de mi padre me llamaba «El Bandido Terrible».

–Aquí estoy bien, gracias –dije.

Y me senté con las botas sobre el asiento.

Fue la primera vez que sospeché muy oscuramente que debería existir una calle dolorosa y sin sombra, de muy extraña topografía, por donde Beethoven, el sordo, debería haber paseado en un tiempo.

–¡Por Dios, qué tonta es la gente!

Y qué desdichada. También esto lo recordaré de cuando en cuando.

¿Conocéis el juego del «Chorro, Morro, Pico, Tayo, Qué Dirás Que Es»?

Pues consiste en esto:

De diez, ocho o seis muchachos se forman dos bandos físicamente equilibrados, que serán los que se enfrenten. Otro muchacho cualquiera, apacible y de buen aspecto, hará de Madre. La Madre, siempre persuasiva, sencilla, se sentará en el primer peldaño de una escalera o en algún muro de poca altura, con las piernas entreabiertas. Los dos bandos echan a suertes y el triunfador se apresta a la lucha. Uno de los sometidos, con las ancas erguidas, apoyará su cabeza en el regazo de la Madre; el siguiente colocará la suya entre las piernas del primero; el tercero entre las del segundo y el cuarto entre las del tercero. De pronto, uno de los del bando contrario, tomando empuje y alientos como el percherón frente a la yegua, saltará sobre sus enemigos para treparse en las costillas del que se ayuda en la Madre. Y así sucesivamente los demás. Naturalmente, el éxito de estas maniobras consiste en caer tan pesadamente sobre los supuestos asnos como sea posible; con la misma brutal alegría y el mismo ardor de quien pretende hacer valer un grave privilegio. Ya todos a cuestas, el primero dice:

–¿Chorro, Morro, Pico, Tayo, Qué Dirás Que Es?

Y muestra uno de los cinco dedos de la mano.

La Madre, árbitro infalible, de infalibilidad taciturna, observa. De abajo, aventuran:

–¡Morro!

Y era Pico, puesto que se trataba del dedo medio.

A continuación la historia se repite hasta que los asnos acierten. Así siempre.

Este juego se practica en los colegios, durante las horas de asueto, y provoca en el ánimo un excepcional entusiasmo.

Nunca supe –y traté de esclarecerlo a toda costa– por qué se veló aquella placa.

¿Tal vez, de haber ocurrido de otro modo, me habría convertido de golpe en el primer fotógrafo de paisajes o, bien, habría resuelto sin proponérmelo el teorema universal de la invisible enlutada?

Hay un cabaret horrible en un pueblo de la costa. Se encuentra situado en una lejana y tenebrosa barriada de pescadores, tan próximo al mar que a marea alta las espumas llegan hasta su puerta, penetran por las grietas de la fachada y con frecuencia tiene uno que descalzarse para entrar en él. Lo conocí una noche.

Es un local muy amplio, dividido en dos salones, el primero de los cuales es el bar. Allí, a altas horas de la noche, siempre hay gente que bebe, chilla o duerme contra una mesa o bajo una mesa. Las mesitas son cuadradas, muy bajas; pintadas de azul añil, como los muros. El techo es alto y negro, opaco, y la luz más turbia todavía, como si se filtrara a través de un colador lleno de nata. De las lámparas cuelgan largas tiras de papel de seda y unos caballitos de cartón con las orejas demasiado solemnes y que, a impulsos del viento marino, revolotean circularmente en el aire o se acometen unos a otros produciendo en el ánimo del más tonto la impresión de que algo terrible puede ocurrir bajo esos caballos de un momento a otro. Sobre una plataforma con dos escalones plateados toca la música. Es una charanga de seis profesores dormidos: seis criminales de la peor ralea que han dejado el mar o la cárcel y se han sentado allí con algo entre las manos donde soplan o golpean, esperando no diré que la Muerte sino la Justicia que les eche mano. Las piezas que tocan son salobres y monótonas y los parroquianos así las exigen, puesto que el baile está sujeto a tarifa y la fricción ha de durar lo suficiente a fin de que unos y otros se sientan satisfechos. Tras las ventanas del bar tiembla la oscuridad misteriosa del océano. Hay también unos espejos altos, como para gigantes, donde nadie se mira. Y si se da el caso de que alguno lo haga, tópase imprevistamente con un horripilante visitante, verde y cadavérico, que os contempla desde un mundo de cerveza, sonambulismo y conchas marinas. Ni os conocería vuestro propio padre; pero la música suena y esto es lo interesante.

Todo el mundo sabe que no es un cabaret propiamente –sea de la índole o categoría que sea– el lugar adecuado para esparcir una pena, ahuyentar una preocupación grave o mitigar ciertos estados de ánimo rayanos en la desesperación o el remordimiento. El cabaret, sea de topacios, agua marina o sal común y corriente, es un rincón espléndido para el hombre sano y en su juicio, con cierta ilusión por delante, que procura reír alegremente, beber y comer aceptablemente y acariciar con languidez las deliciosas caderas de quien a esto se preste. No obstante, ni alegre, ni muy en mi juicio, ni con la más leve aurora en perspectiva, me arremangué los pantalones aquella noche de marea alta y penetré en el tugurio. Era ya muy tarde –suponía que la madrugada– y tropecé con un escaso mundo de borrachos que, tras haber hecho lo humanamente posible, hallábanse en ese periodo especial y somnoliento de los humores resecos, las caricias sin consuelo y los codos sobre la mesa como único apoyo en el sexo y el espíritu. No hablaban ni reían y miraban la mayor parte hacia la puerta. Chinches o mujeres había algunas entre ellos, y el calor era excesivo. En aquel momento –recuerdo– no sonaba la música.

Ah, sí me senté, y es conveniente saber que me encontraba por aquel tiempo en un periodo extremadamente difícil de mi existencia.

No era, que se diga, ninguna tragedia especial mi vida, sino que me hallaba... relativamente enfermo. Convaleciente, sería más justo. Rara vez visitaba el mar y esta vez lo hacía huyendo de ciertos excesos que el doctor dio en llamar prohibitivos. Me explicaré. Había quebrantado mis nervios en una tensión endiablada, y, los nervios, tan resistentes en mí a cualquier esfuerzo de toda índole, habían cedido como los maderos de una construcción defectuosa. Eran prolongadas e inquebrantables mis jornadas ante la mesa e innumerables y borrascosos mis excesos amorosos. Fue una época sórdida y grave, angustiosa y sombría, que pudo llevarme a la muerte, de no haber buscado el remedio a tiempo. Como resultado de todo esto, bebía mucho, fumaba y consumía el café por litros. Recuerdo algunas madrugadas –las que me anunciaron el colapso– sentado impávidamente en la cama, obnubilado y confuso, como en un pasmo de epilepsia. Recuerdo las noches dilatadas, catastróficas, sentado ante mi mesa, repitiendo sin cesar una misma palabra a la que no hallaba modo ni manera de que sucediera otra. Y recuerdo, tiempo adelante, aquellas crisis poco aparatosas, mas terribles, ciertas ondas de locura, durante las cuales con el rostro de un muerto asomábame a la claridad helada del espejo sin encontrar la razón, el sentido y la memoria, perdido –me imaginaba– en un pozo de oscuras cenizas o en un aceitoso mar de olas amarillentas donde mi propio cuerpo se diluía. Recuerdo mis turbulencias afectivas, el desorden brutal de mi espíritu, la trepidación de mis arterias, los gritos desgarradores y trágicos de mi conciencia que agonizaba. Diríase que el mundo actuaba con una vertiginosidad y resonancia desusadas, incomprensibles para mí, y que me producía el estupor de quien a cada objeto que toca se le adhiere reciamente a las manos. Y los objetos eran blandos, serosos, y no había puerta lo suficientemente sólida que permitiera ser abierta. No seguía adecuadamente el curso de los acontecimientos y, en cambio, comprendíame perseguido atrozmente por ellos; ni seguía el ritmo del hombre que vive, sino de aquél cuyos pies abandonaron la tierra y cuyos nervios autónomos a fuerza de prolongarse y desgarrar la piel han echado raíces en el vacío, captando lo que en él se desarrolla y que resulta para los demás inasible. Por olvidar, había olvidado de reírme, que es el más cruel anuncio de todo colapso.

Muy natural, por consiguiente, que convaleciente de estos males, repuesta mi salud en parte, mi sensibilidad quedase enferma y a flor de piel como una espantosa herida. El mar la curaba; mas se advertía su presencia. Veríamos.

¡Cómo bebí aquella noche! Vestida de morado, con los pozos de sus ojos más profundos que la misma noche, ella fue la culpable. Por prescripción médica habíaseme vuelto a permitir el tabaco y el ejercicio moderado; mas no el alcohol, entre otras cosas. Debieron ser quince o veinte los vasos que ingerí en pocas horas. Pude o no perder el conocimiento. Y recuerdo ahora muy distintamente los espejos submarinos donde los monstruos de mar substituían a los hombres borrachos, y a los caballitos de cartón golpeándose no en el aire sino en la arena, a los músico-criminales apretujados en un rincón huyendo estrepitosamente de la Justicia. Recuerdo que el vestido de ella era brillante, que se le untaba a las ancas como un pulpo en celo y que sus uñas violetas producían la impresión, bajo la luz de leche, de diez sucias y enfermas amatistas. Recuerdo que se inclinaba sobre mí para encenderme un cigarrillo y que sus senos también se inclinaban como algo destinado a amputarse allí mismo con un cuchillo de los que utilizan las cocineras. También guardo memoria de sus tacones raídos y sus piernas hambrientas, surcadas de venas. Pero tenía los cabellos espesos y lacios y podría besársela, llegado el caso.

He de mencionar cómo intenté el suicidio.

El cabaret, ya digo, hallábase sobre las mismas espumas; mas, para la madrugada, había bajado la marea y se extendía la costa, limpia y rara, invitando a seguirla. A tramos, crecían algunos cocoteros. O había luna o yo me lo supuse de este modo; la veía. Y no era una luna común y corriente, sino levemente purpúrea, al parecer en extremo pesada y bogaba por entre las nubes con una lentitud insólita. Salimos. Era con objeto de despejar la cabeza. En cuanto a mí, habría seguido cualquier rumbo. Mas no dejaba de ser extraño, para alguien que nos hubiera visto, caminar sin decisión alguna, lentos y pesados como la luna, ajenos y extraños, casi enemigos, sobre las plateadas y lisas arenas. Se comprende que a tales horas baje a la playa un renacuajo extraviado, un pajarito enfermo o una pareja de amantes. También un par de amigos; o de asnos. A la mañana siguiente examiné nuestras pisadas y tal parecía que un buen número de personas habían tomado esa ruta. Debía ser cómica y espeluznante la marcha. Pero me hallaba a salvo y esto me produjo alegría.

–Un poco más, otro poco... –y sujetándola del antebrazo, no le permitía alejarse demasiado–. De un momento a otro llegaremos. ¿Distingues aquella luz verde?

Era una luz amarilla y el lenguaje de ella vergonzoso.

–Si por aquí no hay nadie –y avanzaba–. Si aquí o allá da lo mismo. ¿Qué temes?

–Vamos, pues, ¡sígueme! Verás qué admirable es mi casa.

Preguntaba qué tal le pagaría.

–Tengo diez criados y mi mujer duerme. Ella duerme como nadie se imagina y la trasladaremos a cualquier rincón sin despertarla. Entonces tú te meterás en su cama y a lo mejor te quedas allí para siempre. Tengo diez criados que te servirán si yo lo mando.

Lo que buscaba estúpidamente eran unas rocas donde sentarme: en la insensatez de mi estado olvidaba que no había rocas y que sobre la arena puede uno reposar cómodamente.

–¡Ya verás qué bien se duerme entre aquellas sábanas! Toma, te adelanto esto.

La mujer se me reunió y le eché el brazo al cuello. Caminábamos con el agua a la rodilla. ¡Oh, cómo me reí!

–Y tengo otras muchas cosas. Tengo un gran jarrón de porcelana y una mesa llena de trastos viejos y unos cigarrillos de tabaco rubio que endulzan el aire. Tengo un jardín con cerezos y una ventana cubierta de hiedra donde podrás reclinarte. Tengo jamón y huevos frescos y fruta fresca en la cocina. ¿Sientes hambre? Podrás comer cuanto apetezcas; puedes comer en cuanto llegues, ¿no lo recuerdas? Son diez los criados y se desvivirán por servirte.

Con las diez sucias uñas de amatista apretujaba la cartera, llena de misterios.

–Esto a ti no te importa, pero tengo también tres hijos.

Debían ser algunos los kilómetros recorridos.

–Tres hijos pequeños y rubios que no saben nada de esto.

De pronto se detuvo abominando de ellos.

–¡Verás qué espléndido!

Abracé la idea dúplice y repentina de un suicidio y un crimen.

–¡Tú no sabes! Aventurémonos más adentro.

Es claro que se resistía y como que reía o lloraba; que lo fresco de la espuma en su cintura le despejaba la cabeza; que advertía por no sé qué oscuros presagios que la broma era ya excesiva.

–Unos pasos más qué importan...

Resultaba extravagante su mortal terror a que la cartera con los billetes se mojara.

–¿De qué me servirán mañana? –levantaba el brazo, mas el agua era ya tan alta que su intento fue del todo vano.

Perdió al fin la cartera, que recuerdo como una larva. Ya no se podía hablar, con el agua al cuello. Y mi inmediata impresión fue esta: que tornaba a asomarme como tantas veces al espejo de mi alcoba en busca de la razón, la verdad y la conciencia. Mas el espejo era tan inmenso que alcanzaban a proyectarse en él el doctor y mis hijos y mi mujer junto al jarrón de porcelana.

–¡Se ahoga! –gritó alguien tras un biombo.

Y me volví. Tal vez por ser la voz de uno de mis hijos verifiqué el impulso. Yo pensé en ese instante que quien se ahogaba era él.

–No sería justo –y sí, sí me volví.

Fue lo que me salvó la vida, y lo agradezco. Mas no deja de inquietar a uno por las noches la visión de aquel vestido nocturno que se alejaba sobre las aguas revueltas igual que una barca colmada o unos negros labios que sonríen. Sí, era un vestido increíble y chillante con una pobre vida adentro.

Muy bien. Mas hablando de hechos dolorosos, ninguno como recordar que a mi pobre padre, en vida, le triscaban siempre los zapatos. Probad a oírlos sobre unos peldaños de madera, con el carácter de él tan retraído y tímido.

–Tras, tras... tras, tras...

Debía ser inflexible y cruel mi madre, puesto que, rascándose los sabañones, solía preguntarle a menudo si de verdad había cubierto su importe.

Uno deliberadamente razona y se devana los sesos y jamás en la vida llegará a aclarar debidamente por qué se escribe. Quiero decir, por qué escribe uno. Frente a las páginas dispuestas –tantas, tantísimas horas–, al iniciar un nuevo trabajo, viene a uno de repente la inquietante y quejumbrosa pregunta:

–Está bien, ¿y para qué?

Y con una sola línea entre las cejas, con las puntas de los pitillos en dos hileras, pónese uno a estrujarse el corazón y la cabeza buceando en la horrenda vida de los hombres.

Son los momentos diurnos o nocturnos, pero implacables, en que el viento nos arrebata las páginas, yergue en alto las colillas ateridas y forma con todos estos elementos, bajo un cielo mortal o inmortal –¡qué importa!– la somnolienta callejuela de polvo donde no se ve a nadie: ni a un perro, ni a un hombre, ni a un triste pájaro en el espacio.

La que me abandonó, prorrumpió un día:

–Sí, realmente se vive mejor que por estos rumbos. ¡No sabes qué dichosa me has hecho! De veras.

Eran los tiempos felices.

Cierto día de niebla abofeteé a un tonto que se rió de mi cabeza rapada. En un principio, me divirtió y llenó de optimismo pensar que existiera alguien tan despreocupado y alegre que un incidente tan simple le produjera risa; porque al reír es bien sabido que el hombre se olvida de todo. Y, al olvidarse de algo, significa que no hay mucho de qué acordarse. En fin, consideré que era testigo de algo muy saludable, primaveral y digno de envidia. Mas, a poco, advertí cuán equivocado estaba. Me detuve y le dije:

–Usted perdone.

Fue cuando descargué el puño. A su lado temblaba una criatura tristísima, inconsolable y cadavérica, que debía ser su hijo. Es claro que en circunstancias tales aquél era sin duda un tonto.

–Usted perdone.

Debía suprimir el engendro y se reía. Un tonto, incuestionablemente.

–Eso es, usted perdone.

No hay nada sobre la Tierra tan irritante y estúpido como la tontería.

Y se me ocurre pensar que de todos los pasos y todas las huellas nuestros pasos y nuestras huellas son los más importantes.

–Por lastimosos e inexplicables que sean –como dijo una tarde.

Puede que, debido a esto, uno guste de tostarse al sol, verse el cuerpo desnudo y saber con certeza que las mujeres hermosas nos desean.

Las ceremonias pueblerinas, de no llegar a Dios –como me imagino–, sirven al menos para mostrarle qué dolorosa y lamentable es la especie humana; qué cándidos son sus pobres espíritus atormentados y qué urgencia vital tienen de buscar por todas partes un soporte, una ayuda. Sirven, positivamente, para que Él se detenga con mayor calma a escuchar esta música de abajo y contemplar –no sé si fraternal, paternal o socarronamente– esos rostros extáticos, con la fe de los niños, y esos cogotes humanos que nadie ha explicado satisfactoriamente, y que en los pueblos, de tan quemados y humildes, parecen sarmientos. Las ceremonias pueblerinas sirven para que aquél que ha engañado a alguien comprenda bien qué cruel ha sido su engaño y para que los engañados arranquen el llanto al prójimo: el prójimo que llega y se detiene en suspenso como quien topa de pronto con una montaña. El prójimo de afuera, que a fin de cuentas da lo mismo.

He aquí una misa de pueblo o una boda. ¿Y qué es ello? Pero no hace al caso. El pueblo es fértil, oloroso y profundo. Hay como en todos los pueblos huertas y perros y mujeres en cinta y acaso un río; y hay casas en ruinas y amplias sombras perfumadas y unas tiernas vacas melancólicas, con las ubres llenas de estiércol. Hay una plaza, algunas bancas y lo que hubo desde los primeros días: algunos hombres. Y mujeres. Y niños, en el peor espectáculo. ¡Oh, no, hablo de los metales exquisitos! Me avergonzaría a mí mismo. Contra lo que se supone, no hay nada sensacional en la miseria; ni en la opulencia.

–*Accidents will happen* –dicen los ingleses. Y así es, ni más ni menos.

Pero seguid este diálogo:

–Yo te aguardaba.

–¿Me aguardabas? No sé quién eres.

–Todos nos conocemos o nadie se conoce; podía ser de este modo o del otro. El hecho es que te esperaba.

–Me alegra eso. ¿Así piensas?

–Así pienso. Te aguardaba de tanto tiempo atrás que ni recuerdo. Te tenía en mis sueños, en mis reflexiones, en mi angustia; te tenía en forma de una implacable esperanza que me desangraba. Sabía, pues, que llegarías, que deberías aparecer sin falta.

–Supongamos que he llegado.

–Has llegado, de hecho.

–¿Y bien?

–Te amo.

–¿Me amas?

–¿Te sorprende?

–Infinitamente. Quisiera creerlo.

–¡Ah, sí, créelo, porque es necesario.

–Lo creo y me alegra.

–No debiera alegrarte demasiado.

–¡No comprendo!

–Toma, pues, mi mano y escucha: siento ahora mismo que la vida es infinita...

–¿Me explicarás convenientemente eso?

–Siento que alguna vez por alguna causa imprevista la vida de alguien sobre la Tierra no se extinguirá nunca; que sus pasos serán cada día más firmes y que su voz se escuchará siempre con la continuidad y vigor de los ríos. Siento que hay una música que no concluirá jamás en el tiempo y que un mismo soplo de aire agitará hasta la eternidad el mismo árbol. Antójaseme, por no sé qué razones, que en el momento menos pensado se abrirá la tierra por todas partes como una misteriosa granada madura y que germinarán hasta en los riscos menos propicios flores y frutos desconocidos, aromas que nadie ha aspirado y formas nuevas en qué deleitarse. Para estupor del que sobreviva estallarán los viejos astros y surgirán otros nuevos y, a cada alumbramiento de éstos, el mar rebasará sus límites, arrullará las ciudades y el perfume de sus algas será tan intenso que se marchitarán los retoños en sus tiestos, aunque la juventud infinita les será otorgada a los hombres. Nadie hablará más de la hiedra en el muro, ni de la puerta en el muro, sino de la nueva montaña; nadie cultivará la hiedra, ni el enebro, ni las madreselvas, porque la tierra producirá unas flores azules de cristal que, trepando por la corteza de los árboles, derramarán su contenido sobre el que camina...

–Sigue, sigue...

–El amor, entonces, será muy distinto a lo que ha sido. Y también los placeres.

–Sigue, te escucho.

–No habrá cuatro estaciones, sino una sola; ni habrá años y meses sino un solo día; y habrá un solo viento, un céfiro nómada y perpetuo, tan blando que no turbará la llama pero suficiente para que con él se estremezcan las nuevas ramas y caigan sin violencia los frutos.

–Será la Primavera...

–Si quieres que así sea, que sea, pues, la Primavera. Y tú estarás sentada bajo uno de los nuevos árboles, y tu vestido será amarillo, y las escamas del árbol doradas, y sus frescas ramas azules, y sus frutos de un color que aún no existe. Tú estarás sentada, te digo, y te preguntaré qué extraña luz ilumina tus ojos. Y tú me responderás con un ademán de la mano, señalándome la montaña de enfrente. Yo miraré la montaña, arriba el río, y descubriré que es transparente y marina como un cuarzo, luminosa como un faro, resbaladiza como el hielo y tan bienhechora como una gota de agua. Te preguntaré más tarde de qué proviene el sombrío color de tus pómulos y me señalarás algo muy lejos. Miraré donde tú me indicas y descubriré el sol más extraordinario que jamás nadie haya visto: el sol, será violáceo y áspero, orlado de crisantemos, y sus rayos serán ondulantes como las ondas del océano. Te revelaré secretamente que tu voz me suena extraña, que tu voz me asombra porque el lugar es abierto y debiera sonar de otro modo, y me explicarás que no es tu voz lo que oigo sino el errante rumor del río, el hálito de tu pensamiento y el latido del corazón de las fieras. Tendré reparos en apresar tu cuerpo y, tú, tomando una hoja entre los dedos, la dejarás caer al abismo para que yo vea que ni las piedras más aguzadas pueden inmolarla. Tu humedad será ardiente, olorosa y sagrada. Será estéril. ¡Mira! Y goteará miel de las altas copas y la miel te arroyará por el cuello. Y yo beberé esa miel cristalina y los labios me arderán como fuego. Me arderá la garganta y el pecho. Y tú, esparciendo tus cabellos rosados, tan húmedos como la hierba, me dirás: «Descansa un poco, cierra los ojos y verás qué frescos».

–O te diré: sólo a ti amo.
–También dirás eso.
–Y algo más: tómame, aunque me muera.

Se interrumpía el diálogo o, más bien que interrumpirse, cedía y se hacía imperceptible porque la música en la iglesia tronaba de tal suerte como si los engañados, en una demoníaca y subterránea revelación, hubieran descubierto la ignominia y vociferaran en el templo apretando los puños y crispando los dientes contra aquél que predicaba. Algo –un milagro, una mirada o el resplandor de una casulla y un rumor de campanillas lejanas– apagó el estruendo y se oyó a la multitud caer de rodillas arrepentida.

–¡Gloria a Dios en las Alturas! –entonaban.

Y el diálogo ya no parecía el mismo:

–Es triste esa música.
–Y es triste la vida.
–Y es triste que así sea todo.

Hablaban los clarividentes.

–¿Por qué llora la plebe?

Él respondía:

–Porque temen.
–¿Por qué toca esa música?
–Para acallar los temores.

Pero insistía:

–¿Qué temen?
–Ni ellos mismos lo saben.
–¿Temen a Dios?
–Temen por sí mismos. Saben que han de morirse.
–El alma se revela demasiado pronto.
–Son, pues, inteligentes. ¡No lo parecen!
–Viven simplemente. Se palpan.
–¡Quisiera dejar de oír esa música!
–¿No te agrada su ritmo?
–¡Quisiera dejar de oír esas voces!
–Ya callan.
–También yo tengo miedo...
–Estás blanca.

–Déjame apoyarme en tu hombro.
–O apóyate en mi pecho. ¡De nada sirve!
–Tengo miedo, mira.
Y él miró y advirtió que se encontraban en una calzada polvosa, dilatada hasta la angustia, con unos árboles preñados de aire tibio y unas casas de color pizarra. La calzada se prolongaba hasta el horizonte y como que a lo lejos se divisaba un muro; mas podía ser otra calzada más alta, alguien tendido en mitad del arroyo o un sarmiento calcinado. Podía ser asimismo un viajero que volvía y a quien la puerta no había sido abierta. O algo incorpóreo.
–¡Protégeme, tengo miedo!
Y él la protegía, sin disponer de protección alguna para sí mismo.
–Es un horrible camino, ciertamente.
El polvo y la hiedra mustia envolvían totalmente al pueblo. Diríase que, de pronto, una vegetación infernal había dado en brotar por todas partes, y que la iglesia, y la plaza, y los bronces, y hasta los mismos engañados y las ubres de las vacas se volvían rígidos y crecían crecían hasta lo imposible adoptando las más extravagantes posturas.
–Es un horrible camino.
Y lo era. Ambos lo sabían y se quedaron así, quietos, uno contra otro, esperando dilucidar si lo que obstruía la calle era un viajero, un sarmiento o un muro, o bien esperando también a que de lo alto cayera una gota de agua, una sola, y que esa gota hiciera germinar de entre el polvo no una flor nueva, de cristal azul y muy olorosa, sino una florecilla cualquiera o una manzana muerta de esas que uno pisa sin reparar en ellas cuando va por el campo aspirando el aire fresco.

–Hay algo tan humano e íntimo como es la escarlatina o un buen plato de alubias que todo eso que estás parloteando me parece inoportuno y necio.
Fue –lo recuerdo– con motivo de una acalorada discusión sobre Arte.

En memoria mía.

–...y cumplir, en fin, con sus deberes.

No he cumplido; pero lo hubiera hecho, en efecto, y las horas serían igual de lentas, de rápidas, de dulces o miserables. Todo el mundo debiera tener noticia de esto último.

Mas he aquí que entra Yumi, el jorobado; y no precisamente el de Eremburg. ¡Excelente tipo! Entra como acostumbra siempre, pisando suavemente la alfombra con sus desproporcionados zapatones llenos de barro y guiñando sin cesar un ojo, del color de las maderas viejas. Estoy seguro que si, como aquél, supiera tocar el violín o algún otro instrumento semejante, llegaría en las tardes con el estuche bajo el brazo y, en la cómoda penumbra de mi alcoba, se pondría a tocar algo muy triste o muy alegre, con sus pequeñísimos ojos en blanco. Como conservo generalmente la puerta abierta, le veo venir desde lejos a lo largo de un estrecho pasillo. Es anguloso y deforme, de nariz roma y boca singularmente apretada y larga. Pisa con los pies abiertos y camina por costumbre con las dos manos en los bolsillos. Pienso que a últimas fechas su abdomen y su giba han aumentado de volumen, y él lo sabe y procura no dejarse ver mucho de la gente. ¡Extraordinario Yumi!

–Trae acá esa butaca y siéntate –le digo.

Tiene cara compungida.

–¿O has bebido mucho?

Puesto que así lo prefiere iremos a mi biblioteca. Es caprichoso el hombre y sospecho que alguna confesión especial quiere hacerme. O quizás intente pedirme dinero.

Bebe ajenjo.

–¿Y no has vuelto a inventar historias?

Parpadea.

–¡Habla cuanto se te apetezca! –respondo.

Está sentado junto a una ventana, con las piernas incómodamente cruzadas, dejándome ver sus burdas suelas de goma.

–Yo no tengo fe en las historias, tú sabes. Las historias se leen y a lo mejor nos divierten, siendo que si las vivieras te partirían el alma. Tú inventas una deliciosa historia y la gente te lo agradece; pero nadie sospechará ni remotamente cuántas lágrimas derramaste al escribirlas o qué alegría te embargaba entonces. «¡Es un tipo inteligente!», dicen. Eso es todo.

Algo se traía entre manos Yumi. Era de lo más sosegado.

–Por el contrario, cuentas una historia que te ha ocurrido y la gente te aparta de un manotazo. O ni atiende como fuera debido. Puede ser que dependa de que no cuentas las cosas con la propiedad que el buen gusto exige. ¡Pues mucho peor, entonces! Quiere decirse que el interés de las historias está en las palabras. ¡No lo entiendo, de veras!

Tentaba el filo de la copa y se frotaba sus flacas manos de avaro.

–¡No es mal asunto, después de todo, traerse a cuestas una giba! –y se contrajo un poco buscando la luz azul del cielo.

Le interrumpí:

–Cuenta ya eso.

Me sonrió, confiado, y echó un sorbo. Cuando era presa de alguna emoción importante sobaba su giba contra el respaldo del asiento y parpadeaba más rápidamente que otras veces.

–¿Te lo cuento? ¡Es excelente! Sí, creo que voy a contártelo.

Me dije: «Con tal que no haya asesinado a alguien. ¡Pudiera haberlo hecho!»

–El caso es que uno no sabe cómo suceden las cosas, verás. Ayer fue un día terrible. ¿Por qué sería así, Dios mío? Habíamos comido mi mujer y yo en paz, y comido muy bien, te lo aseguro. Un pescado... Entonces le dije: «Creo que sí voy a poner la relojería». Como padece de reuma, esto le pareció digno de aplauso. «Tendremos una sirvienta –calcularía– y yo podré así levantarme más tarde y ponerme los paños que me ordena el médico.» Muy bien, no me comí las espinas de gusto porque supuse que me habrían hecho daño, pero las limpié perfectamente y formé con ellas un montoncito sobre el borde del plato. Hubiera aceptado otro trozo, desde luego. Por la tarde me fui a la calle y no volví a pensar más en la relojería. O sí pensé, ¿para qué mentirte? Pensé hasta que me dolieron los sesos. Me aburrió aquello. ¡Al diablo la relojería! Ya al oscurecer, me metí a una taberna y bebí una cerveza. «Tal vez con la cerveza pusiera el establecimiento», me dije. ¿Comprendes? Bueno, pues pedí otra. Y otra: ni una más. Cuando salí era ya de noche y el asunto no me pareció tan urgente como para echarse a tocar puertas y más puertas y trastornar a los vecinos. Caminé un buen tramo, porque la taberna está lejos. Entonces comenzó a llover como si dieran palos y apreté el paso. Viendo que mis zapatos no estaban en buen estado, comprendí sin mayor esfuerzo que la relojería debía ponerse. Y me supuse que a tales horas mi mujer andaría con el reuma, espantando las moscas... «¡Pobrecilla!», me dije. «Llevamos treinta años de casados y las cosas no deben seguir en tal estado.» Te darás cuenta: llegué algo compungido.

–Ea, mujer –le solté sin ningún preámbulo–, creo que el local lo tendremos mañana mismo.

No se quejaba, pero traía un pañuelo untado de algo y sujeto a la cabeza.

–También mañana, en cuanto amanezca, iré a hablar con quien tú sabes.

Y aquí viene lo grave. Alguien, de pronto, me dijo:

–No mientas, Yumi. Tu mujer sufre con el reuma y tú sabes que nunca pondrás ese establecimiento. Haces mal en ilusionarla.

Era cierto, amigo. Pero escucha bien para que lo entiendas todo.

–¡Sí lo pongo! –grité.

Y la enferma dijo:

–No grites, hombre. ¡Me alegro!

–¡Que sí lo pongo, te digo!

–Mejor te callas o te vas a otra parte. ¿A eso vienes?

Mi mujer no es una beldad, que digamos; pero nunca me había irritado. Es así de alta. Y terca...

–¿A eso vienes?

Yo debí mostrarme más razonable y no olvidar que le dolía la cabeza.

–¡Vaya, lárgate de una vez al diablo!

Y se puso a llorar.

¡Perfectamente! Pues tardó más en soltar la primera lágrima que yo en ponerme en pie y darle un manotazo con todas mis fuerzas. ¡Fíjate bien y no lo olvides por si algún día te resuelves a escribirlo! Como supuse en aquel momento que con la mano abierta no le haría bastante daño, la cerré furiosamente y continué golpeándola. Se le cayó el pañuelo y la camisa por un hombro. «Ahora mismo le arrancaré los cabellos.» Soy un perdido.

–¡Me matas, Yumi! ¡Me matas! –gritaba–. ¿No te das cuenta de lo que haces?

Estaba ciego.

–¡Toma, toma! Y no acabaremos en toda la noche. ¡Toma! ¡Ahí tienes tu establecimiento!

Nadie habrá golpeado a un ser humano de esa forma. Ni se defendía; pero podía muy bien haberme matado. Y esto me exasperó más. Mientras la azotaba me venían a la cabeza ocurrencias extrañas: mis zapatos hechos una lástima, la nalga de mi mujer con el reuma, las espinas del pescado y un policía que decía por decir algo: «Pon sin falta lo que te propones para que tu mujer pueda tener una sirvienta». Es natural que me fatigara y que la piel se le llenara de cardenales. Me dolían los huesos.

–¡Toma! ¡Toma! Y no tengas ninguna prisa porque me quedan fuerzas de sobra.

Tranquilízate: no la maté. Pero la noche entera se la pasó tiritando. Un poco antes de irse a dormir marchó al baño y volvió sin sangre, ya con el pañuelo atado a la nuca. Le pregunté, por entre las mantas:

–¿Te punza mucho la cabeza?

Tenía hipo.

–No mucho, Yumi –me dijo.

¡Con qué gusto vi entrar el sol por las rendijas y pensé que los comercios estarían por abrirse! «Ya todo el mundo trabaja e iré a verlo cuanto antes. No me pondrá la menor traba.» Y vine. ¿Tú aciertas a suponer por qué hice eso anoche? ¡Yo tampoco! ¿Piensas realmente que sea un perdido? ¡Yo, no, desde luego! ¿Y sabes lo que sufría? Ni cuando enterré al pequeño. Y volveré a pegarle cualquier día de estos, no hay remedio. ¡Hasta con un garrote! Bueno, pues así lo han hecho a uno...

Yumi se empequeñeció en el fondo del gran sillón de cuero como si la sombra del atardecer o el dolor lo fuesen absorbiendo.

–El caso es...

O se miraba las suelas o las manos.

–Con cualquier cosa tendría suficiente: es para unos crisantemos. ¡Le gustan!

–Ni una vez ocurrida tu muerte sucederá en el mundo nada extraordinario. ¿Qué especie de temores, pues, te detienen en vida?

Nadie habría acertado a replicarle.

Dura tan poco la lluvia que la calle es ahora más polvorienta que antes. El lodo se ha resecado, los troncos se han ensanchado otro poco y el color de los tejados es prácticamente irresistible. Quedan, pero muy leves, las huellas de aquellos que habían salido con sus mecedoras o sus sillas y la camisa entreabierta para que los refrescara la lluvia. Por entre el polvo, descúbrese a largos trechos la punta de algún cigarrillo. Tras las cortinas echadas se transparentan las complacientes figuras de algunos hombres que se mueven, con grandes libros en las manos. Escasamente alguno descorre los visillos por una punta y asoma la nariz a la calle. Lo hacen indecisamente, sin curiosidad y menean levemente la cabeza.

¿Esperan a alguien? ¿Me ven pasar? O simplemente se preguntan:

–¿Hasta cuándo durará el polvo en el camino?

Las mujeres deben hallarse más ociosas o atareadas, pues no he sorprendido a ninguna. Es evidente que les preocupa menos el aspecto general de la calle. Tal vez zurzan o rían o languidezcan o se vistan prematuramente de luto. El amor en aquellas viviendas color pizarra no debe ser exquisito. No sé por qué se me antoja que sus catres serán muy duros, la atmósfera pesada y que los corazones no experimentarán la ansiedad conveniente. Ignoro si los prisioneros tengan relojes, mas, en tal caso, los mirarán de tarde en tarde. El tiempo es un principio sin significación para el hombre y en esta calle lo han aprendido. Han aprendido, incluso, que la lluvia es un bien transitorio y que lo único que procede hacer es sentarse a la intemperie y dejar que aquella resbale libremente sobre nuestro cuerpo. Agradecen el agua; mas comprenden de qué poco sirve. Nadie ni nada limpiará por mucho tiempo el polvo del camino, alegrará los sarmientos en sus jardines y hará perdurar por un día siquiera el regocijo en las almas.

–¿Qué pasa y quién es ese?

Comienzo a intrigarles. Ved a aquél, con la nariz de pato contra el cristal.

–Ni orgullo le queda, pues contemplad sus zapatos –musita. Y otro ser a su lado se mueve–. Tuvo reputación, o la tiene, y muy mal ganada: fue un criminal, se ve en sus manos. Admiraba el campo abierto, los ríos caudalosos, las tardes invernales, y todo eso lo ha dejado atrás indefinidamente. Tuvo un amigo y se compadeció de él. ¡Alguien podrá agradecérselo! Lo recuerdo una noche, dentro de su frac anticuado, enderezando las ancas y sepultando el abdomen para mostrarle a una dama qué encantado se sentía con sus ojos. Aborreció, amó y sintió envidia y debido a esto vedlo ahora caminar con los hombros caídos, como si fuera un anciano. Practicaba la caridad y aún sus monedas ruedan. Por ingratitud, alguien lo recuerda. Por gratitud, muy pocos lo han perdonado. Pretendió vengarse, mas pospuso la venganza para una fecha que ya nada tuvo remedio. No fue un héroe, y en esto lo aplaudo: mucho antes lo hubiéramos conocido. Tampoco fue un asceta, un morigerado, sino que sus dientes mordieron con fuerza en las frutas y flores más exquisitas. En cuanto a legalidad, dejó un testamento y tres hijos legítimos. Mas de nada sirve que la langosta y la ternera subsistan, y que nuevos y muy lujosos restaurantes se abran al público, y que los hombres descubran nuevos manjares, puesto que el polvo del camino ha arruinado su apetito. Fue un secreto su temor de Dios, mas en secreto se queda. Como testimonio de su talento deja un buen montón de papeles y, en prueba de sus dotes filiales, solía acompañar a su madre tullida por las tardes. Tuvo amores y hermosas citas secretas. En tanto oía, escuchaba música: ni la música que escuchó queda. Y aprendió que la lluvia es una espantosa esperanza, descubriendo hasta muy tarde que escasamente tiene cierta utilidad para los labradores. ¿Lo veis bien? Y abominó del mal gusto, de la necedad de las gentes y de la hipocresía de quienes lo rodeaban: ellos quedan y él se marcha. ¡Ni siquiera huye! Vedlo, vedlo, vale la pena. La belleza, el ingenio, la agilidad, el regocijo, la sinrazón, el fastidio, la devoción, los celos, la salud, la ira, el egoísmo, la exaltación, la pesadumbre, la sed, sus zapatos nuevos... todo lo ha perdido, lo ha dejado. ¿Voluntariamente? Ah, él piensa recuperarlo pronto, volviendo sobre sus pasos. Piensa que volverá, porque confía que la puerta aún no le será abierta. Pero, ¿veis lo que ocurre desde esta ventana? Es doloroso que un alma compasiva no lo haya prevenido a tiempo.

Y me digo:

–¡Quién quita y hoy sí sea el día!

Verdarderamente lo único que me preocupa ante la inminencia es que al otro lado de ese muro y esa puerta continúe la calle polvorienta y desolada. Nadie puede anticipar –a pesar de todas las conclusiones– hasta qué punto un amo puede ser cruel y despiadado con sus subordinados.

–Veamos.

¡Al diablo el hombre aquel de la ventana!

Un desarraigado

El viaje de Juan Manuel Torres, más que un libro de cuentos es un *collage* donde concurren en aparente caos sus obsesiones. En un primer acercamiento podría cometerse el error escolar de querer explicar la obra por la vida del autor, que estudió cine en Polonia y vivió varios años en Europa del Este. Aunque allí se desarrollan sus ficciones, el desarraigo de Torres nada tiene que ver con la geografía. El motivo de su desolada odisea se cifra en su nostalgia de la edad en que los hombres no padecían vacío existencial, cuando eran andróginos y nada les faltaba. La razón cartesiana no sigue con facilidad un discurso como el de Juan Manuel Torres, quien desconoce la línea recta y el círculo. Su esquife se abandona a la espiral en busca de sentido. Porque las almas, tan caras a Platón, contradicen la exigencia aristotélica acerca de la unidad de tiempo, acción y lugar. «¿En qué ciudad, en qué país, encontraría Ulises a su Ítaca?»

Es cierto que Torres se apoya en la memoria de sus vivencias, pero curiosamente no le interesa hablar de sí mismo, antes bien de un dolor que lo trasciende. Su obra literaria la conforman dos mínimos volúmenes. Y aunque Torres es un autor que se repite, no decepciona: insiste pero sigue bajando. *Didascalias* (1970) es la continuación de *El viaje* (1969) no en un sentido cronológico sino existencial. Lo fascinante de la voz de Torres no queda en su agilidad fabuladora sino en cómo la utiliza para saltar al ámbito de los símbolos. En *Didascalias* Torres se nombra a sí mismo «Ulises» y pasa a mitologizar, o a buscar el sentido mitológico y atemporal de sus actos. Y en eso radica la diferencia entre historia y mito, entre autobiografía y destino, entre periodismo y literatura. Torres no desgasta su prosa en condenar airadamente el 68 y sus tópicos a la mano. Sus personajes enfermos de soledad y desesperanza, convencidos de que en el mundo donde se encarnan las almas no hay paraíso perdido ni paraíso por recobrar –«Todo es un continuo girar a ciegas»– van más allá para descubrir que bajo los empeños revolucionarios se agazapa Caín y que el materialismo histórico es una coherente fantasía de ángeles caídos.

Se le podría tachar de existencialista y burgués pero no de ingenuo. En México han medrado los escritores premeditadamente «buenos» y «comprometidos», políticamente correctos. En cambio Torres dice: «Pero si no se quiere el cielo ni el infierno, si lo que se busca (lo que se sueña) es algo totalmente distinto, algo cuyo nombre permanece desconocido incluso para nosotros mismos, si lo que anhelamos es una palabra sin sentido, un gesto absurdo, una confabulación de nada, entonces habría que tomar una piedra y romper los espejos para detrás de ellos, al otro lado, encontrar por fin una pequeña felicidad».

Torres sabe dónde está parado y sabe de qué habla, su ambigüedad no es retórica ni sablista. «A ver, dijeron todos, que nos cuente el héroe uno de sus viajes para ganarse el vino y la comida»: es una de las premisas de *Didascalias*.

Juan Manuel Torres fue uno de los primeros escritores mexicanos que miró con desengaño –pero sin exaltarse ni lucrar con ello– el universo comunista. De cualquier forma, su militancia era la soledad. En *El viaje* y en *Didascalias* desarrolla una complejidad simbólica más allá de cualquier ideología. Lo que él buscaba no se encuentra ni a la izquierda ni a la derecha. Él andaba en pos de la utopía mayor: el amor. Pero cuando Adán y Eva se encuentran: se dedican a conspirar. Y Eva, tentación de la conciencia, dice: «Yo en cambio afirmo que la destrucción es la única salida posible. De otra manera todo se vuelve un girar a ciegas, un nadar en medio de los remolinos».

Adán-Torres, no obstante su misantropía y su orfandad de Dios, aún cuenta con la brújula de la intuición: «¿Pero acaso podemos tener la seguridad de un fin definitivo? Los fáciles de pensamiento pueden ver la muerte en este sitio. Pero no seamos simples. Todo este caos es como un vehículo que avanzase interminablemente, en eterno movimiento».

Cuando Torres finalmente acepta que el hombre vive prisionero de su cuerpo y poseído por las cosas materiales, grita con burla y horror que es un espectro de sangre que se disuelve en el tiempo. «¡Oh, Mónica!» –el nombre es lo de menos, se refiere a la Eva primordial– «Ampárame bajo tus golpes, fustiga en mí todo deseo de pecado, purifícame, toma de mi carne la carne que te sea necesaria para ir tomando realidad. Deja por fin de ser tan sólo un sueño mío, una soledad que intento borrar cubriendo de fantasmas el papel que me rodea, el vacío que me rodea, la muerte que me rodea.» No hay dónde apoyar el pie ni es posible en el mundo de los sentidos amalgamarse con la amada perdida el día en que fuimos expulsados del Edén. Se entiende por qué dice con desesperación: «¡Oh, fantasmas! ¡No os convirtáis tan sólo en fantasmas!»

Juan Manuel Torres
El viaje

El lugar es semejante a un vasón lleno de rosas o a un bargueño taraceado con pedacitos de hielo. Es un sitio que da la impresión de seguridad, de no encerrar sorpresas, de que todo lo que en él ocurre ha sido prefijado en otro sitio aún más seguro. Es como una catedral en la que por todas partes corre un apacible murmullo de hierba y río.

Hay dos entradas; pero en tanto que una conduce directamente a la sala, la otra se aventura en un túnel decorado de abundantes kakemonos que recuerdan vagamente ciudades inexistentes y pájaros enloquecidos en paisajes de nieve. En el interior hay dos escritorios de caoba y el visitante tiene la impresión de que ha llegado a casa, de que en cualquier momento mamá saldrá a ofrecerle sus compotas y confituras.

El olor dominante es quizá el de sándalo, que surge como varón recién bañado en aguas de miel y de vainilla. Sobre los escritorios hay siempre rosas exactas y miniaturas de marfil. La alfombra contribuye también a la intimidad; dan ganas de entretejerse en ella y quedarse para siempre en ese mundo ordenado y preciso donde todo se desarrolla sin turbulencias.

Tras uno de los escritorios hay una muchacha vestida de azul. Tiene los cabellos cortos y una sonrisa que le corre tímidamente por los labios. A veces la sonrisa explota de improviso, como una pompa de jabones de la India, y deja al descubierto (al desamparo) uno de los incisivos superiores que por un momento blanquea aún más la atmósfera. La sonrisa es breve y termina de golpe. Con un salto de pájaro el labio superior vuelve a su sitio, donde entre prisas se afana por cubrir al más friolento de sus polluelos.

El inglés que sale de su boca está pintado de alemán. Se esfuerza en pronunciar cada palabra con limpieza y es como si al lenguaje ajeno le fuese clavando rejones acerados, como si entre promesas fuera modelando cada letra con la lengua para al final, al paso de los dientes, enterrarle algún estiletillo de traición. Me pide que firme el cheque y adopta un gesto tan lejano que se diría oye las órdenes o insinuaciones que alguien invisible le susurra al oído. Me entrega los dólares y no me atrevo a recontarlos. Los guardo en mi corazón y espero durante un momento a que me dé el vino que confirme la comunión con algún Cristo clandestino.

Salgo desesperadamente de ese sitio, como quien escapa de una mala conciencia, y me quedo absurdamente en la calle en espera de que ella termine su oficiar y venga a oírme decir que alguien en el mundo se me ha muerto y no quiero estar solo.

Y ahí va ya, dispuesta a tomarse una copa conmigo, sin que yo sepa todavía que ella también es tú; pero en cuanto nos sentamos en la barra y cruza las piernas de ese modo, cuando coloca así las manos, cuando entrecierra los ojos como ante una luz peligrosísima, yo ya estoy casi seguro de que pedirá pernod y después de cada trago se lamerá gatunamente unos bigotes imaginarios.

Es el reencuentro, Mónica, y a medida que empiezas a surgir de entre sus rasgos, a medida que tu torpe naricilla se abre paso en este rostro, a medida que te voy reconociendo y tu sonrisa recupera su verdadero significado, desaparecen a nuestro derredor las tazas de café, las latas de cerveza, las pastillas contra el dolor y contra la soledad, los cigarrillos a medio arder, los rostros anónimos, y así en un rincón de un bar berlinés van surgiendo callejuelas nevadas, muelles olorosos a gaviotas, atardeceres de bosques polacos, grupos de jóvenes jugando a las montañas, pasillos de hoteles provincianos, trozos de sonrisas, muebles del siglo XVII, manteles de lino manchados de frambuesas, fotografías de lagos lejanos, aquí tú y yo amor y tú sonríes y reanudamos nuestro tantísimas veces interrumpido amor; te sientas junto a mí y ya sabemos que estaremos juntos, ya sabemos que intentaremos destruir el olvido, aliando nuestras fuerzas para salvarnos del dolor.

Hacía tiempo que no nos veíamos. Quizá desde hace cinco meses. Los primeros días después de la separación me parecía encontrarte a cada paso, en la calle y en todos los sitios; pero estas semejanzas (las iniciales) eran más bien fabricadas por mí, fuegos fatuos de la imaginación, marchas por un bosque invernal donde los rayos de luna sugerían falsos caminos, senderos inexistentes. Más tarde estas semejanzas fueron haciéndose más escasas, pero al mismo tiempo más definidas y precisas, como si las sombras pasaran por algún tamiz ilusorio y se concretaran en cuerpos ideales. Ya no era la visión fugaz de un abrigo parecido al tuyo o un esbozo de sonrisa, sino rostros casi idénticos, detalles que parecían empeñados en reconstruirte, posibilidades de reencuentro. Pero desde hace cinco meses no te veía y temía que las puertas del misterio hubiesen desaparecido, no que se hubiesen cerrado –porque toda puerta cerrada se abrirá algún día–, sino que se hubiesen esfumado sin dejar huella.

Y tú creías que yo te iba a olvidar, Mónica. El día en que quisiste que nos despidiésemos por primera vez, dijiste que yo encontraría muchísimas mujeres como tú. Pero no sabías entonces lo que esto significaba. No obstante ninguna de tus pieles es como tu piel, ninguno de tus olores se parece al olor de tu cuerpo sudoroso. Aunque la mente desee otra cosa los sentidos no te olvidan. Prioridad del cuerpo. Adiós, Mónica, dijiste, y yo me quedé viéndote correr por un parque lleno de ardillas. ¿En qué libro leíste que había que correr? Porque muchas cosas en ti fueron el resultado de lecturas o de horas pasadas en el cine. Te gustaba por ejemplo acariciarme el brazo para excitarte desde que viste a Betty Compson en *Los muelles de Nueva York.* En ese film George Bancroft mostraba el brazo lleno de tatuajes y el erotismo de Sternberg lograba uno de los más exquisitos actos de masturbación cuando Betty Compson se ponía a sobar y sobar aquel brazófalo. ¿De cuántos otros de tus gestos podría citar la fuente? De Doris Dowling tomaste el despedirte siempre de mí disparándome un balazo con una pistola imaginaria y guiñándome dulcemente un ojo. A Tibor Déry le debes haber comprado aquella flor en Cracovia («Lo que hacemos es una porquería. Alina no nos perdonará», dijiste. Nos desnudamos mutuamente y Alina dejó de existir); la compraste y dijiste que querías que por lo menos aquella flor te perteneciese aunque perdieses todo lo demás, que esa flor era lo único que querías salvar del cataclismo, aunque el resto se perdiese en la primera apuesta, pero en realidad no estabas apostando nada y nada te amenazaba, simplemente te sentías tan joven como Bálint y a mí me encantaba que te sintieses así. Algún día, Mónica, escribiré la historia de aquellos días citando únicamente los libros y los films y las cosas que hay que conocer para conocerte. Mónica y su bibliografía: Chamfort, Salinger, Canetti, Gütersloh, Isherwood, Nerval, Butor, Werfel, Dublin, Michaux y otros más. Después la filmografía para que los cineclubes organicen ciclos en tu nombre. Y una lista de los olores más asociados a ti. Y las recetas de tus platillos predilectos. Y en medio de todo la locura, la pasión, el incendio de los coitos contigo. ¡Ah, Mónica!, con el aquí ando dibujando corazoncitos en las paredes y en los muros, atravesándolos con flechas en las que se trenzan tu hombre y el mío, recordando aquel día en que anduvimos echando la lágrima por toda la ciudad, lloriqueando y diciéndonos que después de todo las cosas cursilonas también tenían su sabor y que no debíamos seguir sintiéndonos los de cuero duro, los de corteza impenetrable; repitiendo tu nombre como santo y seña, mordiéndolo para no dejarlo escapar, despedazándolo con los dientes como un pedacito de fruta para después decirlo hacia adentro y tragarlo dulcemente, paloma de tres sílabas perezosamente adelgazadas al sol, a la lujuria. Pero ya estábamos otra vez juntos y nuestros cuerpos empezaban a entenderlo así mientras bailábamos sintiéndonos cada vez con más ganas de llorar, como si las lágrimas fuesen la entrada al sexo, el bautizo para la rabia, la noche de otras parejas que también se frotaban como con ganas de destrozarse, de realizar el acto frente a nosotros para que ya no hubiese ninguna duda de que tampoco ahí, de que tampoco el amor iba a salvarlos; pero nosotros lo sabíamos, cada uno llevaba el fracaso de muchos años, de múltiples relaciones que habían sido un descanso en la masturbación.

«Vamos», me dijiste y salimos al mundo donde entre caricias precedentes a la cama me fuiste contando la historia de aquella desgraciadísima familia de Samarcanda que durante muchísimas generaciones había tratado de perfeccionarse en la perversión, renunciando a otros placeres más mundanos, tratando con verdadera abnegación y sacrifico de formar nuevas relaciones que pudiesen servir como punto de partida en la formación de un nuevo mundo. Habían llegado al más alto grado de perversión y en una promiscuidad absoluta cuatro generaciones se dedicaban colectivamente a todos los vicios y placeres. Pero su arte era desgraciadamente un arte imperfecto, pues carecía de nuevos adictos. En el nuevo orden ellos eran los únicos sobrevivientes de la antigua aristocracia, salvados gracias a que uno de los patriarcas, enloquecido por una bebida de rosas fermentadas, había regalado sus tierras a los campesinos en 1914. Esto salvó a su familia, pero condenó a sus miembros a la soledad dentro del nuevo orden, a un casi no ver el sol. Lo único que los alentaba era la esperanza de algún viajero. Día tras día, con el pretexto de trabajar como mozo de cordel, uno de ellos esperaba en la estación la llegada de algún mesías. Sabían que habría de llegar de Occidente, porque así estaba escrito en sus libros sagrados, por lo tanto se dedicaban exclusivamente a los trenes que llegaban del sitio en que el sol desaparece. A veces, quizá por equivocación o para reavivar las esperanzas, el fingido mozo de cordel atrapaba a algún viajero perdido que pareciese entender y lo llevaba a la casa donde era atendido al principio con una cordialidad que pretendía ser exploradora; brindaban al huésped los más extraños manjares al tiempo que aguzaban el ojo para ver si éste les daba la señal convenida, entonces alguno de ellos no resistiendo más creía ver algo y alborozados, entre gritos extáticos, aquellos cofrades solitarios preparaban al huésped para lo que habría de ocurrir. Pero sucedía también que a pesar de toda la buena voluntad el huésped no daba la menor señal de nada, no obstante, tampoco entonces se renunciaba a él, sino que en un entendimiento vergonzoso se esperaba la señal de lo accidental, que bien podía ser una carrera de ratón o un chillido del más pequeño de los profesantes, chillido que en seguida se interpretaba como aviso para empezar las ceremonias. ¡Ah pobres artistas, pobres sacerdotes de una religión tan oculta, pobres adoradores de un mesías que retardaba continuamente su llegada! ¡Con qué locura, con qué frenesí digno de la mayor aprobación, se flagelaban entre sí para limpiarse de todo pecado! Su entrega total a esta fe era tan sólo comparable con la de algunos de los más santos varones que ante la presencia de un dios de celda conventual buscan en los golpes las palabras divinas. Después, cuando ya se sentían más o menos en paz, bebían unos elíxires que de manera inmediata aislaban la razón y dejaban a los cuerpos, a esos testimonios satánicos, entregados a las más orgiásticas danzas. Las más de las veces el testigo horrorizado intentaba huir, pero toda huida era imposible. La única salvación era entonces soportar, tratar de soportar, pensar que todo aquello tendría un fin, pero el fin no llegaba, los días y las noches corrían y el frenesí aumentaba, se multiplicaba. Eran muy pocos quienes podían soportar hasta el cuarto día, generalmente ya antes estaban entregados a todos los dolores. El cerebro era siempre más débil que el cuerpo. La celebración duraba hasta que el huésped era iniciado en todos los rituales, que eran muchísimos, y después, el último día, el de la paz, el del paraíso, se le daba a beber una infusión que apartaba de su memoria todo lo que había visto, todo lo que él mismo había vivido, y al mismo tiempo esta infusión cubría el hueco de estos recuerdos con otros más inofensivos, tales como una semana pasada en Samarcanda entre jardines y largas salas de museos extraordinarios, y allí iba ya el viajero dormitando en un vagón de segunda clase, seguro de que nada había pasado, nada que pudiese alterar su seguridad de que el mundo está ordenado de manera clara y precisa. Lo único extraño eran las heridas, los moretones, las huellas de algo así como dientecillos finos. Pero no, era imposible, debían ser únicamente productos de algún desarreglo físico, de una alergia, de una extraña urticaria. Varios días después las señales desaparecían hundiéndose carne adentro, iniciando un viaje que iría desde la superficie de la piel a través de los huesos y la sangre hasta llegar nuevamente a la memoria, donde se alojarían como sueños, como fantasías prohibidas, como esperanzas de una vida mejor.

«¿No es una bella historia?», me preguntaste cuando ya en tu casa te sentaste en el suelo para enseñarme un álbum de fotografías. Recuerdo casi todas. En una de ellas estabas desnuda en un bosque. «Aquí tenía doce años», dijiste. «La foto me la tomó el primer muchacho del que estuve enamorada.»

Esa noche, Mónica, estuviste en todas partes. Errante mi mirada siempre supo encontrarte, cada vez en una actitud distinta: con la cabeza caída sobre el pecho, con una sonrisa tristísima, con los brazos abandonados a lo largo del cuerpo, acuclillada, jugando con una estatuilla de jade, tarareando una vieja canción que hablaba del mar y del sol. Estuviste todo el tiempo tendida a mi lado. Tu cuerpo, casi tan largo como el mío, se esforzaba por permanecer inmóvil. Estoy seguro de que ni siquiera respirabas. La oscuridad estaba llena de imágenes, de pequeños trozos de lienzos y grabados antiguos donde extrañas damas de ojos extraños paseaban por un parque imaginario, damas infelices, damas dominicales de los parques. Era una tarde apacible y tú y yo corríamos como escolares fugados del castigo, tomados de la mano por una playa sepia. Corríamos y era el paisaje el que se lanzaba hacia nosotros, que estábamos inmóviles. Tú cantabas baladas sentimentales (pero esto fue en Cracovia) mientras tendida a mi lado esperabas nuevos ataques, nuevos bombardeos en medio de la oscuridad. Pensé en ti hasta el dolor, hasta sentir la necesidad de hundirme en tu silencio. Y así fue.

Al día siguiente nos despertamos entre cantos de canarios (vi tu piel a la luz del día, piel blanquísima, dulcísima); pero eran tantos y tan intensos los cantos que me parecieron el residuo de algún sueño cortado con demasiada brusquedad, así que para darle tiempo al despertar volví a sumergirme en el sueño, mejor dicho me eché a pasear por sus orillas, de modo muy ligero, para que aquellos cantos se fuesen de mí. No obstante, los canarios parecían haberse encariñado conmigo, no me dejaban, se pegaban a los talones de cada pensamiento, así que en un momento quise tomarlos por sorpresa y me levanté de golpe, con todas las fuerzas que me permitía el entresueño. Los canarios desaparecieron. Por lo menos desaparecieron en mi conciencia, pues durante largo rato, en medio de otro azoro, no volví a fijarme en ellos, que aún seguían cantando a la mañana. Sí, la sonrisa era la misma, pero de repente habías envejecido. Me llevé la mano al rostro para comprobar si el tiempo me había tratado de igual manera. No. Adiviné que mi piel seguía teniendo treinta años. Así que sólo tú. (¡Pero qué dulcísima era ahora tu sonrisa!) Recordé historias de espanto, donde al otro día en vez de juventud hay sólo huesos y una casa cerrada a fuerza de telarañas. Aunque podía también haber sucedido que el día anterior, atacada la razón por una enfermedad extraña, te hubiese confundido en mi imaginación y que durante todo el tiempo te hubiese amado en el reseco cuerpo de esa mujer que ponía sobre mis piernas una mesilla con el desayuno. Entre el olor a jamón frito volvió a salir del cuarto y un instante después regresó con una jaula llena de canarios.

«¿Verdad que son hermosos?», dijo. «En cuanto se vista quiero que me acompañe porque hoy es el aniversario. Ingrid me ha dicho que usted viene de Polonia, ¿es cierto?»

Sentí venir el ataque; pero no me quedó más remedio que aceptarlo entre las gracias de un desayuno humeante.

«Yo nací en Polonia», dijo, y luego añadió con un gesto de simpatía: «pero sólo casualmente. Mis padres habían ido de paseo y a mí se me ocurrió nacer antes de tiempo en los territorios que entonces pertenecían a Austria. Después vivimos una temporada en Viena, allí pasó mi juventud. ¿Ha estado usted en Viena? ¿No? Lástima, Viena es una ciudad que hay que conocer. La última guerra la pasamos en Londres, allí nació Ingrid. ¿Le gusta a usted Ingrid? Mi esposo era austríaco. Vivíamos en un hotel modesto, pues no queríamos que la gente se fijase demasiado en nosotros; pero a pesar de todo nos veían siempre como si nosotros fuésemos los culpables. Casi no salíamos de nuestra habitación para evitar las mudas incriminaciones, pero durante los bombardeos teníamos que refugiarnos en el sótano del hotel con todos los demás huéspedes. Nuestra situación era verdaderamente difícil de soportar. Ingrid tenía dos años y Franz estaba por nacer. Durante uno de los bombardeos, mientras aguardábamos en el sótano, nos llegaron noticias alarmantísimas. En la casa vecina había caído una bomba que si bien no había explotado podía hacerlo en cualquier momento. Todos estábamos aterrados. Sólo Ingrid reía y todos la veían como si no tuviera derecho a la risa. Por fin, en un momento dado salió mi esposo, fue a buscar la bomba y la arrojó al Támesis. A partir de entonces nuestra situación se hizo más soportable. Pero en varias ocasiones mi esposo tuvo que repetir la misma operación para salvar una iglesita pequeña y algunas casas del barrio. Seguramente ya entonces había en él algo anormal, pues cuando terminó la guerra lo internaron en un sanatorio de enfermedades mentales.»

Nos detuvimos frente al muro. La madre de Ingrid me pidió que me acercara.

«Mire, lea usted», dijo señalándome una placa de cemento. «Franz murió en este sitio hace exactamente seis años. Dicen que quería escapar de allá, pero yo estoy segura de que lo único que quería era ver a su pobre madre. Ahora déjeme un momento a solas con él.»

Me alejé y subí a uno de los puntos de observación. Desde ahí vi que la madre de Ingrid lloraba mientras conversaba tiernamente con el recuerdo de su hijo. Dirigí la mirada hacia el otro lado. No hacía mucho yo había estado allá y en cierto modo aquel Berlín me gustaba muchísimo más que éste. ¿Cómo no iba a preferir la calle Unter den Linden a Adenauerdamm? ¿Cómo no iba a preferir Berlin Alexander Platz al modernismo de las plazas occidentales? Pero a pesar de todo la visión de ese muro, sí, lo sé, muro necesarísimo, muro que tenía toda la razón de ser, me causó una desagradable impresión. Por un momento sentí que todo aquello era injusto. Sí, a pesar de todo tenía que haber algo injusto, a pesar de mis propios razonamientos tenía que ser injusto algo que causaba la impresión de ser injusto. ¿Pero es que acaso se puede obrar siempre con justicia? ¿Pero es que acaso es injusto ser injusto con los injustos?

«Le estaba llamando», me dijo la madre de Ingrid. «Quiero que ahora esté a mi lado.»

Entonces, con una sonrisa de madre que enciende por primera vez el árbol de navidad para el hijo enfermo, abrió la puertecilla de la jaula y los canarios salieron volando con vuelos tímidos que por un momento amarillearon el aire.

«Eran sus pájaros preferidos», dijo. «¿Verdad que son hermosos?»

El relámpago de alas asustadas fue hermosísimo.

«Es una lástima que vayan a morirse», dijo, «pero los canarios de jaula no se adaptan nunca a la libertad.»

Manchas amarillas puestas sobre el moho.

«¿Me permite que lo llame Franz?», me dijo.

Asentí y por un momento me dieron ganas de llamarme realmente Franz para devolverle la razón a esa loca de los canarios.

«No, creo que será mejor que no lo llame así», dijo un momento después. «Franz no me lo perdonaría.»

La acompañé a casa y después fui a buscar a Ingrid. Entré al banco y nos citamos para la noche. Y a partir de entonces empezamos a amarnos en mi cuarto de hotel.

Nos citábamos diariamente en el Museo de Horrores, como yo le llamaba a aquella tienda cercana a la estación del Zoo. Al principio pensaba que Ingrid se obstinaba en que ése fuera el lugar de nuestros encuentros por razones de filantropía. Pensaba que quería hacerme feliz permitiéndome repetirle en cada ocasión los mismos lugares comunes sobre el sadomasoquismo. Yo por supuesto aceptaba el envite y me largaba hablándole de aquellos instrumentos delicadísimos, de aquellos apadravias que cambiaban de colores ante nuestros ojos. La tienda entera parecía hecha de cristal y mármol. Había largos estantes en los que elegantemente estaban dispuestos todo tipo de accesorios eróticos: licores afrodisiacos, infusiones para el amor, preservativos de superficie áspera que parecían estar cubiertos de garras, de lanzas, de espuelas, pastillas para despertar las pasiones, aromas, anticonceptivos de formas diversas y aditamentos para provocar dolor, anillos de hule acerados de púas para atacar el clítoris, falos plásticos de enormes proporciones para encubrir la flacura y pequeñez de otros penes, bolsitas para los testículos que hacían el milagro de prolongar el coito, pequeños latiguillos, sanguijuelas para ponerse en los pezones, armas diminutas para una batalla también diminuta. Y luego estaba el paraíso de las ilustraciones, ventanas por las que se vislumbraba un paraíso interminable que aún parecía estar en construcción, que aún no había dicho su última palabra. En sillones comodísimos se sentaban las parejas de novios o recién casados a estudiar aquellas biblias, aquellas promesas, en un silencio de iglesia, de *apotheka,* de extraña biblioteca donde cada ejemplar parecía estar escrito por el dedo de Dios. Ingrid no aludió nunca a la posibilidad de que ingresásemos en aquella exquisita cofradía, simplemente me dejaba hablar, despotricar, darle vuelo a mis complejos de varón latino; me dejaba argumentar a favor del coito tal cual, del coito a brazo partido, pero en el fondo se reía de mi miedo, de mi temor a comprobar que aquellos heresiarcas tenían la razón. Poco a poco fui advirtiendo que Ingrid ni siquiera pretendía tentarme. Lo único que buscaba era convertirse en testigo de mi abjuración, del momento en que mis predicaciones se parecieran a las de un sacerdote que ya no cree, pero que sigue oficiando a pesar de su nueva fe, a pesar de que le ha dado la espalda a su Dios para entregarse a otro más oscuro, más oculto, que llega a atormentarlo durante el sueño y contra el que aún, en un último momento de lucidez, pretende defenderse contraponiéndole palabras ya carentes de todo significado. ¡Cuán ridículo –o cuán trágico (¡pero qué obsesión de parecer trágico en una época en la que ya no hay lugar para la tragedia!)– debo haberte parecido a medida que me hundía más y más en las diatribas! Pero en ese entonces ya no me dirigía solamente a ella, mi necesidad de fieles había aumentado, necesitaba su apoyo, su aplauso, su fe y entusiasmo para salvarme de las imágenes que me amenazaban. A medida que hablaba agitaba los brazos como si luchase contra invisibles demonios o como si por turbias aguas quisiese a nado llegar a alguna Ítaca lejanísima. Pero ya la batalla estaba perdida. Ingrid había salido triunfadora en su tarea de infiltrarme la duda. Mas no, decía yo entonces, no puedo ser derrotado incondicionalmente, no puedo capitular de manera indigna, además, ¿quién piensa en capitulaciones? Señor, Dios mío, dame las fuerzas necesarias para seguir cantando *hosanna*, déjame ser tu Job, a pesar de las evidencias quiero seguir alabándote, quiero seguir lanzando mis denuestos contra esta chusma incrédula. ¡Dame las fuerzas imprescindibles para lanzarme a una nueva cruzada! ¡No me dejes caer en la tentación de otros cielos! ¡Sálvate! ¡Protégete! ¡Ciérrate los ojos ante estos paraísos!

«¿Contra cuáles paraísos?», me preguntó Ingrid ingenuamente mientras abordamos el S-Bahn que habría de llevarnos a la galería de Charlottenburg donde esa noche se celebraba el *vernissage* de Frau Nelly, pintora *naïf* que me había entusiasmado con cuadros que yo al principio consideré abstractos. Cuando llegamos Ingrid alzó la mano y llamó a nuestro lado a un muchacho de rostro casi indígena.

«¿De dónde eres, Zambo?», me preguntó y después de mi respuesta dijo: «Conozco a algunos mexicanos. Muchos de ellos han vivido en mi casa, les he dado de comer, les he lavado la ropa y conseguido trabajo y después no nos hemos vuelto a ver. Mira, todos estos cuadros son de lo más reaccionario que te puedas imaginar. Éste es el verdadero arte utilitario, el realismo socialista, el arte al servicio de las masas. Así como los ves son planos de túneles posibles para ir a rescatar del otro Berlín a ancianas paralíticas o a degenerados de toda especie. El mes pasado descubrieron uno de estos túneles. Ya estaba totalmente cavado, pero los policías de aquel lado lo llenaron de gas y los que estaban adentro tuvieron que regresar, pues no se habían alejado lo suficiente para ver la salvación a través del orificio de este lado. Solamente uno logró escapar, pero murió a los tres días. ¿Y sabes lo que pidió antes de morir, Zambo? No me lo vas a creer. Pidió que lo enterraran allá. Pero ¿qué haces? Ya esto ha terminado. Ven, vamos a mi casa, doy una fiesta de despedida, cuando estemos allá te diré el motivo. Trae a tu zamba si quieres. Yo la conozco porque anduve en una ocasión acompañando a un compañero peruano que tenía mucha plata. Vamos.»

Ingrid se empeñó en invitar a la pintora y no hubo manera de hacerla desistir, así que cargando aquel pecado nos dirigimos a la casa de Flavio. Fuimos a la estación de Friedrichstrasse y ahí tomamos el metro que por estaciones muertas, cerradas a piedra, con soldados que se paseaban por andenes solitarios, entraba y salía del otro Berlín en un silencio que nosotros llenamos de miradas recelosas dirigidas a la tranquilidad de la pintora; aunque ninguno de nosotros iba a morir aquello era como una excursión hacia la muerte. Cuando volvimos a la luz buscamos socorro en una cervecería y allí todo volvió a sus cauces. Ingrid casi no me hablaba, todo el tiempo lo pasaba enfrascada en una larga conversación con Frau Nelly. El idioma alemán me la iba alejando, me la iba llevando a terrenos que yo no podía alcanzar. Por fin, como después de muchos días, llegamos a casa de Flavio.

«Vas a ver lo que tengo. Te va a gustar, Zambo.»

Abrió la puerta de un cuarto pequeñísimo. Era un bar arreglado al estilo de los años treinta. Sobre un espejo colgaba un letrero escrito sobre una plancha de metal. ¿Debo acaso decir que las letras quemadas sobre el metal eran *Der blaue Engel*? Pues bien, ésas eran las palabras, ése era el conjuro, la clave, el secreto que de pronto me hizo acercar a Flavio y darle un beso en la frente. ¡Oh, cómo me hubiese gustado tener algunas lágrimas para empaparle mi ternura! Me sentía como si jamás hubiese salido de mi casa, como si el Unrat que había en mí se hubiese salvado del diluvio. Flavio echó a funcionar un viejísimo pathéfono de cuerda y nuestra amistad tuvo una música en que apoyarse, tuvo las notas de valses de preguerra que gemían bajo la gastada aguja que parecía rascarles viejos secretos, viejas promesas y mentiras de amores fracasados.

Pero aquel santuario se fue llenando de invitados que obligaron a Flavio a cambiar nuestro español por el alemán. Sólo de cuando en cuando venía a decirme alguna que otra palabra para romper lo que él creía soledad; pero lo que en realidad hacía era darle golpes de abanico al carbón de mi fantasía que ya ardía por otros caminos. Ingrid pasó junto a mí llevando en alto una copa de vino, como en un gesto de consagración.

«¡Qué bella música!, ¿verdad?», me dijo al alejarse. «¡Qué manera tan dulce de preparar la historia!»

Y fue ahí, en la algarabía de esas copas, donde Mónica empezó a salir de Ingrid, lentamente, como de un hotel en donde hubiese pasado una buena temporada de vacaciones; pero salió con gusto y con magnificencia, dando propinas a derecha e izquierda, llevándose en sus maletas algunos recuerdos de los últimos tiempos. La vi cerrar su habitación, abotonarse el abrigo y descender las escaleras, seguida del mozo que le llevaba las maletas. En el vestíbulo se detuvo un momento después de entregar las llaves, tomó un prospecto de viaje, anotó algunas señas secretas y lo devolvió a su lugar. Había marcado para mí el lugar de nuestra próxima cita. Estaba seguro de eso. Después se quedó un largo rato mirándose frente a un espejo y por fin se decidió a salir. Vi alejarse el automóvil que se la llevaba por una calle de crímenes. En su cuarto había olvidado algunas chucherías que aún contaminarían la atmósfera con su recuerdo, hasta que llegara la recamarera a decir aquí no ha pasado nada. Pero el administrador de aquel hotel era un hombre honesto, así que exigió que pusiesen aquellas flores en una cajita de chocolates y después las guardó en lo más profundo de su fortaleza. Tenía la esperanza de que algún día Mónica volvería para admirar aquella honradez que pondría sobre sus manos los secos pétalos de unas flores deshechas. Así se fue Mónica, dejando algo para la marchitez. Y si yo seguía aún insistentemente lo que ahora era vacío hotel conversante con pintora regordeta y cincuentona era tan sólo para recuperar aquella nota que Mónica había dejado: el lugar y la fecha de nuestro próximo encuentro.

Los invitados de Flavio se marcharon siguiendo el ejemplo de Mónica y sólo quedamos Ingrid, Frau Nelly y yo, pues Flavio había salido a escoltar a aquellos seres extraviados hasta una noche de la que quizá ya no volverían nunca. Nosotros tres nos quedamos en silencio y un momento después, del centro del infierno, salieron tres demonios armados con rifles de madera. Frau Nelly dio un grito y se refugió en los brazos de Santa Ingrid la Ávida. En el centro del cuarto estaban esos tres diablos polvorientos. Habían salido tímidamente, como ratones que estudiasen el terreno, pero ahora estaban de pie, mirándonos, con el mismo azoro y desconcierto con que nosotros los mirábamos a ellos. Tenían la ropa sucia y parecían semiasfixiados por su camino subterráneo. Nuestro mutuo desconcierto se alargaba cada vez más, creando un silencio que iba a reforzar ese mismo desconcierto. Por fortuna llegó Flavio el Salvador y entre penas explicó la situación, digo entre penas porque él era el culpable de que aquellos magníficos guerrilleros hubiesen tenido que soportar más de tres horas encerrados en un pequeño sótano de profundas heladeces. Por fortuna todo terminó entre risas, presentaciones y copas de alcohol. Esos tres valientes eran también peruanos y dirigidos por Flavio se estaban preparando para las guerrillas y luchas clandestinas. Y ése era el motivo de la fiesta de despedida. Ellos y Flavio renunciaban a Berlín y se iban a luchar por la libertad. En los últimos días habían vuelto más agudo su estado de alerta, pues temían que la policía estuviera avisada y viniese a interrumpir sus planes, y por eso tenían órdenes de encerrarse en el sótano hasta que Flavio diese la señal; pero el Flavio de ese día andaba medio olvidadizo y ellos –pese a que por algunas rendijas del suelo habían logrado darse cuenta del carácter de lo que arriba sucedía– prefirieron no romper las reglas y resistir estoicamente las consecuencias de la disciplina.

«Es la verdad, Zambo, nos vamos a luchar por la libertad», me decían agitando sus rifles de palo, entusiasmados como niños.

Flavio fue a la cocina y para desagraviar a sus soldados empezó a preparar unas magníficas lentejas y una enorme cacerola de arroz. Ingrid y Frau Nelly, asustadas de nuestro entusiasmo salvaje, fueron entre caricias a refugiarse a un cuarto vecino. Nosotros apuramos varias latas de cerveza y cuando yo les dije que venía de Polonia se mostraron mucho más entusiasmados y empezaron a tender sus redes del alba.

«Es la verdad», decía Flavio más tarde, mientras nos servía las delicias de su cocina que nosotros tomábamos sentándonos en la alfombra, como alrededor de una fogata en las montañas del Perú, «hemos decidido ir a unirnos a la lucha. Creemos que no hay nada más sagrado que la revolución. La amistad sólo es posible entre revolucionarios. Por eso nosotros somos amigos, si no ni siquiera nos hablaríamos, estos zambos son demasiado simples para mí. Pero nos une la fe en la lucha. Del único que desconfío es de éste», dijo señalando al más enjuto y joven de los tres, «es demasiado negro para ser sincero. Y digo lo de negro porque tengo mis experiencias, ya he dicho que siempre me ha gustado hospedar a cuanto revolucionario llega por acá. Pues bien, un día me trajeron a un negro haitiano que decía ser gran conspirador. Quería estar en mi casa solamente unos días, pues debía salir rumbo a Haití llevando un contrabando de armas. Efectivamente, me enseñó unas maletas llenas de fusiles. Lo hospedé encantado y el único pago que le exigía era el relato de sus proezas. ¡Qué noches aquellas! El negro tenía facilidad de lengua y le gustaba hablar de las cosas de la selva; pero lo malo del asunto era que a medida que los días pasaban yo tenía que ir sentándome cada vez más lejos para soportar el olor de su falta de aseo. Por fin, a los tres meses, cuando a pesar de cubrirme las fosas nasales con una bufanda no podía soportar ya más aquel hedor de suciedad, cuando ya ni siquiera podía alejarme, pues había llegado al más lejano límite del cuarto, decidí declararle la guerra para echarlo de mi casa y obligarlo así a cumplir sus revolucionarias tareas de contrabandista de armas. Pero todo fueron vanas ilusiones. El negro había echado raíces y no parecía dispuesto a abandonarme. No obstante, yo habría terminado por olvidarlo si hubiese sabido mantener su presencia en los márgenes del cuarto que yo le había cedido; pero lo terrible es que el negro de marras empezó a espiarme y a dejar tras sí cada vez más abundantes señales de su inmundicia. En cierta ocasión por ejemplo, estaba yo con una zamba extraordinaria y después de los amores le entraron ganas de satisfacer sus más bajas necesidades corporales. En mi ingenuidad ya estaba dispuesto a permitirle ir al baño cuando un presentimiento me indicó que antes debía explorar el terreno. Quizá no tengo que explicarles que el negro había ensuciado el retrete de tal forma que los recuerdos de su inmundicia estaban a flor de taza. Entre indignado y divertido le ordené lavar sus porquerías y él me obedeció, pero en un afán de demostrarme que yo era injusto y burgués, en un anhelo de conmoverme, a la par que lavaba el excusado iba cantando la Internacional y otros cantos que no entonaban con la labor que desarrollaba. Por fin, después de muchas peripecias, logré echar al negro que salió de mi casa con las maletas con que había llegado. Pero por supuesto no podía irse sin la traición y en el interior de aquellas maletas se llevó todas mis camisas y calcetines, dejándome a cambio del robo todo su arsenal, que en un momento me pareció maravilloso pero resulto todo de madera, restos de la utilería de un cabaret en que el negro tocaba el bongó, fusiles productos también del hurto malagradecido, de la vergüenza.»

La fogata que nos había unido a su alrededor se había ido apagando a soplos de sueño. Flavio terminó su relato y dio órdenes de limpiar el campo de batalla y preparar las literas para el descanso.

–Puedes quedarte a dormir aquí esta noche, Zambo –dijo dirigiéndose a mí–. Tu zamba y la gorda se fueron mientras yo hablaba del negro. Las vi irse abrazadísimas. Zambas así te puedo conseguir cuantas quieras, no tienes por qué preocuparte.

Las camas se tendieron como por milagro y empezamos a ocupar su soledad.

–¿De verdad piensan irse a las guerrillas? –pregunté cuando apagaron la luz.

–El miércoles próximo sale un barco de Hamburgo. ¿Quieres ir con nosotros? Tendrías que prepararte militarmente, pero no te preocupes, nosotros nos ocuparíamos de tu instrucción –dijo uno de ellos.

–No, ahora no quiero ir a ninguna parte, quiero pasar una temporada aquí, quiero vivir en Berlín.

–¿Has viajado mucho?

–No, pasé cinco años encerrado en Polonia sin moverme a ninguna parte.

–Háblanos un poco de Polonia.

Sí, la nostalgia me picaba, así que empecé a hablar, les hablé de todas las muchachas que había tenido, de las que solamente habían sido una ilusión, les hablé de los libros que había leído, de las fiestas en que había estado presente, les hablé largamente de Cylia y de los días pasados en su casa de Wroclaw, les dije que nadie jamás había sabido ensalivarme el falo y los testículos con la grandeza con que ella lo hacía, traté de que casi palparan la sensualidad de sus piernas, la curvatura de sus nalgas de luna brotando entre la noche, su juventud echada locamente sobre el sexo, esperanzada, buscando allí el olvido, la ebriedad, la espada contra su impotencia, las ganas de que nadie la amase, de que todo se concretase a un baño en el semen, en la inocencia, en la palabra de Dios. (Amada Cylia. ¡Y ni siquiera voy a saber cuando estés muerta!) Les hablé de la pobre Brylska, estupidizada por su fiebre uterina, que hacía el amor con torpeza de vaca; de la danesa aquella del último verano (¿cómo se llamaba?), de Masha (del epílogo con Masha. Un mal chiste que puedo contarle a quien quiera oírme), de las dos hermanas que sólo aceptaban acostarse conmigo al mismo tiempo. (Era el martirio. La única verdadera era aquella que yo no poseía. Aquella del rincón. La que nos observaba. La que yo poseía era siempre un maniquí, una oscuridad. No importa que se cambiasen. El acto era de todos modos una masturbación, unas ganas de llorar, un vaso de agua tirado sobre el piso.) Les hablé de muchas cosas más, de los campos de trigo, de las largas borracheras, del fracaso, de la muerte, de Alina, de la muerte, de Alina, sobre todo de la muerte, porque en esto acabé sin darme cuenta. Empecé a hablarles de Auschwitz, de los crematorios, de las cámaras de gas, del crimen... y no sé en qué momento mis palabras se convirtieron en las imágenes de un sueño (toneladas de cabellos, zapatos, cepillos de dientes, jabones hechos de grasa humana, telas tejidas con cabelleras de muchachas como Alina, cartas escritas para Alinas raspadas con un clavo en las paredes de una celda, escuetos nombres con una fecha definitiva, «te quieros» angustiosos, insultos, gritos de libertad, *Hitler to kurwa,* corazoncitos, *niech mnie Bóg w dupe pocaluje,* y en alguna parte, en un rincón, inadvertido, un falo dibujado de manera simplista, como la última esperanza, como la única bandera que se puede enarbolar ante la muerte).

Salí de ese sueño como de una ducha y fui a la cocina a tomar un vaso de agua. Ahí encontré a uno de los guerrilleros. Fumaba un largo tabaco y leía un libro de poemas. Estaba envuelto en una manta de campo. Cuando me vio entrar puso a un lado el librillo de poemas y tomó su fusil.

–¿Quién vive? –me preguntó.

–Juan Manuel Torres.

–No –me dijo–, el santo y seña es «águila blanca de la libertad». Tienes que salir y volver a entrar.

Hice lo que me decía.

–¿Quién vive?

–Águila blanca de la libertad.

–Todas las águilas son hermanas –me contestó–. Perdona, pero ésa es la consigna. ¿Vienes a relevarme? ¿Te mandó Flavio?

–No, vengo a tomar agua. ¿Estás de guardia?

–Sí, a las cinco es el turno de Flavio. Ya no debe tardar. ¿Te gustan los poemas de Vallejo?

–Un poco –le dije.

–Cuando hagamos la revolución ven a visitarnos al Perú. ¿Quieres que te lea un poema?

–No, gracias; voy a seguir durmiendo. Buenas noches.

–Buenas noches.

Volví al cuarto donde todos dormían y en silencio, para no despertarlos, tomé mi ropa y fui a vestirme al pasillo.

Cuando salí a la calle empezaba a amanecer.

> Allá arriba estaba el infierno, el corazón del infierno; pero no era el único, sino uno de los muchos infiernos regados por el mundo.
>
> Hermann Broch

El lugar es semejante a un fotoestereódromo: en las paredes de una sala circular hay pequeños orificios por los que se vislumbra el paraíso. Los que atisbamos no somos niños ni buscamos imágenes de ciudades fantásticas. No deseamos viajar a ninguna parte ayudados por nuestra imaginación. Nuestras imágenes, las que nos tienen pegados a estos agujeros, son otras. A veces pienso que en vez de perforaciones hay en estas paredes minúsculos espejos que algún extraño mecanismo mantiene iluminados cuando les untamos nuestros ávidos ojos. Es como si estos espejos tuviesen la cualidad de reflejar otra clase de luz. Es como si lo que aquí vemos fuesen imágenes adormecidas en la retina del ojo, inscritas ahí de alguna manera, vistas ya antes y olvidadas, pero revividas por estos espejos. Tal vez el proceso de visión se invierte y son nuestras neuronas las que llenas de fantasía envían imágenes inventadas por ellas. O no inventadas, sino productos de todas las cosas que hemos visto antes, como respuestas de un cerebro electrónico al que se hubiese aportado toda una serie de datos que él resume y ordena para encontrar la solución. Tal vez el proceso podría ser el siguiente: se abren los ojos y se empieza a ver el mundo: primero rostros imprecisos que después se llamarán padre y madre, pechos desnudos hinchados por una tibia leche, fragmentos de cuerpos vistos desde muy cerca, sonrisas, cañoncitos de plástico, lobos de felpa, ríos, puentes sobre estos ríos, museos, prostitutas, trozos de cera, manzanas, clepsidras, danzantes voluptuosas, ropa íntima colgada en las azoteas, automóviles, abetos, ancianas repugnantes, niños atropellados, muchachas que locamente van construyendo en la soledad de su lecho la imagen del primer hombre que las tomará por violencia o por amor, bosques, fotografías, aeroplanos, noticias en los periódicos, amenazas de guerra, crucifijos de plata, escuelas incendiadas, bombardeos, suicidios, napalm, una muchacha muerta. Vemos todas estas cosas apacibles que forman nuestra civilización; nos llenamos con una enorme cantidad de rostros. Todo esto son los datos entregados al cerebro. Las neuronas los almacenan y analizan cuidadosamente hasta llegar a una conclusión. Entonces se acomodan de manera determinada y recorriendo inversamente el camino acostumbrado llevan su conclusión a la retina, donde se forman estas imágenes que ahora contemplamos a través de estos agujeros o espejos.

Hace rato las imágenes eran móviles, se agitaban furiosamente e incluso resultaban divertidas: pero desde hace muchos segundos las figuras han entrado en tensión y estamos esperando a que revienten. Parece que en esta lucha estuviesen comprometidos todos los elementos del universo. Nosotros estamos atentos, jadeantes, observando esta viva estatua llena de una energía cada vez más incontenible, cada vez menos equilibrable; como si en ella el barroco volviese a obtener su eterna victoria sobre el renacimiento. En el equilibrio los músculos se han ido acentuando poco a poco, precisándose, creciendo y llenándose de fuerza, acercándose a la explosión que estamos esperando. Todos los que espiamos nos hemos olvidado un poco de la borrachera. La estatua tiene conciencia de que es observada; pero no sabe si por dentro o por fuera, no sabe en qué sitio se esconden nuestros ojos implacables. Los agujeros están disimulados cruelmente, disfrazados con cuadros y cortinajes. La estatua debe sentir que está rodeada de ojos por todas partes o que uno solo, el de un dios sodomita, la rodea vorazmente. La estatua está formada por una muchacha de quizá veinte años, enérgica, con aspecto de tenista o de amazona, y por un hombre obeso y cincuentón que yace boca abajo, desnudo sobre la alfombra, mientras ella le entierra un tacón en la espalda y lo tira hacia atrás sirviéndose de un cinturón de cuero que a guisa de rienda le atraviesa la boca. Un momento después el hombre lanza un agudísimo grito de felicidad y la muchacha lo suelta con desprecio. Antes de retirarse lo golpea tres veces más con la hebilla del cinturón. Estos últimos golpes le sirven para sellar su victoria, para demostarle a todos y a sí misma que ella es la heroína, la triunfadora de la batalla, la de los golpes rabiosos que han obtenido lo definitivo. El hombre solloza tirado sobre la alfombra. Esto afloja otra vez el ambiente y nos apartamos un momento de los orificios en espera de que aparezca una nueva pareja de protagonistas, nuevo Abelardo caído en la esperanza de una nueva Eloísa. No queremos ver al hombre que ya pasada la excitación se llena de vergüenza y queda derrotado como un boxeador que en medio del ring se duele en su abandono de la lástima que ha despertado. El hombre recoge sus ropas y va a vestirse al baño de mármoles artificiales donde descansará y se limpiará de todo pecado oyendo alguna tocata de Bach, en tanto que una sirvienta arreglará la sala y limpiará de la alfombra el semen eyaculado durante el grito.

Nosotros en cambio nos sentimos limpísimos, como niños purificados en la santa misa. No importa lo que podamos pensar fuera del templo. No importa cuáles sean nuestros sueños. Sabemos que en el fondo no somos héroes, ni asesinos, ni poetas, ni constructores de nada; sabemos que no somos ni queremos ser más de lo que aquí aparentamos. Éste es nuestro rostro, el despojado de todas las mentiras, de todas las máscaras. Aquí nadie engaña a nadie. Nos sentimos como dentro de la mejor familia. Cualquiera puede ser hermano o padre de cualquiera.

Me asomo brevemente por el agujero para comprobar que el hombre ya no está. La sirvienta termina de limpiar. Ahora sale y apaga las luces. Es una mujer de cuarenta y cinco años. Se llama Edith y tiene un hijo paralítico.

A pesar de lo atractivo que me resulta este sitio soy un cliente poco frecuente. Las veces que he venido han sido más bien casuales. No obstante, en pocos lugares me siento tan bien como aquí, pocos rincones del mundo son tan agradables. Sobre todo la parte de abajo, con sus paredes cubiertas de espejos retorcidos. Allí me siento como en un salón de espejos de feria en los que sólo por accidente podemos ver nuestros rostros reflejados con fidelidad. En todas partes hay una imagen falsa y sólo una posición accidental puede lograr que esos espejos se eliminen entre sí y encontremos fugazmente nuestra verdadera imagen para perderla de inmediato, pues basta cualquier movimiento –aun el necesario para respirar– y la imagen vuelve a cobrar gestos fantásticos, muecas de nuestra alma desesperada que en aquellas caricaturas busca su identidad. Entre todas esas imágenes (la suma de muchísimas imágenes falsas puede dar una imagen verdadera) gastamos vanamente energías tratando de reconquistar la verdaderamente nuestra, la que nos ha domesticado, o bien buscamos un signo oculto que nos ordene aceptar las demás, obligándonos a admitir al mismo tiempo que podemos ser deformados no sólo hasta la fealdad, sino también hasta la soledad y la locura. Andamos inútilmente en busca de un rostro, sin preguntarnos si verdaderamente nos es imprescindible, sin detenernos a pensar si no se nos ha engañado al ponernos en marcha y decirnos busca esto o lo otro. Te enamorarás algún día, dicen, y nos apresuramos a responder: «ya estoy enamorado». Tengo ganas de vomitar o de decir lirio y éste debe ser uno de los síntomas del amor. Sé fiel al amor como al amor mismo. Nos echa a andar y así vivimos por estos mundos de Dios. Debo estar enamorado y no lo estoy. No amo a nadie y debo amar. Vivo y debo estar muerto. Éste es el punto a donde nos querían llevar. Nació y murió y en el intermedio creyó todo lo que le dijeron. No puso nada en duda (Cielo). Se portó mal (Infierno). Se sabía la lección (Cielo). Hizo pipí en los pantalones (I). Tuvo suerte (C). No la tuvo (I). Buscó constantemente la gracia (C). Buscó la calma (I). Pero si no se quiere el cielo ni el infierno, si lo que se busca (lo que se sueña) es algo totalmente distinto, algo cuyo nombre permanece desconocido incluso para nosotros mismos, si lo que anhelamos es una palabra sin sentido, un gesto absurdo, una confabulación de nada, entonces habría que tomar una piedra y romper los espejos para detrás de ellos, al otro lado, encontrar por fin una pequeña felicidad.

Pero los espejos no son el único tormento.

Las mesillas están dispuestas alrededor de una pequeña pista en la que nunca sucede nada. Es una pista inútil que tal vez sirve para crear la necesidad de espectáculo, pista de circo inexistente, de circo acurrucado en la infancia, cuando la fiebre aftosa retuvo en Coatzacoalcos por largos meses una carpa maltratada por el viento. Y yo que estaba enamorado de la hija del cómico mayor, hasta que una tarde –recuerdo que era una tarde llena de sol– la muchacha de mis amores llegó a la cita antes de tiempo, cuando aún el aire estaba vacío de amigas manos trapecistas que la esperasen, y a pesar de mi amor, a pesar de que yo quise sostenerla con los ojos, ella se vino volando como gaviota herida –y en la arena el pintarrajeado rostro de su padre en una mueca de temor, de ganas de huir– para por fin, de un solo golpe, romperse la columna vertebral y las esperanzas. (Sírvanle estas palabras como un nardo sobre su tumba anónima.)

Pero volvamos al otro circo. Entre las mesillas que rodean esta pista se pasean las mujeres. Llevan botas altas, calzones cortos, blusas deportivas y un pequeño látigo que azotan contra sus botas. Frente a sus potenciales clientes ponen unas caras terribles, ofrecedoras de todas las promesas. Yo las observo y gracias a ellas sé quiénes son los que vienen en busca de castigo y quiénes otros pertenecen solamente a la raza de espectadores. Entonces me siento muchísimo más seguro, como si en caso de necesidad pudiese yo apelar a estos últimos. Ellas los reconocen inmediatamente. A veces me aterroriza pensar que alguna de ellas pudiera equivocarse respecto a mí. Creo que si me mirasen diciéndome tú eres tú no me quedaría más remedio que levantarme dócilmente e ir al cuarto de arriba a que me rompieran el alma a latigazos.

Un día llegué temprano intencionalmente. Le di veinte marcos a la sirvienta y logré que me permitiese entrar en la sala superior, donde detenidamente, centímetro por centímetro, traté de descubrir los agujeros. Fue imposible. Después entré al baño. Es ésta una habitación tranquila y agradable con una amplísima tina de baño. Sobre una mesilla de caoba hay cigarrillos de colores y botellitas de aromas y aceites. Un tocadiscos dorado destaca sobre la pulcritud de una blanca alfombra. Es un sitio tranquilo. Puedo ahora imaginarme al hombre que en estos momentos descansa allá y siente cómo poco a poco, arrullado por la música, por el dolor, por el recuerdo del dolor, una melancolía infinita lo va invadiendo...

Pido otro vaso de whisky y repentinamente triste empiezo a descender las escaleras de caracol. Al salir de la espiral ya estoy alegre otra vez. Por la mirada de las muchachas sé que ese joven –veinte, veintidós años– ha venido a que lo fueteen. Aquel otro también. No se conocen, pero tal vez van juntos a la universidad. Una noche se dieron cuenta de que todo lo que les enseñaban era una estupidez, que estaban solos y que nada de lo que hacían tenía sentido. Esa noche quizá fue la primera en que desearon ser castigados por un pecado que no habían cometido. Tal vez un día se enteraron de que sus padres también habían vivido algo parecido, sólo que al revés, siendo ellos los que se paseaban con un látigo entre las mesillas de un andén de ferrocarril en Auschwitz, ante una multitud que no se dividía en clientes y espectadores, sino en víctimas inmediatas y en víctimas futuras, en víctimas niños, ancianos y enfermos que entraban directamente al baño, sin pasar por los golpes, para en una desnuda promiscuidad recibir el toque de gracia del gas ciclón, en tanto que los más sanos, los que iban a ser victimados más tarde, pasaban a la sala de los golpes para, mientras tuvieran fuerza, calcinar en los hornos los cuerpos de sus amadísimas esposas e imposibles Isoldas.

Quizá los jóvenes sólo sospecharon el pasado de sus padres, su juventud; pero a partir de ese día empezaron a vigilar cuidadosamente los movimientos con que desayunaban o hablaban de Dios: empezaron a seguirlos paso a paso, esperando el momento en que sus labios empezasen a modelar unas palabras llenas de nostalgia, una oración postrera por aquella maravillosa época en que todo era tan sencillo, por aquellos años en que bastaba abandonarse a cualquier monzón para seguir en paz.

El desayuno se efectúa sobre un mantel de lino y los muchachos tratan de coordinar las manchas de té, intentan descifrar los vanos jeroglíficos que absurdamente forman en el aire los gestos con que el padre embadurna de mantequilla una rebanada de pan; siguen con fijeza el movimiento de pez con que el padre abre la boca; recorren con la vista, casi palpándolo, el casimir del traje, para ver si entre sus hilos hay un cabello acusador, una señal. Para los ojos atentos no hay escape posible. Nada puede disimularse ante ellos. Así, una mañana llega por fin la revelación. Pero el momento en que las dudas se desvanecen no es nada terrible. Ellos pensaban que entonces odiarían a sus padres, que no soportarían seguir viviendo junto a ellos, junto a su amor, sus celos, sus cuidados. Pero sucede lo contrario. Sienten amarlos más que nunca. Ya están todos desnudos, dispuestos para el castigo. Ya todos saben cuánto valen. La comedia ha terminado. La comedia puede seguir.

Subo otra vez las escaleras para ocupar mi lugar ante el agujero. Sobre la alfombra rueda el muchacho desnudo, desesperado. Llora bajo los golpes, como si no pudiera resignarse al castigo. Se retuerce como muchacha de quince años, como perro atormentado por las lombrices, como almejas quemadas por el limón, como loco bueno asustado por sus sueños. La mujer que lo golpea parece medir la intensidad de cada latigazo para no estropearlo demasiado. Él se queja a cada golpe, aúlla, canta, mientras se masturba agitando entre sus manos un larguísimo falo maravillosamente erecto. Después trata de alcanzar con sus labios las negrísimas botas con que la mujer le da de puntapiés, tiembla frenético, jadeante, pidiendo más y más, arrastrándose, llorando, mordiéndose los brazos, buscando cada vez más locamente esos pies, esas palomas, recibiéndolos como el sagrado sacramento, como la introducción a la pureza...

Bajo casi corriendo y logro escapar de la mirada-orden de una casi-niña que se planta ante mí. Por un momento siento perderme.

Pero no.

Logro escapar.

Afuera está el aire, una lluvia menuda, las luces de los automóviles, el mundo que vuelve a sus normas...

Y además está Flavio que detiene mi carrera sujetándome del cinturón e inquiriendo por los fantasmas que me amenazan. Lo tranquilizo diciéndole que no me pasa nada y él se queda fingiendo que todo está en orden, pero sabiendo al mismo tiempo que no todo está en orden.

Caminamos hasta una cervecería y allí, junto al sabor amargo, nos vamos diciendo las cosas que nos han sucedido. Yo rehúyo la batalla de frente y le hablo de Alina, del hijo que no tendremos, de lo que hubo que pagar por el aborto. Él en cambio, puesto a hablar, me cuenta lo que seguramente ha tenido más importancia.

«Sí, Zambo», me dice, «aquellos peruanos que conociste van ahora por el mar rumbo a las montañas. Créeme que yo fui sincero al convencerlos de que debíamos ir a las guerrillas y abandonar este mundo de miserias; pero desgraciadamente me entró la conciencia de que aquello era absurdo y así, después de embarcarlos, después de embarcarme con ellos, fingí una diarrea terrible y me encerré en un excusado, refugio que abandoné minutos antes de que el barco zarpase. Estoy seguro de que no me vieron cuando bajé a tierra. Espero que ya me hayan perdonado o que por lo menos crean que sigo sufriendo esa molesta enfermedad. Lo único que me aflige es el convencimiento, la absoluta seguridad, de que a las primeras de cambio los van a matar. Su muerte es algo tan inevitable que ya la veo escrita no en páginas de gloria sino en mal ortografiadas cartas con que la tía Tere le dará la noticia a mamá, al tiempo que le cuenta sus otros males y lo molesto que se ha vuelto el inquilino del piso superior. Sí, Zambo, ellos van a morir y yo en cambio voy a seguir viviendo durante muchos años. Y esto aunque tú no lo sepas te lo debo a ti. Si tú no te hubieras enterado de lo que preparábamos yo no hubiese advertido lo ridículo del hecho. Pero aquel día vi en tus ojos la condenación y esto me hizo abandonar la aventura. ¡Qué sé yo! Quizá de no haber sido por ti hubiera seguido con ellos y entonces... a lo mejor hubiésemos logrado evitar la muerte. A lo mejor la fe nos hubiese enseñado a combatir, a obtener la libertad; pero ahora las cosas son distintas, pues en cuanto adviertan mi deserción –si es que en su entusiasmo la advierten– se llenarán también de dudas y entonces los matarán. Sí, los van a matar; pero después de ver en ti la reprobación ya no podía seguir con ellos. Zambo, fracasé como caudillo, tú tomaste el timón, dime entonces por piedad hacia dónde quieres llevarnos, dime qué clase de muerte nos preparas. Has tomado las riendas y tienes que estar consciente de que un enjambre de fracasados, de desertores, de seres que no pudieron, te van a seguir a donde tú quieras. Y tú no puedes desertar, Zambo, no puedes hacerlo, no puedes permitir que todo esto se convierta en una broma ridícula; no nos puedes abandonar al escarnio, a las mofas. Permítenos creer que seguimos siendo los soldados de alguna causa, por lastimera que ésta sea. ¡Oh, Ulises, en ti los fracasados ponen su última esperanza!»

Las palabras de Flavio me hicieron sentir terriblemente incómodo y por decirle algo patético le cité las escrituras (Deuteronomio, XX, 5): «y los oficiales hablarán al pueblo diciendo: ¿Quién ha edificado casa nueva y no la ha estrenado? Vaya y vuélvase a su casa, no sea que muera en la batalla y algún otro la disfrute». Pero las escrituras no hicieron en Flavio el menor efecto, pues se quedó mirándome atentamente, con admiración (lo que me llenó de vanidad), en espera de que yo diera las órdenes para atacar los más bravíos molinos de viento.

Así, sin quererlo, me vi obligado a aceptarlo en carácter de escudero; aunque no estaba seguro de si era el destino quien le daba este papel o si él mismo se lo confería, pues no tan sólo carecía de casa nueva que estrenar sino que incluso no tenía dónde pasar la noche.

Aquella cervecería obró pues el milagro, ya que si entramos aisladamente (cada uno adentro de su propio destino), con el único propósito de pasar juntos un rato, salimos ya trenzados, unidos en indisoluble figura cervantina: él pequeño y rechoncho a mi lado; yo alto y enjuto (cada vez más alto, altísimo), sumergido en tareas más profundas, tareas de las que no me quería ocupar, pero que se me presentaban como inaplazables.

Miserable pareja de abandonados salimos a la calle. Él se sentía feliz, con la seguridad de haber depositado en mí el peso de todas las responsabilidades, pero yo estaba desconcertado, sin saber qué entuertos desfacer, contra qué locuras luchar, sin saber qué sinrazones debíamos enmendar. Íbamos tan ocupados en nuestros pensamientos que ni siquiera nos dimos cuenta que la noche a nuestro alrededor nos tendía un sinfín de enigmas, una multitud de problemas que con lenguas oscuras nos imploraban una solución. ¿Pero qué solución podíamos ofrecer nosotros? ¿De dónde íbamos a sacar la claridad necesaria para iluminar aquellas sombras? No obstante, avanzábamos hundiéndonos sin lanzas y sin alabardas en el corazón de aquella noche que nos recibía con la desesperada angustia de una madre alcoholizada y remordida.

–A mí el lenguaje no me interesa –dijo el doctor Pitt.
–A mí sí –fueron las últimas palabras de miss Carlis.
El doctor Pitt nos enseñaba que si lo que se desea es por ejemplo una manzana entonces no hay que pensarlo mucho y decir simplemente manzana, aunque esta palabra carezca de originalidad. («Sobre todo por eso», decía Pitt, «hay que respetar a quienes estuvieron antes que nosotros.») El doctor Pitt por supuesto se equivocaba, pero para que vea que no fui tan mal alumno quiero equivocarme con él. Así, para expresar la serie de manzanas que hay en el siguiente capítulo, me sirvo en gran parte de otras manzanas más sólidas y mejor dichas. Para justificar este manejo de una utilería que no me corresponde, este arbitrario atraco, este mediocre plagio, permítaseme entonces hacer algo que el doctor Pitt haría conmigo si estuviese a mi lado: inclinar la frente (y tras la frente el alma de este momento) ante la soledad y muerte de Bruno Schulz.

Pasaron algunos días apacibles, días en que Flavio y yo esperamos pacientemente a que de alguna parte nos llegase la señal esperada, el signo revelador que pusiese fin a nuestras tribulaciones indicándonos de manera exacta el camino a seguir, el nuevo mundo por descubrir; pero el mundo callaba o bien hablaba con un lenguaje que nuestros oídos ni siquiera sospechaban, agitando ante nuestros ojos indiferentes (inconscientes del milagro que sucedía) la maravillosa destreza de unas manos que todo lo ocultaban con la habilidad de un prestidigitador que extrae de todos los sombreros (ante la despreocupada presencia de un auditorio somnoliento que piensa en el dolor de pies, en las vacaciones que nunca llegarán, en el dinero gastado la última semana) vivísimas liebres y palomas que no asombran a nadie, pues embotados por el sueño y por sus problemas más mínimos los espectadores admiten todo, aun los hechos más insólitos, como algo natural, algo que no podía dejar de producirse en la concatenación de lo cotidiano, y así el prestidigitador se convierte en un charlatán que ha prometido milagros y ofrece sustitutos tan lamentables como la pobre vida de unas liebres y palomas que con sus gestos asustados son quizá las únicas en comprender lo que verdaderamente ha sucedido.

El prestidigitador debería haber comprendido hace tiempo que la única manera de renovar su arte es hacerlo fallar, ponerle huecos, falsas ventanas por las que la curiosidad pueda asomarse para descubrir que las palomas y las liebres no se han reproducido espontáneamente en las negras capas de los sombreros, sino que de manera subrepticia, clandestina, digamos por milagro, han surgido de la voluntad, de un movimiento torpe de los dedos, de un trastabilleo en la realidad del prestidigitador.

Flavio era quien más ardientemente se entregaba a la lucha con estas perfecciones. Se sentaba en un rincón de nuestro cuarto de hotel y se pasaba horas enteras rumiando diversos planes para de manera definitiva darle a entender al mundo que debía descubrirnos algunos de sus trucos más baratos para que nosotros a nuestra vez pudiéramos interesarnos en el juego y aplaudir a rabiar para más tarde, a la salida del teatro, al volver a casa a medianoche, despertar a los familiares que habían quedado en casa e invitarlos a la cocina donde nosotros improvisaríamos nuestra propia escena para entre el sueño despertado y la cena fría que se nos había dejado sobre el mantel reproducir la torpeza de nuestro maestro y llenar así la casa de palomas y liebres imperfectas, a medio construir, hechas de prisa, sin la precisión que da la rutina, liebres y palomas a las que les faltarían algunas piezas o que por error tendrían más de las necesarias. Los familiares despertados se olvidarían del sueño y batirían palmas haciendo del resto de la noche una feria de recuerdos multicolores donde cada quien se apresuraría a referir otros hechos milagrosos que habían sucedido en el pasado y así navegaríamos hasta el amanecer por las mágicas aguas de cometas, lluvias de estrellas y auroras boreales rodeadas de pequeños demonios y elegantes caballeros que volvían de la muerte para señalar el lugar de algún tesoro.

Flavio y yo presentíamos que sólo a través del sueño podríamos comunicarnos con el mago de las liebres y por eso pasábamos el tiempo dormitando en nuestras butacas, sin prestar ya atención a lo que sucedía en escena. A veces el prestidigitador mismo se sentaba un momento en algún sitio del proscenio y arrullado por no sé qué voces se unía también a nuestro sueño para junto con nosotros cabalgar por las más tediosas horas de la siesta o de la medianoche. Pero él era sólo un aliado accidental, un compañero de viaje que no compartía el destino que nos estaba deparado a nosotros. En realidad Flavio y yo éramos los únicos combatientes de una causa que nos había nombrado sus paladines manteniendo en secreto su propio nombre, como dama envelada que a cambio de una noche de inciertas caricias exigiese la conquista de un vellón lejano.

Flavio se empeñaba en no parecerme una carga excesiva y a espera de luchas mayores desperezaba su hastío aliviándome en las tareas más imprescindibles. Armado con algunas monedas salía todos los días a buscar odaliscas que coloreasen con sus magníficas danzas la pobreza de nuestros martirios cotidianos y así, entre sus brazos, entre sus brazísimos brazos, cortábamos la noche en un punto donde no se podía producir ningún milagro aparte del salto desvariado de unos espermatozoides ansiosos que al comprobar el fallo, al darse cuenta que el mundo abierto ante ellos no era el vientre de la Mónica que habían intuido en los latidos de la sangre, al advertir que habían caído en un burdo sustituto, se echaban a rodar como lágrimas espesas que se columpiasen en una arboleda capilar antes de caer a revolverse entre las sábanas con los desilusionados y muertos hermanos de muchos días anteriores, días sin sueño, pasados sobre la cama entre cigarrillo y cigarrillo, entre ganas de olvidar y ganas de olvidar, mientras una voz cercana susurraba suaves promesas de amor y felicidad.

Pero nuestro objetivo no era ni el amor ni la felicidad. Nuestra ambición se fijaba metas más altas, metas cuya definición no podía hallarse dentro de ninguna enciclopedia de recetas ya probadas. Nuestros cotos de caza estaban en tierra virgen y nosotros vagábamos por esas tierras con los ojos enceguecidos, tendiendo el tacto desesperadamente para atrapar aunque fuese un jirón de la pieza que huía de nosotros ocultando el rostro, huyendo de la palabra nombradora de un Adán obstinado e infatigable que no quería dejar sobre la tierra nada que no pudiese ser llamado, a la costumbre de los poetas o de los niños locos que acurrucados en el seno de la madre señalan con dedo criminal el mundo rodeante y lo encierran en una clave de semipalabras cuyo sentido es claro sólo para ellos y para las cosas nombradas, pero que en lo que tienen de ruido gutural y salvaje, de aullido desesperado, de sonrisa idiota, suenan a nuestros oídos como un «yo acuso» lanzado contra nosotros, como una pobre rebeldía que la buena madre se apresura a apaciguar con besos y caricias que pretenden ser capaces de matar la desgracia del ser que les late en los brazos convulsivamente antes de ser arrebatado por un vientecillo de muerte que parece ser el único en haber comprendido el gemido de amor, el balbuceo, la Mónica incipiente en que empezaba a fermentar la palabra de Dios.

De esta manera Flavio y yo vivimos un tedioso tiempo de vigilancia en que pacientemente escudriñamos todos los rincones de nuestro cuarto de hotel en busca del enemigo que nos estaba destinado. Flavio a veces se inmovilizaba observando tenazmente un invisible punto perdido en algún sitio de las uñas de sus pies al tiempo que con dedo torvo buscaba no sé qué tenebrosos secretos en la aparente claridad de sus fosas nasales. Nuestros diálogos se habían casi reducido al silencio. Sólo durante las noches sentíamos la necesidad de cruzar nuestros monólogos anteriores al sueño, como si fueran espadas que esgrimiésemos para salvarnos de una oscuridad que se empeñaba en atraparnos, en arrancarnos de la guerra santa que habíamos declarado a unos dioses apóstatas e implacables que se burlaban de nosotros rehuyendo la batalla, ridiculizándonos en la figura de unos gladiadores ciegos que luchasen contra fieras inexistentes.

Uno de esos días, al amanecer, Flavio decidió que yo ya estaba curado de una fiebre que no había padecido y me obligó a efectuar un largo paseo por todo el centro de la ciudad. Al anochecer volvimos al hotel armados de muchísimas latas de cerveza y de una fatiga que doblaba el cuerpo hacia las sábanas.

«Perdóname, Zambo», me dijo Flavio, «pero tenía la esperanza de que en el tumulto descubrirías a la zamba esa de que tanto hablabas en tus delirios. Pensaba que por lo menos me señalarías un parecido, una semejanza que pudiese servirme de guía para emprender yo también la búsqueda.»

Sí, eso era, Flavio había acertado. Intuitavemente se había dado cuenta del verdadero fin de nuestras vidas. ¡Oh, dioses! ¿Por qué no pusisteis entonces a mi alcance alguna dorada ínsula para premiar a Flavio por lo atinado de sus servicios? Mónica era el reino que debíamos conquistar. Ella era nuestra única salvación posible, el único faro que podía marcar la tierra firme de aquel otoño que estaba por terminar. ¡Mónica! ¿Por qué caminos, en forma de qué espíritu santo te revelaste a Flavio para convertirlo en tu profeta? Porque no cabía la menor duda de que todo aquel paseo había sido planeado por ti. Claramente guiado por tu mano onfálica había marcado las siete jornadas del calvario en que debíamos buscarte. Como sin querer, como si temiera ofenderme dándome la solución ya lista, me había sugerido con discretas alusiones, con tosecillas aparentemente indiferentes, el lugar de tu posible presencia, deteniéndose siete veces ante las siete puertas de siete tierras santas que esperaban nuestra cruzada. Ahora era claro para mí que aquellos paraísos eran sólo en apariencia sitios de pecado; el comercio sexual que en ellos se efectuaba era sólo una función casual. En realidad eran siete templos que estaban esperando a un Cristo furioso que los barriese de mercaderes.

Me levanté de la cama, llené a Flavio de besos agradecidos y después lloramos un largo rato abrazados ante la sorpresa de un espejo que no sabía cómo copiarnos y prefería seguir la imagen de una mariposa que entre pequeños choques buscaba en una de nuestras paredes el camino para confundirse con su sombra.

Flavio y yo empezamos nuestra cruzada y durante las primeras seis jornadas no llegamos al cielo; no obstante, estábamos llenos de confianza. Yo había vuelto a sentirme con ganas de trabajar y por las mañanas borroneaba las notas de una novela mientras Flavio estudiaba atentamente las ilustraciones de todas las revistas pornográficas que me servían de textos auxiliares. Desgraciadamente aquellas notas se perdieron no sé dónde y en su lugar quedaron otras páginas que había escrito en tiempos menos luminosos. De todas formas creo que su lectura puede resultar provechosa, por lo menos para Alina, que ha vuelto a encontrarme.

He aquí pues esas notas:

El que formó el ojo, ¿no verá? (Salmos)

Mi ojo no perdonará. (Ezequiel)

Le dará libertad por razón de su ojo. (Éxodo)

No pondré delante de mis ojos cosa injusta. (Salmos)

Has apresado mi corazón con uno de tus ojos. (Salomón)

Desfallecieron mis ojos por tus palabras. (Salmos)

Ningún fornicario tiene herencia en el reino de Cristo. (Pablo)

Si tu ojo derecho... (Mateo)

Beata la Casta, asediada sin descanso por un galán enamorado, se arrancó los ojos para alejarlo de toda tentación; pero después, como prueba de doloroso amor, tomó los dos ojos ya exprimidos de imágenes y los envió a los labios del amante. (Hecho que falsamente se atribuye a Santa Lucía.)

Durante la infancia –años de claridad– la coloración del cristalino es por supuesto transparente. Más tarde, a medida que se acerca la noche, la transparencia cede lugar al color ambarino.

La esclerótica tiene color blanco azulado en el niño, blanco nacarado en el adulto y ligeramente amarillento en los ancianos. (Dime el color de tu esclerótica y te diré quién eres.)

Las hemorroides se curan llevando ojos de venado (*mucuna ureus*) en los bolsillos. (Pero esto no es tan importante.)

Si se escribe una novela sobre el ojo los personajes deben llamarse: Rouget, Müller, Brüke, Döllinger, Descemet, Tenon, Zinn, Schwalbe, Ruysch, Ranvier, Schultze y Jacob.

«El ojo es el producto de la creación más alejado de las cenizas... es el producto más cercano al acto creativo... es juez de todo conocimiento humano... en el ojo radica todo lo que de humano hay en el hombre, en el ojo convergen su individualidad y su tranquilidad, puesto que gracias a la capacidad de conocimiento que tiene el ojo el hombre se convierte en creador...»

Antes de quedar dormido algún personaje podría recordar estas frases de Broch. Estaría ya casi dispuesto a adorar el ojo, pero después de cavilar un momento llegaría a la conclusión de que también el ojo era un fracaso. Entonces el personaje podría sentirse más tranquilo. Si se escribiese esta escena habría que poner en mente del personaje los siguientes razonamientos:

Si viésemos monocromáticamente, si nuestros ojos fuesen sensibles únicamente a la intensidad de la luz y no al color, pensaríamos que la realidad se halla conformada de esta manera y desecharíamos otras cualidades posibles creyendo que nuestros sentidos lo abarcan todo. Para evitar esto la actitud constante debería ser la de un conocimiento intelectual y no sensorial. Más que ver, oler, saborear, escuchar y palpar deberíamos tener presentes todo el tiempo las cualidades de la materia que conocemos a través de la ciencia, o bien aquellas otras que intuimos en un golpe de luz. De esta manera el intelecto reinaría y el hombre podría enfrentarse al mundo armado de mejores elementos que los cinco sentiditos con los que pretende crear instancias morales y sistemas filosóficos en un absurdo antropocentrismo, creyendo que algo es frío o caliente porque su mano izquierda así lo ha sentido, sin saber lo que la mano derecha pensaría del asunto. Quizá a pesar de todo el ojo es el mejor de todos los sentidos, pero no se le puede confiar tan ciegamente como quiere Broch. De todas formas uno de los errores de la ciencia actual es que sólo agudiza nuestros viejos sentidos en vez de inventar nuevos.

¿Y hacia dónde quieres ir con tu ciencia?, le preguntaría Eva al personaje. ¿Cómo puedes saber si el fin que buscas es realmente un fin? Puede ser que lo que tú consideras fin no sea sino un medio para acercarse a otro fin desconocido. Puede ser que así como una noria es un medio para obtener un vaso de agua y éste a su vez un medio para calmar la sed, todos los actos que realizamos se vayan concatenando para acercarse a un fin definitivo, a un fin que no llevará ya a ninguna parte, que será verdadero descanso. ¿Pero acaso podemos tener la seguridad de un fin definitivo? Los fáciles de pensamiento pueden ver la muerte en este sitio. Pero no seamos simples. Todo este caos es como un vehículo que avanzase interminablemente, en eterno movimiento. A nosotros nos está dado abordarlo o bajar de él (podemos incluso alternar su rumbo), pero de ninguna manera podemos detenerlo. Se podría suponer que este movimiento de la materia es por lo tanto ese fin definitivo, pero esto sería un error, pues el movimiento ha sido alcanzado desde el principio y por ende no es fin sino origen. Existe fuera de nuestra voluntad y nosotros somos solamente una de sus fantasías, una costra surgida en una fracción de la eternidad, una alteración de la superficie, algo que bien puede volver a desaparecer en cualquier momento con todos sus dioses, un pobre grano que tan sólo podría aspirar a la grandeza si lograse interrumpir el movimiento (de la materia, no de la vida, ni de las formas de la materia; pues éstas son accidentales). Así, la destrucción total es el único fin posible, la única bandera que se puede seguir. No tener más la sexualidad de esos cochecitos de feria que ininterrumpidamente chocan con otros cochecillos, buscando abrirse paso hacia otros choques, pues la única salida es el fin del juego.

Para defenderse Adán puede citar aquí a Ossewski:

«*Vivere non est necesse.* La vida por sí misma no es tan importante y el paso al estado de materia inorgánica no lo es tampoco. La vida es importante en tanto que se pueden experimentar y efectuar cosas por las que vale la pena vivir. Por eso tenía razón Juvenal cuando se extrañaba de que hubiesen personas que para salvar su propia vida estuviesen dispuestas a sacrificar todo lo que precisamente da sentido y encanto a la vida, personas capaces de *propter vitam vivendi perdere causas.*»

Y a Witkiewicz:

«Hay dos preguntas que atormentan al hombre: ¿Por qué? y ¿Para qué? Pero hay todavía una tercera pregunta: ¿Con quién? Y cuando esta última pregunta carece de respuesta las otras dos no tienen importancia.»

Es evidente que siguiendo a Witkiewicz, Adán puede llagar a convencerse de que cuando se tiene respuesta a la última pregunta (¿con quién?), las otras dos también carecen de significado.

Está bien, dice Eva, pero no veo qué tiene esto en común con tu actitud ante el ojo.

Imagínate una novela escrita por alguien que siempre ha sido ciego, responde Adán. El ojo me interesa porque es el más cercano a las pasiones. Él es quien guía al tacto. Él es quien señala los caminos. Por eso me parece mayor la desgracia de su imperfección. Quizá podría haber otras maneras de percepción más adecuadas a lo que buscamos.

Eva: ¿Una manera de romper los muros?

Adán: Puedes llamarlo como quieras. Lo importante es que el ojo nos ayuda mejor que los otros sentidos en la búsqueda de algo que le dé sentido a la vida.

Eva: ¿Entonces por qué lo criticas?

Adán: Porque lo que puede dar sentido a la vida se halla cada vez más oculto y es necesario disponer de mejores instrumentos para descubrirlo.

Eva: Yo en cambio afirmo que la destrucción es la única salida posible. De otra manera todo se vuelve tan sólo un girar a ciegas, un nadar en medio de los remolinos. Creéme, debemos destruir no sólo los remolinos, sino también las aguas y el lugar donde flotan las aguas.

Adán: Hablas así porque tú lograste la desnudez, pero no el conocimiento. La fruta de este árbol es más difícil de cortar.

Eva: Está bien, mejor acuéstate a mi lado. ¿Cómo era nuestro diálogo?

Adán: No, por favor. Ahora no vamos a hundirnos en el amor. Dicen los Guardias Rojos que el amor es un elemento burgués que nos aparta de la lucha. Y tienen razón. Del amor deberían ocuparse solamente los viejos. En cuanto alguien se va a la cama deja de pensar. En la cama se acaban los sócrates y los napoleones. No nos dejemos atrapar por su infierno. Luchemos, tratemos de salvarnos. Enarbolemos otros ideales.

Eva: ¿Cuáles por ejemplo?

Adán: Hazme un lugar junto a ti. De repente he sentido sueño.

Eva: ¿Cómo era nuestro diálogo?

Adán: Ahora no.

Eva: Sí, ahora.

Adán: *(Poniéndose de pie.)* Camino por estas calles solitarias pensando en ti. Tocando con las manos los muros grises y largos que se extienden hacia el mar. Camino buscándote en esta ciudad desconocida, abandonándome al viento y las flechas de tránsito. Camino para encontrarte en estas casas o en estos jardines; en los retorcidos ventanales de hierro o en los repentinos ángulos de un balcón pintado de amarillo.

He caminado durante todo el día y he leído todos los periódicos. He leído especialmente las páginas de crímenes y no he encontrado ninguna noticia que hable de nosotros. Una muchacha sifilítica se suicidó en Buenos Aires arrojándose de un octavo piso. En la mano izquierda tenía un libro rojo y un puñado de monedas chinas.

Pienso en ti y te busco en las salas cinematográficas y en los hoteles solitarios. Te busco con los ojos, con las manos;

te husmeo en estos muros grises y largos que se extienden hacia el mar.

Pienso en ti y te busco en cada piedra, en cada voz y en cada paso.

Buscándote en esta ciudad en la que nunca has estado. En esta ciudad de tarde y noche. Saltando con el dedo índice de piedra en piedra sobre los muros. Mirando el humo de los barcos y de los cigarrillos. Mirando el mar. Recorriendo la ciudad sin decir tu nombre. Recaminándola con las manos en alguna parte. Recorriéndola inútilmente. Avanzando cada vez hacia un punto más oscuro.

Buscándote en esta ciudad. Buscando el menor indicio tuyo. Buscando tu piel, tu voz, tu sombra. Buscándote aquí. Ahora. En esta ciudad. En las monedas que una muchacha muerta sostiene en una mano.

Buscándote mientras oscurece esta ciudad abandonada. Caminando por estas calles infinitas. Mirando las esquinas y los puestos de periódicos. Una envoltura de chocolate tirada en el suelo. El dolor de pies, de ojos, de dolor. La noche, la ciudad, el frío, la angustia...

Eva: Y yo aquí. Esperándote. Esperándote en este lado de los muros. Escuchando tus pasos y tu respiración. Confiando en tu fuerza. Confiando en ti. Habitando esta ciudad de sueño. Abriéndote mi corazón como un puñado de tierra, como un lecho abierto, como unas manos. Esperándote en este lado de los muros. Sabiendo que algún día llegarás a mí. Me mirarás en silencio, abrazándome fuertemente. Como si quisieses olvidar las noches que no hemos estado juntos.

Adán: Caminando, caminando durante toda la noche por esta ciudad; buscándote en las lámparas eléctricas y en los faros de los automóviles, en las cabinas telefónicas y en los restaurantes, en los periódicos atrasados y en las sinfonolas descompuestas.

Eva: Sabiendo que al fin llegarás para sentarte a mi lado. Aparecerás una mañana en algún sitio de mi cuerpo y yo te miraré de reojo, con alegría y temor.

Adán: Caminando por esta ciudad distinta, eterna. Caminando solo, mientras tú estás sentada junto al mar, esperando a que aparezca mi cadáver seguramente comido por los peces.

Eva: He soñado que el cadáver aparecía.

Adán: Caminando por esta ciudad equivocada.

Eva: De espejos.

Adán: Sin encontrarte, desesperando de no encontrarte jamás.

Eva: Esperándote.

Adán: Por esta ciudad. Por estas calles infinitas.

Eva: Algún día vendrás y te sentarás a mi lado.

Adán: Junto a estos muros grises.

Eva: Junto a la muerte.

Adán y Eva se trenzan en un abrazo desesperado y se olvidan de los pensamientos a que querían entregarse. Así, el árbol del saber sigue incólume, sin serpientes que lo pregonen, y únicamente en el bien y el mal, en la desnudez, en el amor y en la muerte es donde ellos tratan de encontrar la paz. Pero la paz no es una cosa tan sencilla. La carne no es una manera de olvidar. Adán y Eva tienen que descubrir finalmente que la carne bien puede ser (si se la prepara adecuadamente) un instrumento de conocimiento más profundo que los cinco sentidos a que estaban acostumbrados. La carne no en sus cualidades de tacto, desde luego, sino en la violencia de sus batallas.

Por el momento Adán y Eva descansan. Él está agotado, echado sobre las espaldas con la satisfacción de su cansancio infinito, y ella lo contempla sin pensar en nada, acariciando automáticamente ese pene fláccido y estéril en que se centra toda su juventud.

(Describir el acto sexual con Alina.)

La noche anterior a nuestra última jornada Flavio tomó unos pesados soporíferos para conciliar el sueño. Lo hizo de manera tan ostensiva, tan alabadora de las profundidades en que caería, que no me cupo la menor duda de sus intenciones. El buen Flavio quería darme misericordiosamente una oportunidad para la huida.

Pero ninguna fuga es definitiva. Todo intento de huir es cuando mucho postergación. No se puede ir demasiado lejos. Siempre se termina volviendo al lugar del crimen, aunque no se haya cometido ningún crimen. Lo importante es que siempre hay un pecado oculto, latente, irrevelado, que nos acompaña a todas partes. Lo demás son palabras. *You wants to keep 'way fum de water as much as you kin, en don't run no resk, 'kase it's down in the bills dat you's gwyne to git hung.* ¿Pero en dónde seré colgado? ¿En que cama de hotel, en qué calle, en qué basurero, en qué ciudad, en qué parte del mundo, en qué rincón, en qué rincón de qué rincón, junto a quién, sobre quién, bajo quién, ante qué miradas, ante qué gestos, en qué sitio, en qué terrible sitio me está ya preparada la muerte? ¿En dónde está ya su semilla? ¿En qué tierra ha empezado a germinar, a crecer, a preparárseme? ¿Entre qué objetos ha empezado a fermentar un tanto desesperada de no verme? ¿A qué hora estará marcada nuestra cita? ¿Cómo será esa muerte? ¿Qué armas tendrá dispuestas contra mí? ¿Dónde estará afilando su amor, su locura, su nostalgia? ¿Cuáles serán los hilos que me llevarán a ella? ¿Con qué artificios me llamará, con qué promesas? Y cuando llegue el momento, cuando ya esté yo en el sitio, ¿lo sabré? ¿O iré confiadamente sin sospechar traición? ¿Cuántas otras personas habrán pasado por allí, casi tropezándose con mi muerte? ¿Habrá ella estado a punto de equivocarse? ¿Pensaría quizá que algunos de los transeúntes que pasaban apresuradamente a su lado eran emisarios míos, espías que yo enviaba a sondear el terreno? ¡Ah! ¿Por qué no habrá descargado su furia contra alguno de ellos? ¿Por qué ese tonto afán de esperarme? ¿Por qué esa distinción? Habiendo tenido tantas posibilidades de elección, tantos cuerpos apetecibles, ¿ha cerrado los ojos en espera de mi enjutez? ¿O quizá...? ¿O quizá se habrá dejado tentar? Tal vez durante la espera, por tedio, por melancolía, para no dormirse, para mantenerse en forma, ha clavado alguna que otra vez su aguijón en carnes que no le pertenecían. Quizá sus caprichos han tomado la forma de muertes repentinas, de accidentes automovilísticos, de balas perdidas. Pero es posible también que le haya dado por enamorar, por seducir, por cometer adulterio, y entonces, adelgazando la voz, habrá empezado a prometer paraísos falsos, dulcísimos nirvanas, cielos de paz a oídos débiles, a corazones inconstantes, a amantes tristes que no han tenido la fuerza para llegar a su propia muerte sino que se han dejado seducir por las palabras engañosas de la que a mí me espera. Quizá de esta manera es como mejor se pueden explicar los accidentes y los suicidios. ¿Pero qué pasa entonces con las muertes que se quedan esperando inútilmente? Seguramente deben esperar armadas de paciencia hasta que herrumbradas terminan matándose a sí mismas en un acto masturbativo, o bien se sirven de las epidemias, de las guerras, de las plagas, del hambre, de los diluvios, de los puentes caídos o de las rosas envenadas para dar salida a su decepción, a su propio dolor.

Flavio en cambio entendía la muerte de una manera un poco distinta. Él creía en la palabra, en el nombre oculto, en la posesión del alma. En uno de los últimos momentos, cuando yo ya estaba preparado para el sacrificio, para la crucifixión, me tomó fuertemente de una mano y me dijo en tono patético:

«Zambo, voy a entregárteme, voy a darte mi alma, voy a decirte mi verdadero nombre, el que los dioses me han confiando en secreto...»

Al terminar de decir esto se puso terriblemente pálido, como si en realidad hubiese ya perdido la vida.

Haría un hora que habíamos llegado al lugar de la última caída. Elegimos una de las mesillas más ocultas y entre trago y trago de pernod empezamos a despedirnos. Flavio me pidió que le diese como regalo la última fotografía que me quedaba de Alina. Se la di y durante un momento hablamos de ella.

«Voy a buscarla y sé que algún día la encontraré, Zambo. Así como tú ahora llegas a tu tierra prometida yo he de llegar a esta otra que creo me está destinada. Siendo tu esposa es como si lo fuese también mía. Zambo, voy a entregárteme, voy a decirte mi verdadero nombre...»

Yo estaba conmovido con la actitud de Flavio. Durante varias semanas había sido más que un criado, más que un hermano. Y ahora íbamos a despedirnos. Mónica debía aparecer de un momento a otro. El viaje había terminado. Entre mis manos tenía un trozo de papel. Una tarjeta que anunciaba el cielo al que habíamos llegado. Ahora estaba seguro de que ésa era la nota que Mónica me había dejado al salir de aquel hotel llamado Ingrid.

Entre las mesillas empezaron a desfilar las amazonas de oscuros látigos.

Flavio sintió mi temblor y quiso animarme con palabras que ya no podían nada. Cerré los ojos e intenté pensar por un momento en mi niñez. Fue terrible. De un trapecio volvió a caer la niña que era entonces Mónica y empezó a caminar hacia mí para vengarse del bobuelo aquel que con ropas almidonadas aplaudía locamente desde un palco de primera fila.

«Alina y yo te recordaremos siempre», decía Flavio. «Si tenemos un hijo llevará tu nombre. Puedes sentirte feliz, puedes estar seguro de que pocos hombres en el mundo encuentran lo que buscan.»

Mónica se acercaba.

¡Aquellos ojos! ¡Aquellas piernas! ¡Aquel látigo resonante!

Mónica.

¡Mónica!

¿Así que ésta era mi muerte?

¿Pero quién es el que no cree en milagros?

Frente a mí, sonriendo, golpeándose la piel de las altas botas, estaba Mónica llamándome por mi nombre, ofreciéndome los dos maderos vallejianos.

Caí de rodillas y empecé a darle las gracias por haber venido. Pensaba que de esta manera podía aplazar el castigo;

pero Mónica me tomó de un brazo y sin mayores ceremonias me obligó a seguirla.

De pronto Flavio, hecho una fiera, ante la estupefacción de todos, me rescató de aquella muerte y tomándome en brazos inició una carrera que había de llevarnos hacia la libertad.

Llegamos a Hamburgo a los dos días. En el barco que iba a llevarnos a Perú yo no hacía otra cosa sino cantar *hosanna* y besarle los pies para agradecerle la salvación. Íbamos a unirnos a aquellos otros canarios que quizá no habían muerto. Ésa era la última esperanza. ¿Es que todos los canarios son mortales? ¿Es que deben serlo? ¿No hay manera de evitar este sacrificio? No sabíamos cuál era la respuesta a estas preguntas, pero navegábamos hacia la solución...

Desgraciadamente todo esto no era sino el último sueño. Flavio en realidad seguía sentado impasible, bebiendo lo que quedaba de pernod y mirándome con una mala risa. Mónica me conducía firmemente. Toda huida era imposible. Por otra parte, las fugas sólo son postergación. En el último momento, en el último peldaño de las escaleras, me volví hacia Flavio y con lo que me quedaba de voz le grité (de manera que todos lo oyesen) su verdadero nombre: Desiderio. Ésa fue mi venganza y después desaparecí.

El infierno fue dulcísimo. Pero quizá fue tan sólo una ilusión más. Quizá fue una manera de engañar el miedo que me llevaba hacia otras tierras, hacia otros combates, hacia otras muertes. ¿Dónde estará el lugar de mi verdadera muerte? ¿Cuáles de todas estas muertes cotidianas no serán sino una ilusión, un espejismo, unas ganas de huir del destino preparado, del destino que espera...?

¡Oh, Mónica! Ampárame bajo tus golpes, fustiga en mí todo deseo de pecado, purifícame, toma de mi carne la carne que te sea necesaria para ir tomando realidad. Deja por fin de ser tan solamente un sueño mío, una mentira mía, un dolor mío, una soledad que intento borrar cubriendo de fantasmas el papel que me rodea, el vacío que me rodea, la muerte que me rodea.

¡Oh, Mónica! ¡Sálvame! No te conviertas en un fracaso más, no seas tan sólo un vano puñado de horas y letras regadas al viento...

¡Oh, Mónica! ¡Ten piedad de los días en que te he engendrado! ¡Ten piedad de la desesperación! ¡No me abandones!

El fin del viaje aún está por llegar, aún se puede tener esperanza, aún el cuerpo puede gemir bajo los golpes de una Mónica sangrienta, aún se puede confiar en que encontraremos a un Flavio capaz de embarcarnos a la aventura.

¡Oh, fantasmas! ¡No os convirtáis tan sólo en fantasmas!

¡Oh tú, Aventura, aun la más pequeña, bienvenida seas! A ti me entrego, a ti revelo el más secreto de mis nombres...

El caso Miret

No es imposible que la obra de Pedro F. Miret suscite en el lector incluso irritación. En *Insomnes en Tahití* (1989), por ejemplo, nuestro autor da tal curso a la narración que se podría pensar que carece de técnica y desconoce la economía del lenguaje. Uno se pregunta ¿por qué cada vez que un personaje habla en francés tiene que aparecer un traductor que ponga sus palabras en español y luego en francés la respuesta del interlocutor? Como los guionistas puntillosos, Miret no omite nada. Sin embargo el ojo-voz de Miret, que es uno y el mismo para todos sus relatos, se ha propuesto filmar la película –atento a la luz, la atmósfera, la continuidad, la edición...– al tiempo que escribe el guión.

Y en este sentido resulta ineludible atender cierta peculiaridad de la escritura de Miret que desconcierta, en primer lugar, a los editores: los puntos suspensivos. En un relato de *Rompecabezas antiguo* (1981) pueden contarse hasta 27 puntos. La insistencia de esta aparente arbitrariedad deja intuir que los puntos de Miret nada tienen que ver con «suspender», que es la misión natural de los puntos suspensivos, y que rigurosamente deben ser tres. Los puntos de Miret son acotaciones cinematográficas.

La zapatería del terror (1978) contiene cuatro historias –difíciles de adjetivar– que exigen ser filmadas en blanco y negro por directores desequilibrados o expresionistas, o por Luis Buñuel, a quien está dedicada la ficción que da título al libro, y es una de las más bellas piezas de Miret. «La zapatería del terror» no es sólo un buen argumento sino una burla a Kafka, si esto es posible. Cuenta la historia del dueño de una zapatería al que se le ocurre ir a la oficina de gobierno correspondiente a solicitar un permiso para abrir su negocio el día del desfile militar y patriótico. La zapatería abierta provoca en el servicio de inteligencia y en los jefes castrenses la sospecha de que desde allí se perpetrará un atentado terrorista. Aunque el final de la historia hace pensar en una enigmática parábola, nada está más lejos de Miret que la búsqueda del símbolo, la verdad revelada, la epifanía. Y esto nos lleva al reconocimiento de la originalidad de Miret, que no de su «rareza», pues mientras que cualquier autor puede proponerse ser raro, ninguno puede proponerse ser original.

Cada texto de Pedro F. Miret es como un tren que se descarrila pero no se detiene, arrolla el mundo a su paso. En el universo de Miret los actos humanos se suceden como en el inclemente espacio donde gravitan las partículas subatómicas. En ese limbo no hay Dios ni *fatum* ni más allá, sólo acción, una inercia invencible que mastica hasta sus propios engranes. Dudo que Miret haya sido consciente de las implicaciones filosóficas de las aventuras de sus personajes; y no hay que perder de vista que en la literatura de Miret no hay muertos, ni violencia ideológica o pasional. Él es el dios absoluto de ese mundo en que si alguna importancia tienen los hombres ésta no se relaciona con su condición ni su afectividad. Los seres humanos transitan como juguetotes solemnes que interpretan las pesadillas de su creador: amoral, sin prejuicios ni preconcepciones, cuyo universo se yergue al paso. La inaudita pluma de Miret se empeña en seguir –más que en trazar– la mecanicidad de la vida cotidiana, sus tiempos muertos: y abre una concha sin perla. En cada texto Miret vuelve a crear el universo, siempre enigmático en proporción a su *insignificancia.*

En «Chocolate» –que debió haber sido un clásico del cine mudo– asistimos a la visión del funcionamiento de una fábrica de chocolate en donde súbitamente se descomponen las máquinas: se pone en evidencia la analogía entre la actividad de éstas y los actos de los hombres: ambos son absurdos, ciegos, imparables: y misteriosos. En «Tormenta sobre Europa» el narrador, que participa en un importante encuentro con dignatarios que discuten sobre la inminencia de la guerra, tiene que interrumpir a un ministro porque de pronto le acomete un malestar gástrico. Batalla para encontrar el sanitario y ya aliviado de su carga se percata de que no hay papel. Entonces decide volver a la biblioteca donde se celebra la reunión. Sin siquiera haberse subido los pantalones, oculto tras un sofá y en medio de imprecaciones y amenazas de invasión entre los jerarcas, elige un libro para arrancarle las hojas salvadoras... El de Miret es un humor extraño, por momentos burlón, luego negro, y no digo surrealista porque eso no es Miret, y es posible que jamás se haya propuesto ser humorista. Al contrario del común de los escritores, Miret se esconde en sus textos, nada nos deja saber o siquiera inferir de él mismo.

Gerardo Deniz, en su mireteana «Presentación» a *Esta noche... vienen rojos y azules,* le reprocha a Miret su «estilo pobre». Además es cierto que Miret no es un autor de grandes frases, cuando más llega a la socarronería: dos ejemplos: 1) «...soy de metal y madera, si no me tocan soy frío como el hielo, pero si me abrazan soy caliente como la caldera. ¿Qué es?... la ametralladora...» 2) «...una vela que se está consumiendo porque ya es muy tarde y a los que están alrededor de ella se les cierran los ojos... eso es duermevela...»

Pedro F. Miret
La zapatería del terror

A Luis Buñuel

Se le ocurrió antes de cenar... tenía a su hijo en las rodillas.

–Papá, ¿me llevarás mañana a ver el desfile?

«...Si mañana abro... mi zapatería será la única abierta en la ciudad... y podré vender como nunca lo he hecho... ¡aunque tenga que pagar doble salario a los empleados!»

–No.

El niño se puso a llorar... se levantó, dejó a su hijo en el sillón en que estaba sentado y fue a la cocina...

–Vuelvo en una hora.

Su esposa se enfadó... tomó un coche y fue al edificio de Normas y Medidas....... subió al quinto piso... las grandes salas llenas de escritorios estaban vacías... sólo estaban encendidas las luces del techo que daban directamente sobre el corredor donde un empleado iba formando una verdadera montaña de papeles con la escoba.

–¿La oficina de guardia?

–Derecho, a la derecha, tercera puerta.

Echó a caminar... llegó al fondo del pasillo... a través de un cancel de vidrio vio algo que lo dejó aterrado, un empleado que mascaba chicle sacaba a tirones de entre los engranajes de una máquina un traje de hombre espantosamente desgarrado... miró con más atención, pero no vio sangre ni trozos de carne entre la ropa... claro, no se trataba de un accidente; ésa era la máquina, de la que tanto había oído hablar... «el azote del comercio»... esta máquina, a diferencia de las otras, no hace nada, sólo deshace, todo objeto que sale medianamente bien librado de la acción rasgante-dilatadora-contractora-aplastante de la máquina ha cumplido con la norma AA y su fabricante puede proclamarlo orgulloso a los cuatro vientos... cosas siniestras ha oído de esta máquina, de lo peligrosa que es para los operarios descuidados o que llevan ropas muy sueltas. Se dice que ha cobrado más de una vida... echa a caminar otra vez..... por detrás del cancel de vidrio van pasando interminables filas de mesas llenas de trajes de hombre, vestidos de mujer, juguetes, relojes despertadores, radios, cortinas, y muchísimos otros objetos que serán puestos en la máquina pasado mañana, cuando se reanuden las labores... tuerce a la derecha y ve un pasillo en que hay muchas puertas... una... dos... tres... ésa es... entra... detrás de un escritorio hay un hombre sentado leyendo un libro.

–Buenas noches.

El hombre deja el libro.

–Buenas noches, ¿en qué puedo servirle?

–Soy el señor T, dueño de «El Modelo Elegante» y desearía un permiso para abrir el día de mañana.

El hombre lo mira extrañado.

–Pero mañana es día festivo...

–Por eso vengo a solicitar un permiso.

–No creo que se pueda.

–Según la ley se puede solicitar una autorización para abrir en días festivos siempre y cuando se pague al personal doble salario... o algo así.

–Déjeme ver.

El empleado abre un cajón y saca un voluminoso libro azul muy desgastado ya... retira la taza de café que tiene enfrente y pone el libro en su lugar.

–Vamos a ver.

Lo hojea... afuera se oyen pasos de varias personas que se acercan... por la puerta asoma la cabeza un hombre con sombrero de copa.

–¿Está ocupado?

–Pasen, pasen...

Entran cuatro hombres con smoking, sombrero de copa y guantes blancos... se quedan cerca de la puerta sin atreverse a acercarse a la mesa... se parecen a Fred Astaire... no, no se parecen...

–Acérquense.

Los cuatro hombres se acercan a la mesa.

El empleado hace a un lado el libro azul y toma un block... levanta la vista.

–¿Tú adónde vas a ir?

–Al Morocco... al Flamingo Room y al Ritz.

Escribe...

–¿Y tú?

–Al Copacabana... al Sevillian Place y al Trocadero.

Escribe...

–¿Y tú?

–Al Negresco... al Arabian Nights y al Concordia.

–¿Y tú?

–¿Yo?... al Ambassador... al Casablanca y al Rincón del Tiziano.

–Okay... ¿Tienen dinero para consumo?

Los cuatro hombres niegan con la cabeza.

–Les voy a hacer vales...

El empleado saca un talonario del cajón y empieza a llenar cuatro vales con increíble lentitud... los hombres permanecen de pie en silencio mirándolo escribir..... por fin termina.

–Tomen.

Cada uno toma un vale... lo leen... saludan y se van.

–¿Inspectores?

El empleado aprueba con la cabeza.

–Bueno, sigamos con su asunto...

Vuelve a poner el libro azul frente a sí y lo hojea.

–¿Su comercio es una sastrería?

–No, una zapatería.

–Zapaterías... zapaterías... zapaterías...

Pasa el dedo por la página como si consultara el listín telefónico.

–Tenía usted razón... aquí dice: «los dueños de comercios, industrias y negociaciones pueden solicitar un permiso especial para abrir en días festivos siempre y cuando cumplan con las obligaciones que marca la ley... primero: pagar doble sueldo a los empleados... segundo: ser sometido el (los) dueño (s) a amonestación por la autoridad competente...»

–¿Qué quiere decir eso de la amonestación?

–Que alguien lo tiene que amonestar por querer abrir un día festivo.

El dueño mueve la cabeza con incredulidad.

–¿Por qué quiere abrir?

–¿Eh?...

–¿Por qué quiere abrir mañana?...

–Pues... para ver si vendo.

–¿Sabe qué fecha es mañana?

–El 12 de Agosto.

–¿Y sabe lo que se celebra?

–El día de la Victoria.

–Muy bien...

El empleado se queda pensando.....

–¿Suele usted celebrar todas las fechas importantes así?

–No entiendo.

–Usted pasó por una escuela, ¿verdad?

–Sí...

–Y en esa escuela impartían una materia que se llama Educación Cívica.

–Así es.

–¿Y no se acuerda usted de nada?

–No... bueno, sí... que llamábamos al maestro «La nalga que camina».

El empleado sonríe tristemente.

–Qué gran engaño es la escuela, ¿verdad?

El dueño baja la cabeza... más vale dejarlo hablar.

–...según los programas escolares... usted adquirió «Nociones de comportamiento social y conciencia ciudadana»...

–Al maestro le divertían más que a nosotros las bromas que hacíamos en clase...

–Bueno, pues esa clase en la que se divertía usted tanto tenía el propósito de inculcarle el sentido cívico y hacerle ver que vive en una colectividad organizada en la que se guarda un profundo respeto por quienes han hecho posible el que usted se pueda dedicar tranquilamente a vender zapatos..... ha costado mucho dolor y mucha sangre lograr la tranquilidad de que disfrutamos actualmente, y lo menos que podemos hacer es rendir un mínimo tributo de agradecimiento a quienes todo lo dieron sin esperar nada a cambio.

Se quedan callados.

–Bueno, pues yo estoy seguro de que si resucitaran nos pedirían que hoy trabajáramos más en vez de quedarnos durmiendo hasta la una.

–No generalice usted, la gran mayoría no permanece en la cama sino que se lanza a la calle en compañía de los suyos a presenciar el desfile, a solidarizarse con los herederos de los ideales justicialistas...

–Yo rindo otra clase de tributo.

El empleado se da cuenta de que no vale la pena insistir... con cierta violencia abre el cajón y busca algo... saca una hoja color de rosa que le tiende al dueño.

–Llene esto.

El dueño saca la pluma y llena el formulario con mucho cuidado....... se lo devuelve al empleado que lo lee varias veces con el secreto afán de encontrar un error.... no lo hay... saca la pluma y firma... abre un cajón y saca un sello con el que estampa una firma en el documento... se lo da...

–¿Es todo?

–No, vaya abajo a la ventanilla número tres y pregunte cuántos timbres necesita... después tiene que ir a la jefatura de policía, al Departamento de Vialidad para que le den la autorización definitiva... o no se la den.

El dueño de la zapatería se despide y baja al gran vestíbulo vacío...... se dirige a la ventanilla tres... pega unos golpecitos en los barrotes... un empleado soñoliento se asoma, toma el documento y lo lee....

–Son 14.20.

El empleado saca varios timbres de una carpeta... se pasa el primero por la lengua... nota que no se pega.

–Péguelos usted porque yo ya no tengo ni saliva...

A las doce y media llegó a la Jefatura de Policía... a esa hora reinaba allí una actividad febril... entraban y salían policías y hombres vestidos de civil que a leguas se reconocía eran agentes secretos... se acercó a un escritorio detrás del cual estaba sentada una W.O.P. con su característico uniforme azul marino.

–¿La Oficina de Vialidad?

La mujer le indica una puerta en el fondo del pasillo... echa a andar hacia allí... no está seguro de qué puerta le indicaron y detiene a un policía que viene andando a grandes pasos...

–Perdone, ¿aquí es la Oficina de Vialidad?..

El policía aprueba con la cabeza y sigue andando... entra a una habitación pequeña que tiene bancas adosadas en las paredes... en ellas están sentados hombres y mujeres en silencio... el dueño de la zapatería supone que son comerciantes que vienen a lo mismo que él... se queda cerca de la puerta y los mira con atención... muchos tienen la camisa llena de sangre... y una mujer tiene una espantosa herida que va desde la oreja a la boca... sigue mirando horrorizado... un hombre tiene un puñal clavado en el hombro; su respiración agitada denota que está vivo... y otro tiene una navaja enterrada en el nacimiento del muslo... de vez en cuando el hombre que tiene el puñal clavado en el hombro se pone a gemir y hace el intento de sacárselo... los que están sentados a su lado lo agarran de los brazos para que no lo haga... entra un hombre vestido de civil que va a sentarse en el escritorio vacío... el dueño calcula que si hay que esperar a que los atienda a todos saldrá en la madrugada... se dirige hacia el escritorio...

–¿Quién es el primero?

El hombre que tiene el puñal clavado en el hombro se levanta dando traspiés y va a apoyarse en el escritorio.

–Perdone la pregunta. ¿Aquí me pueden autorizar esto?

El funcionario toma la hoja rosa y la lee...... el hombre que tiene el puñal clavado se balancea amenazando caer sobre el escritorio... el funcionario levanta la vista.

–¿Quién le ha dicho que yo tengo que autorizar esto?

–En el Ministerio de Normas.

El funcionario lo mira intrigado y vuelve a leer la hoja......

Se encoge de hombros.

–No entiendo... pero en fin, ¿quiere que firme?

–Por favor.

El funcionario saca la pluma y firma la hoja rosa.

–Yo más bien creo que esto incumbe al Departamento de Vialidad...

...Hace rato que el dueño sospechaba que aquí no era el Departamento de Vialidad... pero viéndolo bien una firma nunca está de más... sale al pasillo... detiene a una W.O.P. que lleva una bandeja con tazas de café y le pregunta... la mujer dice que va para allá, que la siga... el dueño no se atreve a caminar a su lado y se mantiene dos pasos atrás...... entran a una gran sala que está en semipenumbra y en medio de la cual hay un gigantesco plano de la ciudad alumbrado por abajo... una raya de luz blanca avanza serpenteando lentamente por el plano... inmediatamente adivina que ése será el curso que seguirá el desfile... la raya blanca se apaga de repente... el dueño levanta la vista y distingue allá, en el otro extremo, al operario que va sonriendo al encuentro de la W.O.P... toma una de las tazas de café que le ofrece la mujer y bebe lentamente sin quitarle la vista de encima.... a veces deja de beber y agita la taza como si hubiera un residuo en el fondo de ésta... deja la taza en la bandeja y frotándose las manos va a ponerse otra vez detrás del tablero electrónico... el dueño se acerca a él... el operario aprieta un botón y en uno de los extremos del plano (las afueras) aparece otra vez la raya blanca... avanza en línea recta (la autopista)... de repente se quiebra y avanza en otra dirección (fin de la autopista y principio del Parque de Oriente)... aprieta otro botón y se enciende una multitud de lucecitas rojas... aprieta otro botón y aparecen unas rayas amarillas que van envolviendo las lucecitas rojas formando amibas... indudablemente que las luces rojas indican posibles focos de desórdenes y las rayas amarillas la acción envolvente de la policía... la raya blanca sigue avanzando...... entra a la sala un grupo de policías de alta graduación y civiles que van a apoyarse en el borde del mapa... uno de los policías se da cuenta de la presencia del dueño.

–¿Quién es ese hombre?

El operario se encoge de hombros.

–¿Qué desea usted?

–Que por favor me autorice este documento.

El policía se acerca, toma la hoja rosada y la lee..... da media vuelta y va a ponerse al lado del operario... se vuelve.

–¿En dónde está su comercio?

El dueño da unos pasos en dirección a ellos.

–En el 47 de la calle Tercera.

El operario hace unos ajustes en la máquina y sobre el plano de la ciudad se enciende una lucecita azul... allí está la zapatería, ¡que profunda emoción!... el operario aprieta todos los botones... se vuelven a encender las luces rojas... la raya blanca sigue avanzando... aparecen las rayas amarillas que van envolviendo las lucecitas rojas... de repente una de las rayas amarillas que se acerca al punto azul («El Modelo Elegante») roza con la raya blanca y ésta se detiene.

–¿Qué pasa?

–Hay un contacto... el comercio de este señor crea un punto crítico.

–Eso es grave...

El policía se queda pensativo... mira el documento en silencio... de repente levanta la vista y mira fijamente al dueño........... saca la pluma y firma... el dueño, que gracias a su profesión también sabe leer el pensamiento, se da cuenta de que el policía ha visto en él a un pacífico comerciante, incapaz de nada malo... por un lado se alegra de que todo haya sido tan fácil, por el otro siente cierta amargura de que lo consideren *tan* inofensivo como para pasar por alto el aviso de la máquina... alarga el brazo y toma el documento que le tiende el policía... la luz azul de «El Modelo Elegante» se apaga.... salir de la jefatura no es tan fácil como entrar: un verdadero río humano compuesto de policías y delincuentes esposados entra constantemente por la puerta haciendo imposible avanzar. Nadie se vuelve a ver a quién ha empujado ni pide excusas... el dueño tiene ocasión de ver por primera vez en su vida ladrones con antifaz y gangsters que fuman impasibles, policías con pipa que llevan joyas robadas en la mano y ayudantes que preguntan asombrados el cómo y el porqué...

«El Modelo Elegante»...

Por enfrente de «El Modelo Elegante» pasa el desfile y por tanto...

Nadie entra a «El Modelo Elegante».

La gente que presencia el desfile está de espaldas a los aparadores... cómo le gustaría al dueño que se oyera:

–...Meeeedio giro... ¡Ya!

Y la masa de soldados vestidos de negro volteara la cabeza a un tiempo y mirara los aparadores... o que...

Se escuchara dentro del gran camión lleno de antenas que pasa una voz...

–El desfile está a la altura de «El Modelo Elegante». Cambio.

–Entendido. Cambio y fuera.

Piensa también el dueño que podría ocurrir que uno de los perros que llevan un botiquín de primeros auxilios se zafara de la correa, entrara a la tienda y se llevara uno de los zapatos que hay en el suelo tirados... el dueño saldría a la calle persiguiendo al perro...... se meterían entre los soldados y vería que el perro, de un brinco, subiría al coche descubierto en que va el general... éste lo acariciaría y el perro soltaría el zapato que lleva en la boca... el general lo tomaría en sus manos y lo miraría con extrañeza y después con admiración al darse cuenta de que los colmillos del perro no habían hecho mella en la piel. Voltearía el zapato para ver la marca... «El Modelo Elegante»... se inclinaría hacia su ayudante y le preguntaría si conoce una zapatería con ese nombre... el ayudante le diría que están a punto de pasar por enfrente de ella... dos soldados llevarían casi a rastras al dueño... el general lo vería y les haría un gesto para que se acercaran.....

–¿Adónde llevan a ese hombre?

–A la cárcel.

–¿Por qué?

–Se metió al desfile.

El general miraría intrigado al dueño....

–¿Por qué lo hizo?

El dueño diría que trataba de recuperar el zapato.

–¿Es empleado de la zapatería?

–Soy el dueño, señor.

–Entiendo.

Le mostraría el zapato y preguntaría:

–¿Estos zapatos son de importación?

–No, señor, los fabricamos nosotros.

–Parecen muy buenos.

–Lo son.

El general sonreiría por la convicción con que el dueño dice esto y le devolvería el zapato.

–Tome, mañana pasaré a probármelos... déjenlo ir.

Los guardias saludarían... el general haría un gesto con la mano... los motores de los tanques se pondrían en marcha nuevamente... el aire se poblaría de órdenes... el dueño de la zapatería confundido entre los espectadores apretaría el zapato contra su pecho presa de una gran emoción.....

El dueño piensa... si estuviera en su oficina, en los altos de la zapatería, podría ocurrir que dos agentes secretos que estuvieran confundidos entre los espectadores lo vieran...

–Mira.

El agente segundo levantó los ojos y miró hacia las ventanas: un hombre pasaba constantemente frente a ellas llevando en sus manos una caja... el agente se abrió paso entre la gente y se dirigió a un coche que estaba estacionado en un callejón..... entró... tomó el micrófono que había en el tablero.

–W llamando a jefatura...

–Adelante W.

–En los altos de «El Modelo Elegante» hay un hombre que va y viene con una caja en actitud sospechosa.

–Suba y deténgalo.

–¿Y qué hago con la caja?

–Le mando dos hombres de la brigada especial para que vean el contenido. Cambio.

–Entendido. Cambio y fuera.

El agente W salió del coche... lo más importante ahora era poner esto en conocimiento del general.. echó a caminar y se metió entre los espectadores..... el coche del general acababa de abandonar la Ciento Cinco y entraba a la Tercera. Dentro de unos minutos pasaría frente a la zapatería. Era necesario detenerlo..... esperó que acabaran de pasar los tanques y se lanzó hacia el coche... los soldados del vehículo de escolta que iba delante se bajaron a toda velocidad y lo detuvieron... dijo que era agente de la policía, que quería ser llevado a presencia del general... los soldados no le creyeron y trataron de subirlo al vehículo a viva fuerza... el general se dio cuenta de todo esto e hizo un gesto para que se acercaran.....

–¿Qué pasa?

–Este hombre se metió al desfile.

–¿Por qué hizo usted eso?

–Señor, soy agente de la policía; es necesario suspender el desfile por unos minutos mientras investigamos a un sospechoso que hay en los altos de «El Modelo Elegante»...

El general sonrió al oír esto.

–¿«El Modelo Elegante»?... ¿qué es eso, una sastrería?

–No, señor, una zapatería.

El general se inclinó un poco hacia su ayudante.

–¿Usted se calza en «El Modelo Elegante»?

El ayudante sonriendo negó con la cabeza.

–Dígame agente, ¿dónde está esa zapatería?

–A quince o veinte casas de aquí... allí donde se ve un anuncio de un zapato que sale de la fachada.

El general, sin dejar de sonreír, pidió los gemelos a su ayudante y miró en la dirección que señalaba el agente.....

–Vaya, vaya... casa fundada en 1905... esperaron cuarenta y dos años para tirar una bomba...

Le devolvió los gemelos a su ayudante.

–Si la hubieran tirado en 1910 habría sido una de esas bombas redondas y relucientes que tenían una mecha...

Todos los que estaban cerca rieron... menos el agente W.

–Señor, le ruego que no se tome esto a broma.

–¿No... entonces qué quiere que haga?

–¿Podría ordenar que se detuviera el desfile unos minutos?

–No, eso no es posible... lo único que se podría hacer es ordenar que avanzara más lentamente, ¿le basta con eso?

–Está bien, señor, trabajaremos aprisa.

–Dé orden a la columna motorizada de que baje la velocidad a diez kilómetros por hora.

El ayudante tomó el micrófono que había en el respaldo del asiento delante.

–Peón negro a jaque mate rey cinco.

–Adelante peón negro.

–Reduzcan velocidad a diez kilómetros por hora. Cambio.

–Entendido. Cambio y fuera.

El agente se dispuso a marcharse, el general le puso la mano en el hombro.

–Espere, yo iré con usted.

El agente lo miró asombrado.

–Nunca he visto un terrorista cara a cara y tengo curiosidad por ver cómo lo detienen...

–Quizá nos reciba a tiros.

–Deténgase.

El chofer paró el coche y bajaron el general y su ayudante... se dirigieron los tres a la zapatería caminando por el corredor que dejan las casas y el público que presencia el desfile...... llegaron frente a la zapatería... dos hombres enfundados en sendas trincheras miraban los aparadores... al agente W no le costó trabajo adivinar que se trataba de dos agentes de la brigada especial... se acercaron a ellos.

–Soy el agente W... el general en jefe del desfile y su ayudante.

Los agentes saludaron respetuosamente.

–¿Entramos?

–Cuando usted disponga.

Entraron a la zapatería... los empleados estaban sentados en las sillas probadoras sin hacer nada.... ya habían leído el periódico de arriba a abajo... ya habían comentado los hechos de sangre de las noticias y se habían quedado finalmente en silencio... al ver entrar a los cinco hombres todos se pusieron en pie y fueron a su encuentro... un cliente para cada empleado, a fin de cuentas el día no iba a ser tan malo, pero era algo inusitado, nunca había ocurrido que entrara un grupo de cinco hombres a comprar zapatos... un padre y un hijo... una madre y una hija... dos hermanas... tres amigas... un abuelo y su nieta... pero cinco hombres, jamás... los empleados sonrientes les invitaron a tomar asiento... el agente W miró con detenimiento el establecimiento... era una gran habitación con paredes muy altas y los estantes de cajas de zapatos llegaban casi hasta el techo.

–¿Cómo llegan hasta las cajas de allá arriba?

El empleado señaló una escalera que corría sobre rieles.

–Desde abajo localizamos la caja y corremos la escalera hasta que quede lo más cerca posible... y subimos.

–Peligroso, ¿verdad?

–Pues sí...

–¿Con esta misma escalera se sube a las oficinas?

–Exactamente.

El empleado señaló hacia una puerta que se veía allá arriba entre los estantes.

–O sea que si se enfadan con el dueño porque no les aumenta el sueldo le retiran la escalera y allí se queda.

El empleado sonrió... el agente W ya había construido un plano mental de la zapatería; ahora había que subir a las oficinas.

–...Estos cuatro señores quieren comprar zapatos y por tanto quiero que me hagan un buen descuento...

–¿Un descuento?

–Supongo que hacen un precio especial si se compran cinco pares en vez de uno.

–Por supuesto.

–¿Y qué descuento me van a hacer?

–El cinco por ciento.

–Es muy poco. Quiero el cuarenta por ciento.

El general, su ayudante y los miembros de la brigada especial se han sentado en las sillas probadoras y escuchan en silencio... los empleados miran asombrados al agente W.

–¡Eso es imposible, señor...!

–¿Dónde está el dueño? Quiero hablar con él.

–Arriba en la oficina.

El agente se vuelve en dirección al general.

–Estoy seguro de que si hablo directamente con el dueño me harán el descuento que quiero.

–Está trabajando en el balance, señor, y no quiere que lo interrumpan...

–Para vender cinco pares de zapatos no está ocupado. Vamos...

El general, su ayudante y los agentes se levantaron... el agente W fue hasta donde estaba la escalera... uno de los empleados de más edad se acercó a él.

–Señor.

–¿Qué quiere?

–El descuento del cinco por ciento se hace a los clientes que nos visitan por primera vez. La segunda vez se les hace un descuento mayor. Yo estoy seguro de que usted y sus amigos quedarán tan satisfechos que les ofrezco el descuento que se hace a los clientes habituales.

–¿De cuánto?

–Quince por ciento, señor.

–Es muy poco.

El agente W corrió la escalera hasta ponerla debajo de la puerta y subió seguido de los demás..... a la mitad se detuvo a echar una ojeada a los empleados: lo miraban subir sin salir de su asombro. No había peligro por ese lado... el agente W fue el primero en entrar al corredor... a la izquierda había una puerta cerrada y al fondo una entreabierta a través de la cual se veía un lavabo.... les hizo un gesto a los que venían detrás para que no hicieran ruido... se acercó a la puerta cerrada y llamó con los nudillos.

–¿Quién es?

El agente W levantó el pie rápidamente, leyó algo en el tacón de su zapato y dijo con voz cantarina.

–¡Felman & Schiaparelli de New York con los modelos de primavera!

Se oyen pasos adentro.... se abre la puerta y asoma la cabeza de un hombre... el agente W la abre violentamente y todos se precipitan al interior de la habitación... uno de los agentes de la brigada especial lleva al dueño contra la pared y lo registra.... el agente segundo de la brigada especial se acerca a la mesa seguido de los demás, inclina la cabeza sobre la caja hasta casi tocarla con el oído.... se incorpora.

–Más vale que no se acerquen mucho.

Intercepta con la mano el rayo de sol que pega en la caja... no pasa nada... saca del bolsillo el llavero y lo acerca a la caja... no pasa nada... mueve la mesa violentamente... todos se echan para atrás, pero no pasa nada... va a un rincón y toma la papelera... tira los papeles al suelo y sale de la habitación... todos miran fijamente la caja...... vuelve con la papelera llena de agua y la deja en el suelo... el agente segundo de la brigada especial ha terminado de registrar al dueño.

–¿Me llevo a este hombre?

–Déjalo, si volamos que volemos todos...

El general mira con curiosidad al dueño, le extraña su silencio y la resignación con que deja hacer. Casi podría jurar que parece hacerle gracia la situación... y piensa que así debe ser como reaccionan los terroristas cuando son atrapados. El primer agente de la brigada especial abre el maletín y saca unas largas pinzas dobladas... las desdobla.

–Échense para atrás.

Con sumo cuidado prende con las largas pinzas la caja y la deja caer en el interior de la papelera... la caja se hunde como si estuviera llena de piedras... el agente segundo saca del bolsillo de su impermeable una larga tira de pastillas envueltas en papel de plata... desgarra uno de los sobres y tira la pastilla dentro de la papelera... inmediatamente se produce efervescencia en el agua y se empieza a tornar turbia......

–Tardará tres minutos en disolverse.

El agente va a la ventana y distraídamente echa un vistazo a la calle... el general se agacha, recoge el sobrecito vacío de plata y lo mira con curiosidad.... se acerca al agente.

–¿Qué clase de pastilla es ésta?

–Es un neutralizante de ácido nítrico.

En la calle, la mayoría de la gente que presencia el desfile se ha tapado la boca con un pañuelo.

–¿Y para qué sirve?

–Para disolver el explosivo y la maquinaria detonadora.... ¿Por qué echan tanto humo los tanques?

–Porque van despacio.

Se separan de la ventana y se acercan al grupo que mira fijamente al interior de la papelera... la efervescencia va disminuyendo.... el agente número dos de la brigada especial se ha puesto un guante de goma que le llega casi hasta el codo... se agacha y mete la mano en la papelera y..... ¡saca un par de zapatos flamantes!... todos se vuelven y miran al dueño que no puede evitar sonreír... hay un largo silencio..... por los zapatos escurren las últimas gotas de agua... el agente de la brigada especial se incorpora y deja los zapatos sobre la mesa......

El general se vuelve sobre la mesa......

–¿Usted fabrica estos zapatos?

–Sí, señor.

–¿Son más caros que los del aparador?

–Bueno, el precio es más alto, pero es un zapato de mucha más calidad, lo que significa un gran ahorro a la larga...

–Claro...

El general toma uno de los zapatos y lo mira por arriba y por abajo.

–¿Es cuero?

–Y de la mejor calidad. Usted puede notar que el ácido no le ha quitado el brillo ni la flexibilidad a la piel.

El general se vuelve hacia su ayudante.

–Creo que éste es el zapato ideal para los comandos...

El ayudante aprueba con la cabeza.

–Entonces dé orden para que se haga un pedido de...

El corazón le late fuertemente al dueño.

–...Diez mil pares de zapatos, modelo.... ¿cómo se llama?

–Modelo «Riviera», señor...

¡Diez mil pares de zapatos!... bello sueño en verdad... diez mil pares serían... ¡$60,000!... ¡lo que se vende en tres años!

En el edificio gris de la calle Ciento Seis...

El agente W abre una puerta que tiene un letrero dorado en el vidrio: EVALUACIÓN... se dirige a una mesita en la que hay una cafetera y varias tazas boca abajo, se sirve un café y se dirige hacia el hombre que está detrás del tablero.... el evaluador se incorpora ligeramente.

–¿Ya?

–Por más vueltas que le doy sigo sin ver claro.

El evaluador cambia el orden de varios de los boletines que hay sobre la mesa.

–...Pero no me gusta el aspecto que tiene todo esto...

Las dos potentes lámparas que hay encima del tablero producen un calor insoportable.

–¿Cuál fue el primer boletín?

El evaluador alarga el brazo y toma una de las hojas azules.

–...A las ocho y diez una patrulla vio en la esquina de la Cuarta y la Noventa y Dos a cuatro encapuchados... los siguió hasta la Tercera... entraron en «El Modelo Elegante».

–¿Qué es eso, una sastrería?

–No, una zapatería.

El evaluador deja la hoja y toma otra.

–A las nueve y cinco la patrulla comunicó que los encapuchados no habían salido todavía...

–Mucho tiempo para comprar zapatos, ¿no?

El evaluador toma otro boletín.

–A las nueve y veinte se paró una camioneta frente a la zapatería y bajaron de ella un sarcófago desmontado en dos partes cuyo interior estaba lleno de pinchos...

El agente W mira al evaluador asombrado.

–Es un viejo instrumento de tortura que se llama «La Cama Turca» o «La Cama China», no recuerdo bien... los dos hombres de la camioneta metieron el armatoste en la zapatería y se fueron... el número de las placas del vehículo es XA-187, etc., etc.... a las nueve y media entraron dos hombres llevando un bulto de cadenas y cuerdas... salieron al cabo de dos minutos...

El evaluador toma otra hoja.

–A las diez y veinte volvió la camioneta trayendo un potro... el potro es otro instrumento de tortura que servía antaño para arrancar confesiones... los mismos dos hombres lo metieron a la zapatería y se fueron... aquí viene lo bueno... a las 10:35 entraron dos sujetos... el primero de ellos como de 1.20 de alto, vistiendo ropas muy viejas... tenía el rostro espantosamente deformado... el segundo como de 1.90 de alto, de piel muy blanca... llevaba en la mano un maletín y una capa negra sobre los hombros...

–¿Una capa negra?

El evaluador toma otro boletín.

–A las once y cinco se detuvo una camioneta en la calle Ciento Veinte y Cuarta y bajaron de ella una caja con probetas, matraces y artículos de laboratorio y... dos aves disecadas... cóndor y águila... todo lo llevaron a la zapatería.

–¿Por qué no se paró la camioneta frente a la zapatería?

–Porque el tránsito ya estaba interrumpido en la Tercera por el desfile...... ¿Fuma?

–Sí, gracias.

–¿Qué piensa de todo esto?

–No me gusta nada, nada, el aspecto que tiene...

–Ni a mí... ¿ha elaborado alguna hipótesis?

El evaluador se encoge de hombros.

–Ése es mi trabajo...

Deja el cigarro en el borde de la mesa.

–Hay dos hechos importantes que saltan a la vista, el primero es que en un comercio ocurren cosas inexplicables, y el segundo que va a efectuarse un desfile militar y ese desfile militar pasará por delante del comercio en donde ocurren cosas inexplicables...

–¿Usted cree que guarden alguna relación ambas cosas?

–Evidentemente.

–¿Cuál es su hipótesis?

–Bueno... para empezar revisé la sección de anchos de calles del anuario municipal y encontré... que... el comercio en cuestión se localiza en la parte de la ciudad que tiene las calles más estrechas y por tanto las más a propósito para una acción terrorista... ¿Quién sería la víctima?...... sin duda el hombre más importante del desfile, o sea el general en jefe de la parada. Por un momento pensé en la posibilidad de que no se tratara de un acto de terrorismo sino de una intentona para apoderarse de alguna de las armas de diseño avanzado que desfilarán hoy...

–¿No es posible eso?

–No, la entrada de la zapatería es muy estrecha... por tanto hay que descartar la posibilidad de robo de armamento de la misma forma que se puede descartar la posibilidad de un atentado con explosivos.

–¿Por qué está tan seguro de eso?

–Porque para un atentado de ese tipo no se necesitan ni potros, ni sarcófagos ni aves disecadas...

–Quizá todo eso sea para despistarnos.

–Quizá... quizá.... quizá... quizá le tiren una de las aves disecadas por la ventana y el pico le atraviese el cráneo... quizá uno de los encapuchados salga volando en el sarcófago... todo es posible...

–¿Entonces?...

–Lo mejor que se puede hacer es tratar de construir una sola hipótesis, que sea lo más sólida posible y que intervengan en ella todos los datos que tenemos.

–De acuerdo, ¿cuál es la hipótesis?

–Rapto.

–¿Del general?

–No creo que piensen raptarse un soldado raso...

El evaluador saca un banquillo que hay debajo del tablero y se sienta.

–Vamos a construir... los cuatro encapuchados son los ejecutores del rapto y procederán así: en el momento en que pase el coche del general frente a la zapatería los cuatro encapuchados saldrán de ella y se lanzarán sobre el vehículo... lo abordarán... uno de ellos amenazará al general con una pistola... nadie se atreverá a acudir en su ayuda por miedo de que lo maten... lo bajarán del coche y lo meterán a la zapatería... el hombre alto y el de la cara deformada son un médico y su ayudante; en realidad un verdugo quirúrgico especializado en arrancar confesiones... el sujeto de la cara deformada debe ser un hombre muy apegado al otro por alguna razón poderosa... seguramente porque hay una promesa de por medio de reconstruirle la cara en un futuro cercano... el médico debe ser el encargado de arrancar al general un secreto muy, pero muy importante... ya sea por medios quirúrgicos o por la aplicación de alguna droga... los artículos de laboratorio que llevaron a la zapatería fueron pedidos por el médico para preparar esa droga...

–¿Pero por qué no la trajeron ya preparada?

–Seguramente porque sólo produce efectos óptimos cuando está acabada de preparar. Sigamos... una vez que el médico haya arrancado el secreto al general éste será metido dentro del sarcófago. Los pinchos producirán múltiples heridas en su cuerpo, lo que hará que se desangre poco a poco y finalmente muera. Con las cadenas asegurarán el sarcófago y en la noche los cuatro encapuchados lo irán a tirar al río...

–¿Y nosotros los dejaremos hacer tranquilamente?

–Ya lo tienen previsto todo para inmovilizarnos. Después de que los cuatro encapuchados hayan metido al general a la zapatería la escolta se acercará a la puerta con la intención de entrar a rescatar a su jefe... ¿Y sabe lo que verán?... al general sentado en una de las sillas probadoras del fondo y frente a él, de pie, a uno de los encapuchados apuntándole con una pistola... el encapuchado girará la cabeza, mirará a la escolta y después al general... volverá la cabeza y mirará a la escolta y después al general... volverá la cabeza, mirará a la escolta y después al general... la escolta no se atreverá a hacer nada por miedo a que el encapuchado dispare... y esto puede durar por tiempo indefinido... por horas... días.

–No entiendo...

–«El Modelo Elegante» es uno de los comercios más antiguos de la ciudad, ya me he enterado... y todavía tiene esos maniquíes hechos con extraordinario realismo que se fabricaban a principios de siglo usando pelo y dientes naturales e incluso ojos artificiales de vidrio... sólo les faltaba tener vida... bueno, éstos no tienen vida pero sí giran la cabeza de un lado al otro y levantan los brazos de arriba abajo...

–¿El general y el encapuchado serán dos maniquíes?

–Exacto. Mientras en la trastienda los encapuchados de carne y hueso se dedican a torturar al general... después lo meterán al sarcófago y...

–Y lo tirarán al río... ¿pero cómo saldrán?

–Por alguna de las casas de atrás... bajarán la escalera... saldrán a la calle... meterán el sarcófago en un auto fúnebre y al río...

–¿Y las aves disecadas?

–Objetos para hacer más intensa la atmósfera de terror y acelerar la confesión... el ayudante con la cara horriblemente deformada... el potro... aves disecadas...

El agente W hace un gesto de desagrado.

–Todo eso es literatura... ¡por favor!

–¿Por qué no puede ser?

–¡Porque es absurdo!

–Bueno, entonces los animales no son un adorno sino que están rellenos de explosivos y en la boca tienen una mecha. Los van a colocar en el reborde de la ventana de la oficina –a nadie le llamará la atención verlos allí– ...cuando pase el coche del general encenderán las mechas y empujarán los animales que caerán encima del vehículo. Como van a explotar nunca se sabrá que eran dos aves disecadas y todo el mundo supondrá que se trataba de dos animales amaestrados para morir matando....

Siempre son divertidas las cosas que dice el evaluador cuando pierde la paciencia.

Quedan en silencio...

–Hablando en serio, ¿para qué son las aves?

–Ya se lo dije antes... ¿A usted se le ocurre alguna otra cosa?

Al agente W no se le ocurre nada.

–Mire.... no quiero que diga que soy obstinado, y acepto que todo lo que he dicho no sea más que un absurdo...

El agente W piensa que así es.

–...Así que estoy dispuesto a olvidarlo... y ponerme a trabajar en cualquier hipótesis que usted tenga.

–...........

–Vamos a suponer que es correcto lo que dice... ¿pero cómo explica que los cuatro encapuchados caminaran por la calle sabiendo que llamaban la atención y podían ser arrestados en cualquier momento?

–Ir encapuchado no es un delito.

El agente W aprueba con la cabeza.

–Pero si estos cuatro hombres lo hicieron fue por una razón muy poderosa, de lo contrario no hubieran corrido el riesgo que corrieron...

–¿Qué riesgo?

–Que los detengan momentáneamente mientras se comprueba que no ocultan su identidad para un fin criminal.

–Adelante.

–Yo supongo que los ejecutores del rapto pertenecen a una sociedad secreta y fueron elegidos mediante sorteo. Los ganadores –llamémosles así– fueron citados a un sitio y a una hora determinada para marchar de allí a la zapatería.

–¿Cuando se reunieron ya iban encapuchados?

–Evidentemente, pues se trata de que cada uno de ellos ignore quiénes son sus tres compañeros...

–¿Por qué?

–Hay muchas razones... imposibilidad de delación, ya que así todos los miembros de la sociedad son ejecutores en potencia... despersonalizar la tarea...

–¿Sólo por eso?

–No. Hay más...

El evaluador toma aire y dice...

–Los organizadores de todo esto son maestros en el uso de la psicología práctica...

–¿Y...?

–...Conocen bien ese temor que inspira el encapuchado, pero también saben que ejerce una oscura atracción que se puede convertir en un vínculo excepcionalmente sólido... el encapuchado no tiene conciencia de la impresión que produce, aunque le impresiona ver al compañero encapuchado y a la inversa, pero cuando se da cuenta de que el otro encapuchado es «amigo» aparentemente cede el temor hacia él y busca compulsivamente la identificación en grado superlativo con el compañero; esto en realidad obedece a que no ha podido vencer del todo el temor hacia el encapuchado, ya que no ha podido «humanizarlo» completamente...

El agente W se echa un poco para atrás para ver si debajo del tablero hay otro banquillo. No lo hay.

–...Sin embargo, como su actitud hacia él no es hostil, siente un agradecimiento subconsciente por no-agresión a la par que temor, y este sentimiento lo lleva a conferirle al compañero desconocido poderes de tipo casi mágico...

cuando tiene oportunidad de comprobar que la actividad de su cómplice no se dirige contra él ni contra nada de su círculo, sino exclusivamente contra algo exterior, se solidariza con sus móviles y se identifica con sus procedimientos... como cada uno de los encapuchados siente idénticos sentimientos hacia sus compañeros, el resultado es un «Team» eficaz y muy unido...

El agente W se incorpora.

–En conclusión, que hay que considerar como normal que los encapuchados caminen por la calle, ¿no?

–Según ellos, cuatro encapuchados pueden ser cuatro penitentes o cuatro bromistas...

–¿Y si entran a una zapatería y se están toda la mañana en ella?

–Podrían ser cuatro penitentes que han ido a comprar zapatos... pero no encuentran un modelo que les guste...

– ....

–Ellos suponen que si alguien se pone a hacer conjeturas de por qué van encapuchados siempre acabará cayendo en una explicación absurda... lo que no saben es que nosotros tenemos una ventaja sobre ellos...

–¿Cuál?

–No estamos desconcertados.

–¿No?

–No, y además tenemos una hipótesis... la que ellos suponen que haremos y finalmente desecharemos...

El agente W se encara al evaluador...

–¡Todo eso que dice está muy bien para obtener una nota alta en la escuela de policía!

El evaluador baja la cabeza.

–Contésteme a una pregunta...

–..........

–¿Cree usted realmente en esa historia o es algo que se le ocurrió para salir del paso?

El evaluador guarda silencio.

–No tema, es sólo curiosidad...

–Si los elementos con que cuento para hacer una hipótesis son absurdos, ¿hay algo de raro en que la hipótesis sea absurda?...

El agente W toma el teléfono... el evaluador sigue con la vista baja...

–¿Me permite?

El evaluador se da cuenta de que le han hecho una invitación a salir. Saluda con la cabeza y sale de la habitación.....

–¿Jefe?....

– ....

–Ya...

–.............

–Una historia de miedo con raptores encapuchados y un médico asesino...

–¡...........!

–¡De verdad!... ¿Qué?

–...........

–Empieza así, cuatro individuos de una agrupación terrorista son citados a las ocho de la mañana en la esquina de la Cuarta y la Ciento Veinte para un rapto, capucha obligatoria... ¿Sigo?...

–...................................

–....Yo creo que es lo mejor.......... sí, jefe....... sí........ Bye.

El agente cuelga el teléfono y lo vuelve a descolgar... marca el cero y después el dos...

–Sótano.

–........

–Oye, ¿cuántos muchachos de la brigada tienes?

–...........

–Elige a los diez peor calzados y mándalos a «El Modelo Elegante», en la Tercera, a que se prueben zapatos... sí... pero que no entren todos al mismo tiempo... ¿Eh?..... El M-o-d-e-l-o E-l-e-g-a-n-t-e... bye.

El ayudante sube al auto y se sienta al lado del general, toma el micrófono que hay en el respaldo:

–Todo listo, señor.

–Calienten motores.

–Aquí peón negro, calienten motores.

Centenares de motores se encienden al mismo tiempo... una nube azul proveniente de los escapes se empieza a levantar por sobre la masa de tanques y camiones.... un soldado se acerca al coche del general, saluda y le entrega una hoja doblada.

–Cuando usted diga, señor.

–Adelante.

–Aquí peón negro, adelante y buena suerte.

La primera fila de carros anfibios se empieza a mover y avanza en dirección a la carretera...

El elevador se detiene y sale el agente W... un mecánico se le acerca limpiándose las manos con una estopa.

–¿Qué coche me puedo llevar?

–¿Patrulla?

–No.

El mecánico se vuelve y mira con los ojos entrecerrados una larga fila de coches de todos tipos, modelos y colores.

–El De Soto azul.

–¿Está puesta la llave en el coche?

El mecánico aprueba con la cabeza.

–¿Va a la casa de Drácula?

El agente W lo mira sorprendido y echa a andar en dirección a los coches... el mecánico lo sigue......

–¿Es cierta la historia ésa, teniente?

–No.

–¿Es otra «Producción» de...?

El mecánico señala hacia arriba.

–Esto es una «Superproducción»...

–¿Qué harán con el médico asesino?

–Le daremos una plaza en la Clínica del doctor Frankenstein.

El agente abre la puerta y entra al coche... el mecánico mete la cabeza por la ventanilla.

–...No sé por qué, pero algo me dice «aquí» que la historia es cierta...

–Pues suba a felicitar al evaluador antes de que lo echen.

–Estoy tan seguro que hasta apostaría...

El agente W lo mira intrigado.

–¿Qué sugiere?

–....Digamos... ¿un mes de mi sueldo contra un mes del suyo?

–¿No sabe que el reglamento prohibe las apuestas?

–Perdone, señor, pero yo no creía que........

–Está bien, acepto la apuesta... a ver si así escarmienta.

El auto del general corre por un oscuro e interminable túnel de la autopista... el estruendo que hacen los tanques que van a toda velocidad delante del vehículo impide toda conversación... el general se da cuenta de que no ha leído la nota que le dio el soldado... desdobla la hoja y espera que el coche pase por uno de los tramos iluminados del túnel... allí viene... empieza a leer... pero van a tal velocidad que sólo tiene tiempo de leer las primeras palabras... el coche vuelve a entrar en la semipenumbra... por medio de gestos le pide la linterna a su ayudante... se la da... lee varias veces la nota... el ayudante le toca en el hombro y por señas le pregunta si pasa algo... el general le entrega la linterna y la nota... el general siente frío, es la humedad que se siente cuando se pasa por debajo del río.....el ayudante ha terminado de leer la nota y le dice algo... el general hace un gesto dando a entender que no oye nada... el ayudante saca un block y escribe algo..... se lo pasa al general.

«¿Desea usted, aprovechando que estamos en el túnel, retrasar media hora el desfile mientras la policía pone en claro lo del atentado?»

El general hace un gesto negativo con la cabeza... el ayudante le pregunta por señas qué hay que hacer... el general toma el block y escribe algo....

«No comprar zapatos en "El Modelo Elegante"».

Se acercan a la salida, la pendiente del piso es cada vez más pronunciada y por encima de los tanques que van delante pueden ver las luces del resto de las unidades.....

El evaluador vuelve a entrar a la oficina, se dirige al tablero, apaga el cigarrillo del agente W que se consume en el cenicero... se sienta y se queda con la mirada perdida en los boletines...... WG-1109. pat. 14. 08:20.... ¿qué debe querer decir WG-1109?... todos los boletines tienen encabezados parecidos... pat. es la abreviación de patrulla, pero ¿WG?... quizá es el nombre del patrullero... ¿Walter Graumann?... ¿Warner Grosz?... suena el teléfono.

–¿Sí?

–.....

–Dígame, señor.

–¡¡...........!!

–Pero lo de los encapuchados es verdad, ¡no lo inventé yo!

–.............

–Sí, señor.

Clic.

El evaluador ha sido despedido.

El coche sale del túnel... la luz del día los ciega por un momento... el ayudante le tiende el micrófono al general.

–Listo, señor, comunicación con todas las unidades.

–....Señores.... se me acaba de hacer saber que hay la sospecha de que se va a atentar contra mi vida... según la nota que tengo en la mano los presuntos sospechosos están emboscados en una zapatería del centro de la ciudad que se llama nada menos que «El Modelo Elegante»... no me imagino ni remotamente quiénes sean los terroristas ni la causa que tengan para atentar contra mi vida... pero deberían de saber que si no sentí el miedo en Sidi Barraní ni en Benghazi ni en Tobruk no voy a empezar a sentirlo frente a una zapatería... en caso de que algo pase ya se les comunicará el nombre de quien me sustituya.

El agente W estaciona el coche en una de las calles desiertas y se dirige hacia la masa de gente que se agolpa en la bocacalle para presenciar el desfile.... se mete entre ella.

–Me permiten....

La gente lo deja pasar de mala gana... por fin llega hasta adelante... un soldado, al darse cuenta de que tiene la intención de atravesar la calle lo detiene.

–¿Dónde va?

–Quiero cruzar.

–Está prohibido.

–¡Pero si todavía no empieza el desfile!

–Yo sólo cumplo órdenes.

–Es un asunto de vida o muerte.

La gente que está detrás de él ríe estrepitosamente... el agente W se vuelve y los mira desconcertado.

–Todos los que quieren atravesar dicen lo mismo.

El agente W se abre paso otra vez entre la gente... y echa a correr por la calle..... allá a lo lejos se ve a dos electricistas con casco amarillo que hablan con un grupo de personas.... y de vez en cuando miran una alcantarilla abierta que hay a sus pies.... ahora uno de los electricistas da dos palmadas y la gente lo rodea.... el agente W llega donde está el grupo y se mete en él... el electricista los mira en silencio....

–Bajen la escalera poco a poco y fijándose dónde pisan... cuando acaba la escalera empieza el ducto... métanse por él y caminen con un pie en cada uno de los rebordes, por el medio corren aguas negras, así que tengan cuidado... agárrense de los cables azules que corren por el techo, pero NO de los verdes... a cada cinco metros hay una bombilla roja, es la única iluminación que encontrarán... si ven ratas no se alarmen, son inofensivas siempre y cuando no las pisen... es todo.

–¿Cuándo sale el próximo vuelo?

El electricista sonríe.

–Hay sitio en éste.

–¿Cuánto?

–Lo que guste.

El agente se registra los bolsillos y saca varias monedas...

–¿Está bien así?

–Póngase en la fila.

El primer electricista se mete a la alcantarilla.

–Síganme.

El general entrega el micrófono a su ayudante y quedan en silencio...... el coche pasa por delante de la Plaza de Oriente y el general mira las altas palmeras... cuando entraban a Tobruk corría por debajo de ellas una multitud de niños y hombres desarrapados gritando algo que no entendía.....

El agente W rechaza la mano que le tiende el electricista y sale de la alcantarilla... los que van detrás de él gimen espantados todavía de la cantidad de ratas que vieron... echa a correr...... entra a la calle tercera caminando a grandes pasos... llega a la zapatería... mira los aparadores un momento y después entra... todas las sillas probadoras están ocupadas por los agentes. Varios de ellos, que están probándose zapatos, se levantan al verlo... les hace un gesto con la mano para que se vuelvan a sentar... echa una mirada a su alrededor..... no se ve a los encapuchados, ni el sarcófago, ni el médico asesino, ¡ni nada!... un empleado sonriendo le hace una seña para que espere un momento... seguramente todo lo tienen en las oficinas... sus hombres miran largo rato los zapatos que les ofrecen, finalmente niegan con la cabeza y piden otro modelo u otro número... uno de los agentes finge que quiere ver a la luz de día un zapato que lleva puesto y se acerca al agente W....

–¿Qué ha pasado?

–Nada, señor.

–¿Y los encapuchados?

–No los he visto.

–¿Seguro?

–Seguro... ¿qué hacemos?

El agente piensa un momento.....

–Cuando diga: «Quiero ver unos botines», tú y dos hombres encañonan a los empleados. Yo y el resto subiremos a las oficinas.

El agente W se acerca a uno de sus subordinados que está sentado tratando de meterse un zapato....

–Me permite que me siente, tengo prisa.

El hombre se levanta rápidamente ante la sorpresa del empleado y le cede su asiento... el agente W se sienta y echa una ojeada a sus hombres... éstos comprenden que va a haber acción y se empiezan a poner los zapatos a toda prisa..... se oye un estruendo ensordecedor y todo tiembla... el agente W mira a la calle: por encima de las cabezas de la gente que presencia el desfile ve pasar las torrecillas de los tanques....

–¿Quiere ver algún modelo del aparador?

Uno de los tanques se ha parado, su torrecilla gira.... y se detiene con el cañón apuntando hacia acá.... los agentes, que están terminando de ponerse los zapatos, notan la expresión de espanto que tiene el agente W y miran a su vez hacia afuera.... y... ni siquiera hacen el intento de levantarse, paralizados por el miedo... se oyen tres ensordecedoras detonaciones y ¡el techo se derrumba sobre ellos!...

Una enorme viga aprisiona el cuerpo del dueño... le cuesta mucho respirar... piensa que si sale bien de esto podrá presentar una demanda por un millón... ¡cuando menos!

Pero no, la cosa no va así...

El agente W y dos de sus hombres entran al edificio de oficinas que hay frente a la zapatería... el primero se acerca al portero.

–¿Está vacío el edificio?

El portero levanta la vista del periódico y lo mira con extrañeza.... su asombro crece al ver las fundas con instrumentos musicales que llevan los agentes que han quedado cerca de la puerta.

–Sí... ¿por qué?

–Necesitamos un sitio para ensayar.

El portero sonríe maliciosamente.

–¿Para ensayar o para ver el desfile?

El agente W saca un fajo de billetes, desprende uno y se lo pone frente a la cara.

–Vengan conmigo.

Suben al segundo piso...... el portero abre una puerta y entran.

–Cuando se vayan, cierren.

La oficina está vacía... en las paredes hay fotos de transatlánticos y en una vitrina un modelo a escala del *Normandie* en que no falta detalle......

–Está bien muchachos, después lo verán con calma.

Los agentes abren las fundas y sacan de cada una de ellas un fusil con mira telescópica... el agente W va a la ventana y se asoma discretamente: a ambos lados de la calle hay ya una multitud compacta.... mira las ventanas de los altos de la zapatería..... no, no se ve a nadie dentro.

–¿Pueden hacer un buen blanco desde aquí?

–Perfecto, jefe.

–Entonces recuerden: si cuando pasa el coche del general salen de esa zapatería unos encapuchados y se lanzan hacia el vehículo, tírenles, pero procuren no matarlos, quiero saber quiénes son... si ven que alguien se asoma por alguna de esas tres ventanas con la intención de arrojar algo, tiren a matar... ¿entendido?

Los hombres aprueban con la cabeza... el agente W sale de la oficina y baja al vestíbulo...... el portero deja de leer el periódico.

–¿Se va?

–Olvidé mi instrumento.

El portero lo mira extrañado mientras se aleja hacia la puerta y después vuelve a leer el periódico... el agente W sale a la calle. Se detiene y mira a las ventanas de la zapatería........ repentinamente por detrás de ellas ve pasar a dos encapuchados... el corazón le empieza a latir fuertemente... hasta este momento no había creído en su existencia, ¡pero existen!... ¡que si existen!... eran dos pavorosos encapuchados como los que recorren las calles de España en las noches. Quizá el evaluador no estaba lejos de la verdad..... no, eso no, por desconcertante que sea la presencia de esos hombres allí no hay por qué suponer que esté en lo cierto. Todo parece indicar ciertamente que se preparan a cometer un desaguisado.... quizá no........ ¡pero entonces qué hacen allí! Pensar en esto produce vértigo, así que lo mejor es no pensar... el agente W se abre paso entre la gente y cruza la calle... se dirige a la zapatería... mira los aparadores un momento y después entra... sus hombres ocupan todas las sillas probadoras... se acerca a uno de ellos que está tratando de meterse un zapato.

–¿Me permite sentarme?

Ante la sorpresa del empleado se levanta y le cede el asiento... éste le pregunta sonriendo qué clase de zapatos desearía ver... el agente W señala a su subordinado que está apoyado en la pared tratando de quitarse el zapato...

–Termine de atenderlo mientras lo pienso.

Se inclina un poco y finge mirar el zapato que tiene en la mano el hombre que está sentado a su lado.... dice con voz casi inaudible:

–¿Qué ha pasado?

–Nada.

–¿Y los encapuchados?

–No los he visto, pero se escuchan ruidos de cadenas y de gritos.

–¿De dónde provienen?

–No sé.

Se oye que una puerta se abre allá arriba...

–¡¡Mire jefe!!

Los cuatro encapuchados empiezan a bajar la escalera lentamente.... dos de ellos llevan una pesada cadena sobre sus hombros... los otros dos una hacha y un garrote con pinchos... instintivamente los agentes se llevan la mano a la pistola... el agente W les hace una seña para que permanezcan quietos.... los encapuchados han terminado de bajar la escalera y se dirigen al fondo de la tienda......caminan muy lentamente y van casi pegados a la pared... todos los siguen con la vista...... el encapuchado que lleva el garrote abre una puerta que hay entre los estantes y entran por ella.... se empieza a oír un estruendo ensordecedor y todo tiembla... el agente W se inclina un poco hacia adelante, mira afuera y por encima de las cabezas de la gente ve pasar las torrecillas de los tanques... se vuelve hacia sus hombres y les hace un gesto con la cabeza... todos los agentes sacan la pistola a un tiempo y apuntan a los empleados que alzan los brazos asustados... el agente W se levanta, les hace una seña con la mano a dos de sus hombres para que lo sigan y van corriendo a la puerta por donde entraron los encapuchados.....

–¡Deténganse!

Pega el oído a la puerta y... y oye una melodía de moda... ¡qué extraño!... algo le dice que lo mejor es dejar esto por la paz. Pero después de todo lo que ha pasado y ya que está aquí...

–Adelante...

Uno de los agentes abre la puerta lentamente y entran a una habitación oscura llena de cajas de zapatos vacías... se oye que alguien habla en voz baja en la otra habitación... el agente W se acerca a la puerta y mira por la ranura... ve a un hombre en mangas de camisa que señala algo sobre un plano que hay en una mesa, a su alrededor los cuatro encapuchados lo escuchan atentamente...... la melodía se acaba y el hombre en mangas de camisa va hasta un tablero lleno de objetos de laboratorio en donde está también la radio... el contenido de uno de los matraces hierve violentamente y suelta un humo amarillento que sube hacia el techo, ¿qué diabólico brebaje deben estar preparando?.... el hombre en mangas de camisa ya encontró una emisora que da música y vuelve hacia la mesa.... mira el plano en silencio.........

–Entonces tú seguirás por la calle Ciento Quince hasta la Ciento Ochenta, ¿entendido?...

El encapuchado aprueba con la cabeza... el agente W mira el resto de la habitación... en el fondo se ve el sarcófago apoyado en la pared... y en su interior hay un papel clavado que no alcanza a leer.

–Vamos.

El agente W y sus hombres irrumpen en la habitación.

–Nadie se mueva.

Los encapuchados y el hombre en mangas de camisa levantan los brazos... se oye un grito que les pone la carne de gallina...

–¡¡Qué precios!!... ¡¡Qué precios!!

El agente W se dirige a la puerta de donde salen los gritos... se asoma: en el centro de la habitación hay un potro en el cual está atado el hombre de la cara deformada, el que lleva la capa negra sobre los hombros da otra vuelta a la manivela.

–...¡¡Es inútil la tortura, jamás he visto barata igual!!... ¡¡¡Ayyyyyyyyy!!!

Va al fondo del cuarto a grandes zancadas... arranca el papel que hay clavado en uno de los pinchos del sarcófago... «Si siente sus pies así le conviene visitarnos»...

Se vuelve... los encapuchados tienen algo escrito en la espalda...

«Espeluznantes rebajas»... «Precios de miedo»... «Tiembla la competencia»... «Liquidación de espanto»...

El agente W siempre pensó que vida y carrera terminarían en un tiroteo, nunca pensó que acabaría en el más atroz de los ridículos... El hombre de la capa entra a la habitación.

–¿Están bien así los gritos, señor?... ¡Pero qué es esto!

El agente W se acerca al hombre que está en mangas de camisa.

–¿Usted es el dueño?

El hombre aprueba con la cabeza.

–Bajen las manos ya, hemos cometido un error... una falsa pista... quizá la competencia, ¿no?

El dueño sonriendo niega con la cabeza.

–Así que nos tiene que perdonar..... ¿Hay algo que mis hombres o yo podamos hacer por usted?

–Comprar... El dueño piensa que once pares de zapatos no son diez mil... pero no deja de ser un bello sueño... once pares serían.... de $550 a 600... no está mal... $600 «cash»... aunque quizá no llevarían dinero en efectivo y harían vales... y habría que mandar un cobrador a la jefatura a que «persiguiera» a los agentes para cobrarles... y se tendría que poner en el pasivo o en saldos insolutos... o habría que ir a decirle al agente W que sus muchachos no pagaban... él entendería lo peligroso que era que el dueño se enfadara y hablara... aunque seguramente ya habría investigado a los encapuchados y lo más probable es que éstos tuvieran cuentas pendientes con la policía por vagancia recalcitrante... pero podría pagar con la apuesta que ganó al mecánico... no, el sueño no es tan bello como parecía... ¡lo que pasa es que no hay sueños bellos ni negocios fáciles!... ¿Y para qué sirvió abrir si ahora no entra nadie?..... qué contento estaba ayer en la noche pensando que hoy iba a vender mucho......

Salió de la jefatura casi a la una y media y se fue a dormir. Al día siguiente se levantó a las siete como siempre y fue a la tienda...... la calle Tercera estaba desierta como si fuera domingo... los otros comercios están cerrados y se adivina que no abrirán hoy... el dueño abre la puerta de la zapatería y entra.... el interior huele a cuero y a humedad... levanta del suelo un par de zapatos que dejaron los empleados en su prisa por salir y busca la caja con la mirada.... la ve debajo de una de las sillas probadoras y se agacha a recogerla.... de dentro de la caja salta una rata... el dueño la suelta dando un grito... ¡el animal echa a correr hacia los estantes, se lanza contra una caja y desaparece!... el dueño va al baño por una escoba... se acerca a los estantes y con la punta de la escoba saca la caja y hace saltar la tapa.... adentro hay un par de zapatos de dos colores modelo «Riviera», pedazos de pan y un trozo de cable... pero no está la rata... levanta la caja y la mira con atención.... las ratas han hecho en ambas caras de la caja una especie de puerta-trampa que les permite entrar a toda velocidad, pasar a través de ella y salir por la otra abertura... las ratas son unos animales muy inteligentes, ¿pero son tan inteligentes como para adivinar qué modelo no se venderá y poder habilitar así la caja como corredor y almacén?... no puede ser más que una casualidad.... entran dos empleados y saludan de mala gana.

–¿Y los demás?

Los empleados se encogen de hombros y se meten al baño... el dueño va a la puerta y se asoma: la calle sigue desierta.... vuelve y se sienta en una de las sillas probadoras... sale del baño uno de los empleados con la bata azul puesta.

–¿Por qué no barre un poco?

El empleado toma la escoba y empieza a barrer...... el ruido de la escoba es sedante y llama al sueño...................... lo despierta el ruido de tambores... mira afuera: en la calle hay una gran multitud... ¡pero está de espaldas a los aparadores!... los empleados al ver que el dueño ha despertado dejan de hablar.

–¿No ha entrado nadie?

Los empleados responden que no.... se empieza a escuchar el ruido que hacen centenares de zapatos que pisan rítmicamente... miran afuera: por encima de las cabezas de los espectadores se ven pasar bayonetas..... una mujer se ha detenido frente a un aparador... el dueño se levanta y va a la puerta.

–¿Desea ver algún modelo?

La mujer niega sonriendo tristemente... pero se ve que quiere algo.

–Zapatillas a buen precio...

–Tengo sed, señor...

Eso sí que no lo esperaba.

–Pase al baño.

El sol cae vertical y rabiosamente... las bocas de los espectadores están secas... todos sudan... un hombre pasa caminando nerviosamente.... se detiene, mira los aparadores..... y después al dueño.

–¿Sería tan amable de dejarme pasar al baño?

–Pase, pase...

Por encima de las cabezas de los espectadores se ven pasar banderas semiquemadas en las que todavía se reconocen dibujos de palmeras y de camellos de cuya joroba sale un cañón......

–Muchas gracias.

–De nada.

Es la mujer que tenía sed... ¿Sólo gracias?, seguro que hizo algo más que beber... aquí viene el hombre que fue al baño.

–Muchas gracias.

–De nada. Es $1.00.

El hombre lo mira molesto, pero paga... el dueño da media vuelta y entra.... los empleados se levantan al verlo venir.

–¿Dónde está ese bidón negro, ancho, que tenía pintadas unas letras amarillas?

Los empleados se miran extrañados....

–Vayan a buscarlo a la bodega, tiene que estar allí.

El dueño va al baño.... abre el armario y saca cuatro de los limones que usan las dependientas para peinarse –según ellas el jugo de limón vigoriza la raíz del pelo– se los pone en el bolsillo... los empleados salen de la bodega, con el bidón y lo dejan en el suelo.

–Llénenlo de agua.

El dueño exprime los limones y tira después las cáscaras en el interior del bidón... los empleados lo llenan hasta el borde con dos cubetadas.

–Llévenlo a la entrada.

Arranca el cartón de W.C. que hay en la puerta del baño y escribe en una esquina... $1.00.

El coche del general pasa frente a «El Modelo Elegante».... el general ve por encima de las cabezas de los espectadores una larga cola que termina en la zapatería.

–¿Qué pasa ahí?

El ayudante se incorpora un poco y se vuelve a sentar.

–Hacen cola para beber agua.

El general sonríe.

–Es un oasis, ¿no?

La cola avanza lentamente... los sedientos hunden el zapato modelo «Rivera» en el agua y deben su contenido con fruición... tiran el zapato en el agua que flota unos segundos hasta que otra mano lo vuelve a agarrar y lo vuelve a hundir en el líquido... el dueño tiende la mano implacablemente... sus bolsillos casi revientan por el peso de las monedas... la cola de gente que espera para entrar al baño serpentea por el interior de la zapatería... los que están frente a la puerta golpean impacientes y los que están dentro del baño no contestan o contestan de mala forma...

El que ve es el que revela

La obra de Jesús Gardea nunca podrá venderse como pasatiempo o libro de texto por la necesaria dificultad de su prosa, que pide ser experimentada antes que comprendida. Más allá del lugar común que se satisface con clasificar a Gardea como un «narrador del desierto» y que trata de analogar sus ficciones a la geografía en que vivió el autor, la literatura de Gardea se propone explorar el misterio de las cosas y los hombres desde la inmediata percepción de su imagen. La originalidad de las imágenes de Gardea comienza en que son perceptibles no sólo por el ojo: emergen del esfuerzo de los sentidos todos, y tal *esfuerzo* deriva en un inédito órgano de percepción.

Pienso particularmente en sus cinco libros de cuentos, porque en ellos es más revelador que en las novelas. Se concentra mejor porque dura menos. Al concentrarse se torna punzante, hasta que perfora la tela. Es casi por descuido, como quien rasga el paño de la mesa de billar y descubre una boca sin fondo.

Las de Jesús Gardea son visiones muy finas transmisibles sólo merced a una prosa en extremo castigada, a un lenguaje que logra *crear* el punto donde coinciden la palabra y la luz. De tal forma restallan sus palabras que la luz se abre en olores, sabores, sonidos, texturas, hasta que las almas despiden aromas («Según Evaristo»), las sombras se despliegan tridimensionalmente («Pero mi sombra»), las voces luchan con el viento («Todos»), la lluvia, como las demás fuerzas de la naturaleza, mantiene una secreta relación con las emociones de los hombres («De alba sombría»)...

Gardea comenzó a fraguar sus historias desde una perspectiva principalmente sensorial, dejando lo anecdótico a un nivel casi ingenuo. Lo dice uno de los heliólatras personajes de los cuentos de *Septiembre y los otros días* (1980): «Comprende que reacciona demasiado a las cosas del mundo. Que hay más resistencia en una tela de araña que en sus sentidos». En éste su segundo libro de cuentos –que en realidad era uno con *Los viernes de Lautaro* (1979)– las tramas de Gardea funcionan como andamio para montar las imágenes vivas que lo acosan. Sin embargo, en su última colección de cuentos, depuración absoluta de sus dotes de alucinado, logrará poner a la misma altura el argumento y la imagen: de las visiones hará revelaciones.

Desde *Los viernes de Lautaro* dio las claves de su evolución. «En la caliente boca de la noche», advierte: «Pero ahora pienso en mi alma y en el preámbulo de una revelación. No que yo vaya a ver la otra cara de la moneda, que no suele ser tan extraordinaria como se dice: yo pienso en lo que vive, sofocado, entre ambas caras». En «Según Evaristo», un protoevangelio de la metempsicosis, da otra clave: «Lo que yo ando buscando no es su muerte, que usted está muerta, sino un cielo... [...] Sueño con un valle. Con un cielo en la tierra».

Cada cuento, arduo de recordar en su trama, pide ser experimentado: debemos poner contra la pared a la razón y dejarnos llevar como un cordero. «El fuego en el árbol», por ejemplo, es una historia que ocurre en la oscuridad pero en la cual todo es visible. Lo de menos es conservar en la mente las historias, la parte consumible del *best seller;* lo valioso es la *experiencia* de las palabras.

En Gardea el misterio no pertenece a lo invisible ni lo asombroso viene de lo sobrenatural. Sobrecogedor y enigmático es el mundo que vemos, y aún más que podamos verlo. El mundo de Gardea no es trágico, en cambio muy melancólico, y con frecuencia burlón hasta la tomadura de pelo, que es evidente sobre todo en las tramas herméticas a fuerza de una curiosa manipulación de la verosimilitud al borde del disparate («Un viajero en la Florida», «La guitarra», o la terrible «Senén»). Tengo la impresión de que para Gardea el momento más bello de un día es el de la seducción, cuando el sol alumbra la oscuridad de los hombres como un reflector apuntado directamente al corazón.

Lo esencial de los enigmas de Gardea no radica en que intente con ellos explicar algo o fabricar o descubrir un símbolo. Lo memorable es la experimentación del misterio. La dilatada esfera del universo de Gardea se completa deslumbrantemente con *Difícil de atrapar* (1995). ¿Dónde ocurren las ficciones de *Difícil de atrapar?* Ya no en la tierra de *Los viernes de Lautaro,* ni en el planeta de los otros libros. Los sucesos de esos cuentos pertenecen ya a un territorio angélico, particularmente «Todos», «Difícil de atrapar» y «Los visitantes». Considerar a Gardea como un narrador de determinado lugar de México es un despropósito que impide ver su dimensión en la lengua española. Y aún más lejos: la exposición de su mundo interior es una empresa álmica. En este último libro consiguió que las ficciones y las palabras que las construyen hicieran del narrador la luz que ve: imagen que es luz que es ojo. Dice en «El trono»: «No quiero que por falta de luz Dios no me vaya a reconocer».

Jesús Gardea
Todos

Estaban todos. El viento los había subido hasta el cuarto. Lemus, último en llegar, muy desgarrada la ropa. En un rincón, intentaba componérsela. Se pegaba los girones con saliva. Todos lo miraban. Todos tenían los ojos asustados. El viento seguía aullando, se les había colado por dentro. Hablaban a señas. Las cabezas se movían. Desaprobaban lo que Lemus hacía. Los cercanos a él le frenaban las manos. Lemus levantaba entonces la vista. Sus ojos se encontraban con sastres de aguja laboriosa. Un taller. Los de cara más blanca, los de los pespuntes mejores. Miraba Lemus un rato el trabajo de las agujas en el aire, y luego, a gestos también, preguntaba a los remendones qué querían. Terminaban los otros su ficción. Desatendían a Lemus. Todavía los ojos igual, se ponían a mirar la ventana del cuarto. La cimbraba el endemoniado. Las bocas estaban secas. En algunas de bigote, los pelos, púas. Muy claro andaba por el aire el temor a un estallamiento de los vidrios en la ventana. Ser tomados por el violento y echados luego fuera, al abismo nocturno, angustiaba al grupo. Se veían ya vagando eternamente. Por eso el de la oscuridad comenzaba a darles frío. Y el foquito del cuarto, colgado como una araña, antes tranquilo, había comenzado a moverse. Agitaba las sombras de todo el mundo. Las llevaba de aquí para allá, y vuelta. Mareaba el vaivén. Uno, Rivera, más no lo soportaba. Sacudido por arcadas se levantaba mirando dónde vomitar. Escogía el pie de la ventana. Salpicaba de amarillo la pared, los zapatos de un compañero y el aire. Luego regresaba a su lugar. Bamboleándose como en la cubierta de un barco. Nadie le decía nada. Las miradas habían bajado de los vidrios a las manchas en la pared. Las manchas, flores. El de la vomitada se limpiaba la boca. Los demás miraban menos eso que los limpios zapatos de Rivera: la bocanada no les había tocado ni siquiera las puntas. Todos advertían también: los zapatos, lustrosos como si acabaran de salir de la bolería. Lemus ya no intentaba nada. Los pedazos de camisa pendían, tristes banderolas. El oscilante les meneaba la sombra. Vientecito después de un desfile. Pero Lemus había visto aún más. El color azul celeste, no verde, como obligaba el trance, de Rivera. De poca duración, el color. Lemus, el pensamiento en una averiguación, se ponía en pie y, arrastrando su silla, se acercaba a Rivera. Éste, cuando lo veía venir y sentársele, luego, a un lado, recordaba sus momentos de sastre mentido. Entonces, encorvándose, retomaba la aguja y el hilo imaginarios. Creía que iba a tener que impartir lecciones particulares de zurcido. Pero en seguida, con un ademán, Lemus lo desengañaba. Lemus le pedía la desaparición de los utensilios. Esfumados éstos, Rivera se enderezaba. El juego del oscilante le desfiguraba las facciones como en una pesadilla. Las sombras del cuarto se movían dentro de sus ojos como en un purgatorio. Tragaba miedo Lemus. Por hacer algo y no descubrirse, se aplacaba las banderolas. Casi le paralizaba el aliento el añadido ulular. Pronto caía en la cuenta Lemus de la sordera de Rivera. En vano habría sido preguntarle nada. Pero un recurso quedaba. Dibujar con los labios las palabras: ¿qué pasó? Y Rivera, perspicaz lector, desde su cara de cambiantes sombras, respondía:

–Lo que está fuera, está adentro.

La contestación causaba pesadumbre a Lemus. Y decía, cuidando el dibujo:

–A mí, el viento me respeta el alma.

Lemus miraba los vidrios de la ventana; luego, las caras de los otros. Sordos como negras piedras. De nuevo dibujante, anunciaba:

–Yo los voy a curar.

Porque no le sabían competencia en nada, no le hacían gran caso. Pero él agregaba incorporándose:

–Uno, primero.

Entonces tomaba, con ambas manos, como a una fruta, la cabeza de Rivera.

–Voy a silenciar el viento.

Pegaba Lemus su boca a una oreja de Rivera. Vagamente burlones, miraban los demás. En las caras, tormenta de sombras que no cesaba. Había encerrado en un torbellino a Lemus y su paciente. Las banderolas de la espalda de su camisa flameaban enloquecidas. Las sombras de todos, como locas igual giraban alrededor de las sillas. Todos, como en un temblor, se agarraban de los asientos como acosados por el vértigo. Les habían dejado de interesar los otros dos. Miraban al techo; al foco dando vueltas en círculo como un perro febril. Ninguna sombra en el cuarto tenía paz. Se atropellaban las sombras, huían del rabioso. Los ojos de los que seguían el movimiento del foco, ya casi sin gobierno en las órbitas. El foco estaba comenzando otro torbellino, más grande que el de las tormentosas. Comenzaba a afectar los cuerpos. Los inclinaba hacia el centro de la turbulencia como a cipreses llamados. Se quejaba desconcertadamente la sillería. Temblaba como la paja a las puertas del fuego. Lemus se despegaba de la oreja de Rivera. Afianzándose en el respaldo de su silla como en un barandal:

–La luz. Ayúdeme.

Entonces, ligero, se trepaba en la silla, alargaba los brazos en dirección al foco. De inmediato, Rivera le abrazaba las piernas, lo afirmaba en el asiento. Pero luego oía, encima de él:

–Si ardo como una antorcha, me suelta.

Zarandeaba el torbellino al encaramado. Lo ceñía más Rivera. Y le decía, porque no le había parecido la idea de abandonarlo:

–Trataré de apagarlo. Puedo sofocar con mi camisa el fuego.

Bajaba la contestación.

–No. Ni lo piense. Como está escrito, conmigo arderán todos. Menos usted.

En el recuperado silencio interior de Rivera, sonaba el pavor, el trajín de muchos espantos; buscando conjurarlos, negaba.

–Escrito no hay nada.

Lemus había detenido el foco. Quedaba el foco balanceándose apenas; como un hombre colgando. Con eso, todo volvía a la cordura. Las sombras sacadas de los rincones, volvían a ellos. Las expulsadas de las sillas. Dejaban las sombras de nublar, como tolvaneras de marzo, las caras. Despacio, todos, aflojando el cuerpo. A las sillas se les oía casi el resuello. Una tropilla, unos caballejos que, lanzados a un terrible galope, de pronto, porque sí, toman su paso de nuevo. En todos, gruesos cordones de sudor como trenzas. Les empapaban las camisas. Estaban de nuevo con la mirada puesta en los otros dos, de pie bajo la luz del foco. Hablaba el que había anunciado la curación. Le mostraba un dedo a Rivera:

–Ardió la yema. Fue allí el concentrarse del fuego. Lo escrito, sintetizado. Cuando se alivie la quemadura, me gustaría leerlo.

Lemus callaba, miraba a Rivera unos segundos.

–Chispa en un bosque. Pero el bosque no arde. Nada más, y fulminantemente, sólo un arbusto.

Rivera, mientras le hablaba, había estado mirando al resto de los compañeros. Sus semblantes, peor de torturados. Aquella especie de viento, la luz del foco, había alebrestado, como a grandes olas del mar, los vientos de todos. Y pedía a Lemus:

–No creyeron en mí. Esa falta de fe me salva; nadie se pudre gracias a quienes lo negaron.

El foco no acababa de detenerse. La espuela del chiflón de la calle no paraba de hostigarlo. Lemus miraba el foco. Su inestabilidad. Una amenaza. Lo miraba estudiándolo. Entonces decía:

–Por nada del mundo debe salirse de quicio otra vez.

Rivera repetía:

–Cúrelos. Yo vigilo la luz.

Sacudía la cabeza Lemus.

–No. Usted.

Sorprendía a Rivera la proposición. Le explicaba Lemus.

–No tiene ciencia.

Regresaba de nuevo la mirada de Rivera a los trastornados. En aumento, sus dolencias. Los veía también Lemus. Y decía, denso, cómo:

–La boca en la oreja. Para nada tocar su maleza. Si lo hacemos, estaremos perdidos. La maleza de las orejas, cancel del diablo.

Rivera juntaba y abría los dedos de una mano.

–¿Los pelitos brotantes?

Mudo, todo el vivo conocimiento, Lemus asentía. Pero a Rivera lo animaba voluntad de saber más.

–¿Del diablo?

Vagaba la sonrisa de Lemus. Miraba luego la luz.

–Por el ruido y las mentiras allí enzarzados.

Comenzaba Rivera a caminar. Había escogido ya paciente: a Gamio. Próximo a la ventana. El amarillo de las manchas en la pared tenía la intensidad, la brevedad no, de los relámpagos. Su potencia era alimentada por la del viento. Gamio, cercano a las manchas, las miraba como hechizado; ya no como a flores, sino como a cosas empujadas por la violenta noche. Las sombras de la silla y Gamio se mecían como aturdidas. Llegaba Rivera a Gamio. Le ponía una mano en la espalda.

–Vengo a curarlo.

Sabía que no lo habían escuchado. Cargaba, entonces, el peso de su brazo en la mano. Los demás lo veían, las bocas de azoro. La presión de la mano sacaba al absorto de su encantamiento. Rivera, en ese momento, apartaba la mano, tan húmeda como un secante. Empezaba el necesario dibujo, decía:

–De sus vientos filtrados.

Sin agregar más, Rivera tomaba la cabeza de Gamio en sus manos, se le acercaba. Todos se habían enderezado en sus asientos, esperando. Gamio, dócil, ofrecía la oreja. Cerraba, visiblemente consolado, los ojos. Comenzaban los labios de Rivera. Lemus y los demás, pese al viento, alcanzaban a oír el murmullo. Les parecía que la oreja alguna magia tenía. Que defendía, protegiéndolo con un profundo silencio, al murmullo. Lemus oía y cuidaba, a un tiempo, como a un mundo peligroso, el foco. No había en la luz señales de alebrestamiento. Se balanceaba como mecida por un hilito de aire. Recobraba el vigilante despacio la tranquilidad. Pensaba fantaseados sus temores. Pero otra cosa había comenzado a molestarlo, a incordiarle. El no sofocado murmullo de Rivera. Podía el murmullo de pronto perder su tono y, valido de la defensa que lo asistía, convertirse en voz dicha a los cuatro vientos. Traición, entonces, al secreto de la medicina. Pues el ensalmo pasaría luego, como fuego en un reguero de pólvora, a los oídos del viento que andaba fuera. El viento, con la clave en su poder de las fuerzas que lo desarmaban en la plaza de las almas, sería invencible. En cualquier parte, siempre, simiente de tolvaneras, raíz de remolinos y tardes tristes. Lemus abandonaba su puesto de observación debajo del foco y se le acercaba a Rivera.

–No murmure.

Lo hacía todavía Rivera antes de apartarse de la oreja y volverse a Lemus. De igual a igual:

–¿Por qué no?

Lemus miraba apenas la luz.

–Como se le salgan a usted de la jaula del murmullo las palabras y las oiga el viento, ninguno de estos se curará jamás.

Rivera sonreía.

–Acaba de inventárselo usted. No es persona el que nos zarandea, Él no oye.

Lemus bajaba la frente.

–Bueno. Yo se lo dije.

Regresaba a la vigilancia Lemus. Ligeramente había aumentado el mecerse del foco. Lemus, después, miraba con atención las sombras del cuarto. Descubría tres o cuatro sospechosas, hinchadas como levadura de tormenta. No esperaba Lemus, subía de inmediato a su silla y refrenaba el incipiente juego del foco. Menos que la primera vez, pero volvía a quemarse. Con lástima pensaba en la yema. Le cambiaría de color. Lemus se había sentado. Y de pronto, Rivera concedía.

–Está bien. Pongo fin a los murmullos.

Lemus hacía a un lado el dedo dañado.

–Cúrelos pronto. La luz está en el centro de fuerzas, de maldades.

Rivera giraba los ojos. Miedoso de la luz, la miraba como a una araña resplandeciente de veneno. Socarrona, calculadora, se mecía. Y Lemus a Rivera:

–Empezaba ya. Pero la detuve. Presiento que si vuelve a desbocarse ni yo, nadie aquí, podrá frenarla.

En la mirada suma rapidez, Rivera contaba las cabezas que aún le faltaban de ensalmar. Topaba su vista a un Gamio airado. Éste le leía la mirada. Dejaba la silla. Mirando primero a Lemus, luego a Rivera, preguntaba:

–¿Qué hay?

Y Lemus:

–Usted me oyó.

Terciaba Rivera.

–Como los recuerdos, seremos barridos.

Sentado nuevamente en su silla, Lemus cuidaba el foco. Más estrecha la vigilancia.

–Vaya, cúrelos.

Rivera miraba a Lemus.

–Vaya.

No esperaba Rivera. Escogía a su segundo paciente de la noche, Dávila. Estaba éste, como Gamio, cerca del viento en la ventana. Madera y vidrios sonaban peor. Los sacudía el feroz como a los barrotes de una cárcel. Temiendo un súbito estallamiento de la contención, cauteloso llegaba Rivera a la oreja. Mientras ensalmaba, con un ojo no perdía de vista los peligros. A unos cuantos pasos de él, los vidrios, ya convertidos en añicos, volarían. Se le clavarían, cuchillos. Por eso, el apresurar las secretas palabras; al no darles espacio, se apretujaban, se sofocaban en el vestíbulo de la oreja. Hermanas miedosas de la oscuridad, el pecho de una tocando la espalda de la otra, descendían a donde bramaba, en el alma enferma, el viento. Pero Lemus advertía la mala práctica. Descuidando la luz, bajaba la vista y miraba a Rivera.

–Tampoco.

Rivera lo escuchaba con un sobresalto. Sin terminar la curación se volvía hacia Lemus. La cara de Lemus estaba amarilla como las manchas de la pared. Asustaba su semblante. Lemus agregaba:

–No son nuestras palabras medicinales briznas. Si usted las empalma, les mata el poder. Son cofrecitos especiales. Flores nuevas. Hay que darles tiempo y espacio para que se abran.

Incesante, el ruido de los vidrios. Miraba Rivera a la ventana; luego, otra vez, a Lemus:

–¿Qué, si no se abren?

Lemus contestaba:

–Todo.

A Gamio no le parecía la contestación.

–No, no todo.

Giraba su cabeza Lemus, a izquierda y derecha. Y, esparciendo las palabras:

–Todo, todo.

Y Rivera:

–No hable así. No está la noche para eso.

Nada contestaba Lemus.

Nuevo ruido en el cuarto. Las bisagras de las ventanas lo habían comenzado. La voz de sus desconcertados metales superaba, en intensidad, la de la madera y los vidrios. Rivera, plegando las orejas hacia atrás:

–Las bisagras. Es el viento. Empuja a fondo.

También Gamio se había puesto a escuchar. Fijaba su mirada, a través de los vidrios, en algún punto. Y como hablando para allá:

–Descuajada del marco la ventana, no habrá salvación.

Mariposas negras las bisagras.

Cuando Gamio se volvía a ver a Rivera, lo encontraba abocado a otra oreja. Estaba curando sin tocar al enfermo.

Del que teme contagio, su actitud. Tenía los brazos echados atrás. No duraba casi el ensalmo. Acortaba Rivera el tratamiento. Se le había empapado de sudor la camisa. Andaba como a la intemperie. Medio agachado, como si lo estuviera doblando un aguacero. En la última oreja, obraba aún más rápido. Se enderezaba. Entonces, Gamio le miraba la cara, parecida a un cristal bajo la lluvia. Se le acercaba, llevaba un pañuelo.

–Séquese.

Y luego.

–No sé si los cura usted bien.

Devolviendo el pañuelo, Rivera:

–Me apresuré.

Gamio alzaba los hombros, miraba a sus compañeros.

–Dos, tres palabras.

Rivera escuchaba mal. El ruido de las bisagras, más crecido, era el que solicitaba, de verdad, su atención. Las bisagras estaban cediendo. También la madera de los marcos. Como una mano, la madera estaba comenzando a soltar los tornillos, a abandonarlos a las fuerzas del que embestía. No solamente añicos de vidrio. Habría, combinándose con ellos, tornillos como esquirlas. De tanto fragmento volando endemoniado, quién escaparía. Nuevo sudor le remojaba la camisa a Rivera.

–El tiempo. La ventana está por echarse a volar.

Y Gamio:

–Tenemos tiempo.

Entonces, como empezar a jugar un juego de niños, Gamio pasaba, rápidamente, de una oreja a otra. Les decía las palabras como en secreto. El que las oía se incorporaba, se volvía de espalda a la ventana. Después de la última oreja, Gamio, a Rivera, acercándosele y bajando la voz:

–La ventana. Ábrala.

–¿Con tanto viento?

Gamio, tras de mirar un segundo a Lemus, al cuidado de la luz, respondía:

–Primero una hoja. Luego, la otra.

Las miradas de todos, pendientes. Rivera las ignoraba y veía a Lemus. Su color amarillo se había vuelto muy sombrío. En las mejillas y la frente la piel, opaca como el cartón. Volvía a hablar Gamio.

–Estamos esperando.

Rivera, de inmediato, entendía la insinuación. Estallados los vidrios, cuchillas homicidas. Rociada de pequeños puñales, los tornillos. El tiempo corría en favor del viento. Contra Rivera. Rivera, entonces, dando zancadas, pasando por delante de los ojos de todo el mundo como por delante de una galería de turbios espejos, se acercaba a la ventana y la abría. El viento caía de bruces en el piso del cuarto. Duraba así apenas. Se recuperaba. Se lanzaba sobre el foco. Pero los demás ya traían en brazos, sometido, a Lemus. El viento los despeinaba, los golpeaba. Los restos de la camisa de Lemus salían volando. Comenzaban la luz y las sombras un revoloteo enloquecido. Todos habían llegado con Lemus a la ventana. Todos ardían en el fuego negro de las sombras. En el infierno, frente a la noche. Un alarido paraba el tiempo y las sombras. Y Lemus, como un muñeco, era arrojado al vacío.

La materialidad de la conciencia

La obra de Guadalupe Dueñas flota en la aceitosa niebla del horror a la muerte. *Tiene la noche un árbol* (1958), su libro perfecto, es el minucioso conjuro con que ella trata de ponerse a salvo. Niega el más allá, el juicio a los muertos, incluso el alma y acaso también a Dios. Sostiene Guadalupe Dueñas que si existe algún territorio escatológico, éste no se haya fuera del mundo: peor aún: no rebasa el límite de la carne. Porque el propio cuerpo es la cuna y el ataúd de cada hombre.

Aunque este libro de Guadalupe Dueñas lleva por título un verso de José Gorostiza, *Tiene la noche un árbol* no se identifica con *Muerte sin fin* (1939), más bien es una reacción –o rebelión– a la lucidez de éste. Con respecto al poema de Gorostiza, Octavio Paz ha dicho que «Dios está enamorado de sí mismo pero no ve ni sabe de sí nada que nosotros no le mostremos: nuestra muerte, su muerte. Dios es conciencia pero esa conciencia se la damos nosotros. Y nosotros sólo somos conciencia de morir. Dios, inteligencia pura, en nosotros se ve morir infinitamente y sin descanso». Guadalupe Dueñas, horrorizada por la luz de su conciencia mortal, huye a las tinieblas. Impresionada por la inagotable transformación de las criaturas, quiere aferrarse a la *forma:* ancla su mente en cadáveres disecados, cuerpos en salmuera, dormidos, la repetición de actos del pasado...

El suyo no es el ámbito de la crisálida –sueño de maduración y promesa de plenitud–: es el limbo de la claustrofilia, de un ser que se quiere seguro, «devuelto a la profundidad de su misterio», como dice Gilbert Durand. Dos de sus historias,

«Guía en la muerte» –un viaje órfico de la carne– e «Historia de Mariquita» –la vida de una niña en un frasco con formol–, son el punto extremo de tal ofuscación.

Los empeños de Guadalupe Dueñas por detener el tiempo no germinan en la locura sino en un sarcófago. En «Al roce de la sombra», no obstante que las ancianas señoritas de Moncada parecen navegar en la demencia, han hecho de su casa un mausoleo que les permite vivir en el pasado y cada día se representan a sí mismas sus recepciones de juventud en París.

«Digo yo como vaca», una de las ficciones más hermosas y sentidas de Guadalupe Dueñas, hace patente que el don de la conciencia, aun en los niveles más elevados, no reporta necesariamente la sabiduría, que se pretende facultada para desdeñar los dolores de la vida. Pues la luz de la conciencia no tarda en nublarse al percatarse de que vive encarnada. Y el cuerpo –al parecer el único punto en el cosmos donde puede ubicarse la conciencia–, ya sea vasija de un gran intelecto o de la humilde figura de una vaca, es la raíz de todas las emociones, testigos irrecusables del Yo consciente. Creo que Guadalupe Dueñas sugiere que lo femenino de las criaturas lo constituye su cuerpo, el cual ve con dolor cómo se eleva el espíritu –lo masculino–, que planea por heladas alturas creyéndose ajeno a la pasajera realidad de su materia. Por piedad y espanto, la carne intuye la eternidad, y la suplica para soñar que vive. «Con la mente hueca viviré sin culpa, alerta sólo al toque de las seis campanas que dispersan el repique de su voz sobre el sembradío. [...] Pero yo siempre estaría inmóvil, solemne, ídolo de siesta infinita, mientras mis mandíbulas rumiaran suavemente la eternidad de la tarde.»

A su pesar, la contemplación del mundo remite a Guadalupe Dueñas a la ciega vorágine en que la materia orgánica se aferra a la duración: «¡Ven y verás! Los bosques derrumban sus cadáveres y el horizonte de troncos crece y la monstruosa montaña de leños aumenta como una inundación y retumban en la sima y remueven sus escombros y se desparraman atrapados por el desconcierto, en 'un solo haz de pesadumbre' y sobre el sepulcro de los soles los troncos calcinados se buscan en sus huesos, mientras el aire sopla doloroso».

En consecuencia, y apoyada en la sospecha de que el mundo que vemos es la resurrección continua de la vida concreta pero indiferente a las identidades, Guadalupe Dueñas esboza en sus ficciones una curiosa escatología. Como quien sueña que le quita con los dedos el aguijón al alacrán, se propone cumplir su anhelo de detener el efecto devastador del tiempo, la naturaleza cambiante de la carne, exigiendo –no sabemos a quién– para la conciencia una materialidad incorruptible y en uso de todas sus cualidades orgánicas. Sin embargo, como apunta ella misma: «Es como concebir al sol y morirse del espanto de que nunca vaya a nacer».

Varios de los textos que se reúnen en este libro no son precisamente cuentos, antes bien reflexiones poéticas donde la autora especula acerca de la mejor manera de conservar los cuerpos, o imagina cómo ha de ser el mundo ideal en que las formas no se corrompan. En este sentido, «Y se abrirá el Libro de la Vida» resulta concluyente: «Y poderoso fuego estremecerá los nombres de los que vuelven de la muerte purificados. [...] El viento dejará flotar su túnica y las zarzas florecerán quedándose sin piel y sin lágrimas. Y la tierra será absoluta claridad con sus árboles redivivos».

No hay que perder de vista que Guadalupe Dueñas no postula el paraíso celestial, vamos, ni el escolástico cuerpo de la resurrección. Su insistencia en ubicar al ser en su *forma,* es muy próxima a la doctrina de la apocatástasis, acuñada por los Padres orientales, que prevé el retorno final del mundo y de todos los seres a la condición perfecta y feliz que tenían en el origen. Y es éste el cuadrante de lo demasiado humano, el sitio donde por encima de la podredumbre moral y física, la criatura clama eternidad, la permanencia perenne de los elementos fugaces que la constituyen. No quiere ser Dios ni ángel ni fantasma.

Guadalupe Dueñas
Al roce de la sombra

Raquel conectó la luz y se sentó en la cama... Si el aroma saturado en el lino, si la música obsesiva, si los trajes de otro mundo desaparecieran, y si consiguiera dormir; pero la nitidez de la imagen de las dos mujeres aumentaba al roce de la sombra con su cuerpo y el sudor y el espanto la hundían en el profundo insomio.

El candil hacía ruidos pequeños y finos semejantes al tono con que hablaba la mayor de las señoritas; el ropero veneciano, con su puñado de lunas, tenía algo del ir y venir y del multiplicarse de las dos hermanas; también las luidas y costosas alfombras eran comparables a sus almas.

Volvió a sentir el bamboleo del tren y oyó el silbido de la máquina en la curva pronunciada. Hostil fue la noche en la banca del vagón de segunda, desvencijado y pestilente. Contempló la herradura quebradiza y trepidante de los furgones: carros abiertos con ganado, plataformas con madera, la flecha fatigada y el chacuaco espeso y asfixiante.

El nombre de las Moncadas cayó en su vida como tintineo de joyas. El compañero de viaje parecía un narrador de cuentos y las principescas Moncadas le adornaban los labios y resultaban deslumbrantes como carrozas, como palacios.

–Dentro de dos horas estaremos en San Martín. Es lamentable que a usted, tan jovencita, la hayan destinado a ese sitio. Lo conozco de punta a punta. No hay nada que ver. Todo el pueblo huele a establo, a garambullos y a leche agria. De ahí son esas moscas obesas que viajan por toda la República. La gente no es simpática. Lo único interesante es conocer a las de Moncada –frotó sus mejillas enjuntas como hojas de otoño.

En el duermevela las dos mujeres aparecían, se esfumaban.

–Traigo una carta de presentación para esas señoras, de la madre Isabel, la directora del hospicio, con la esperanza de que me reciban en su casa.

–Señoritas, no señoras... quién sabe si la acepten, no se interesan por nadie –como si estuviera nada más frente a sus recuerdos, añadió–: Son esquivas, secretas, un bibelot. Conservan una finca, amueblada por un artista italiano, con muchas alcobas y jardines. Se educaron en París porque su madre era francesa. El señor de Moncada se instaló allá con sus dos hijas adolescentes. Se dignaba volver muy de tarde en tarde a dar fiestas como dux veneciano. Sin embargo –murmuró–, yo jugaba con las niñas. (Raquel prefería que su compañero fuera invención del monótono trotar sobre el camino del desvelo.) Hace quince años regresaron de París, huérfanas, solas, viejas y arruinadas; bueno, arruinadas al estilo de los ricos. (El París de las tarjetas postales, los cafés de las aceras, las buhardillas, pintores; zahurdas donde los franceses engañan a los cerdos obligándolos a sacar unas raíces que luego les arrebatan del hocico y que tienen nombre extraño como de pez o de marca de automóvil: trifa, trefa, no, trufa. Nunca las había probado. Seguramente eran opalinas gotas de nieve...) En el pueblo, su orgulloso aislamiento les parece un lujo. Tenerlas de vecinas envanece. Salen rara vez y ataviadas como emperatrices caminan por subterráneos de silencio. La gente gusta verlas bajar de la anticuada limosina, hechas fragancia, para asistir a los rezos. («Ropas fragantes.» Raquel se vio en el vaho de la ventanilla con una gola de tul y encaje sobre un chaquetín de terciopelo y se vio calzada de raso con grandes hebillas de piedras... pero si sólo hubiera podido comprar el modesto traje que antes de partir admiró en el escaparate de una tienda de saldos.) Los pueblerinos alargan el paseo del domingo hasta la casa de la hacienda con la esperanza de sorprender, de lejos, por los balcones abiertos de par en par, sólo este día, el delicado perfil de alguna de ellas o, al menos, el Cristo de jade o los jarrones de Sèvres.

A ella se le ocurrían multitud de lacayos en el servicio y no la extravagancia de tener únicamente dos criados.

La locuacidad del viajero la adormiló con detrimento del relato.

–En las mañanas asisten a misa, pero después nadie consigue verlas. Reciben los alimentos, en la finca, por la puerta apenas entreabierta. Yo sé que secretamente pasean por los campos bardados, en la invasión de yerba y carrizales. A veces prefieren los márgenes del río que zigzaguea hasta la capilla olvidada. (El musgo y la maleza asfixian el emplomado, las ramas trepan por la espalda de Santa Mónica y anudan sus brazos polvorientos. La antigua estatua de San Agustín es un fantasma de tierra hundido hasta las rodillas. Las hojas se acumulan sobre el altar ruinoso.)

Raquel siempre tuvo miedo de los santos.

–La torre sin campanas sirve de refugio a las apipiscas que caen como lluvia a las seis de la tarde. ¿Las conoce, niña?... Son la mitad de una golondrina. (Retozan con algarabía que se oye hasta la finca; forman escuadras, flechas, anclas, y luego se desploman por millares en la claraboya insaciable.) Cada amanecer las despierta el silbido de la llegada de este tren. (El tren pasaba por un puente, el émbolo iba arrastrándose hasta el fondo del barranco, hasta aquellas yerbas que ella deseó pisar con pies desnudos. ¡Qué ganas de ir más lejos, allá, donde un buey descarriado! ¡Qué gusto bañarse en la mancha añil que la lluvia olvidó en el campo! ¡Qué desconsuelo por la temida escuela!)

–¿A qué hora me dijo que llegaríamos a San Martín?

El viajero ante la perspectiva del silencio ya no dejó de hablar.

–Falta todavía un buen trecho... Me gustaba observarlas; a las siete en punto atraviesan el atrio de la parroquia con las blondas al aire, indistintas como dos mortajas. El eco de sus pasos asciende en el silencio de la nave y el idéntico murmullo de sus faldas, que se saben de memoria todos los fieles, cruza oloroso a retama. En la felpa abullonada de sus reclinatorios permanecen en la quietud de los sauces, y su piedad uniforme las muestra más exactas. Quizás el ámbar estancado en sus mejillas y el azul inexorable de los ojos llena dc asombro a las devotas. Cuando termina el oficio salen de la iglesia y la altivez de su porte detiene las sonrisas y congela los saludos. Pero ellas esconden el miedo tras el desdén de sus párparos.

Cuando el hombre, como si quisiera impedir un pensamiento, se pasó la mano por la cara y taciturno miró a la ventanilla, Raquel necesitó su plática, su monólogo. Un chirrido de hierros y el tren frenó en una estación destartalada. En poco tiempo arrancó desapacible por su camino de piedras.

–El próximo poblado es San Martín.

Raquel, enternecida por el compañero que huiría con el paisaje, quiso apegarse a él, como a la monjita Remedios que copiaba el amor de madre para las niñas del hospicio. Espantada naufragó en la mano del hombre:

–Falta muy poco para San Martín.

El viajero extrañó su impulso.

–¿Qué prisa tiene por llegar a ese pueblo dejado de la mano de Dios?

–Tengo miedo.

–¿De qué, niña? A lo mejor las señoritas de Moncada la recibe afables. Seguro que la querrán. Una maestra es mucho para estos ignorantes.

–No sé, no es eso, nunca he vivido sola. En el hospicio éramos cientos.

–Estamos llegando; estas milpas ya son del pueblo.

Raquel le miró el rostro y en los ojos del hombre algo faltaba por decir...

Apagó la lámpara y cerro los ojos. Poco antes de amanecer la sobresaltaron ruidos vagos, movimientos borrosos fuera de la puerta, como de seres inmateriales, de espuma, que trajinaran extravagantemente en el corredor y en el pozo.

Quizás fuera nada, pero se incorporó: oyó un roce de sedas y un crujir de volantes sobre el mosaico. Los espejos reflejaron la misma estrella asomada a la vidriera. Encendió de nuevo. Todo el melancólico fausto de la alcoba antigua se le reveló con la sorpresa de siempre. Aquella suntuosidad la embriagaba hasta hacerle daño. Se sabía oscura y sin nombre, una intrusa en medio de este esplendor, como si el aire polvoso del pueblo se hubiera colado en la opulencia de los cristales de Bohemia.

Sí; ella pertenecía más al arroyo que a los damascos ondulantes sobre su lecho. Le dolía haber sorprendido a las ancianas, peor que desnudas, en el secreto de sus almas.

¿Por qué avanzaron los minutos? Las dos viejas ardían en sus pupilas felices y aterradas. Remiró sus escotes sin edad, sus omoplatos salientes de cabalgaduras, su espantable espanto.

La fatiga la columpiaba y la dejaba caer y lloró como se llora sobre los muertos. Recordó la mariposa de azufre luminoso y círculos color de relámpago que entre crisálidas, de una especie extinguida, guardaba la madre Isabel en caja de vidrio. En sus manos veía el polvo de las larvas infecundadas, de ceniza, como ella, con su atado de libros y su corazón tembloroso.

Al principio las de Moncada la miraron despectivas y la rozaron apenas con sus dedos blanquísimos. Ella sintió la culpa de ser fea. Con qué reprobación miraron el traje negro que enfundaba su delgadez, cómo condenaron sus piernas de pájaro presas en medias de algodón y cuánto le hicieron sentir la timidez opaca de su mano tendida. Ante el desdén quiso tartamudear una excusa por su miseria y estuvo a punto de alejarse; pero las encopetadas la detuvieron al leer la firma de la reverenda madre Isabel, compañera de estudios en el colegio de Lille. Empezaron a discutir en francés; alargaban los hocicos como para silbar, remolían los sonidos en un siseo de abejas y las bocas empequeñecidas seguían la forma del llanto. Entonces la miraron como si hubieran recibido un regalo y empezó para Raquel la existencia de guardarropas de cuatro lunas y más espejos sobre tocadores revestidos de brocado que proyectaban al infinito su cuerpecillo enclenque. Palpó las cosas como ciega, acarició las felpas con sus mejillas, le fascinaron los doseles tachonados de plata como el de la Virgen María; se sujetaba las manos para no romper las figuras de porcelana en nichos y repisas. Las colchas, con monogramas y flores indescifrables, repetidas en los cojines tenían la pompa de los estandartes. Cuando recorrió voluptuosamente las cortinas, crujió la seda como si sus manos estuvieran llenas de astillas. ¡Qué rara se vio con su camisón de siempre y sus pies de cuervo fijos en la alfombra de suavidad de carne! Sus huellas, húmedas y temerosas, las borró con la punta de los dedos. Guardó su gabardina, sus tres blusas almidonadas, su refajo a cuadros y el único vestido de raso. Ahora, su ropero ostentaba el lujo de trajes que ella aceptó preguntándose cuánto duraría aquel sueño. De los viejos baúles salieron encajes, cachemiras y gasas en homenaje inmisericorde. Con alboroto de criaturas, las de Moncada la protegían y abrumaban con su incansable afecto.

No era el polvo del sol sobre el mantel calado, ni los panes diminutos envueltos en las servilleta, ni la compota de manzana, ni siquiera el ramo de mastuerzos, lo que instigaba su llanto: era la ternura de las viejas irreales, su descubierto oficio de amor.

Perdían horas con sus macetas, cuidaban cada flor como si fuera la carita de un niño. Cubrían los altos muros de enredaderas con el mismo entusiasmo con que labraban sus manteles.

El pozo lo cubrieron con gruesa tarima y sobre la superficie pulida colocaron un San José de piedra y jarrones con begonias. En compañía del santo se sentaban a coser por las tardes.

Conversaban tan quedo como si estuvieran siempre dentro de una iglesia.

Refugiadas en altiva reserva, envueltas en su propia noche, su mundo era el coloquio de sus dos soledades... Y de pronto hay asueto en la escuela y el destino espera a Raquel en la sala deslumbrante, para marcarla, para deshacerla en horas de vergüenza.

Con qué rabia, con qué inclemente estupor, las señoritas cayeron del sofá cuando miraron a Raquel detrás de las cortinas. Como si hubiera estado previsto, sin palabras, ni explicaciones, ni ofensas, ya la habían sentenciado.

El acuerdo fulguraba en sus ojos.

Las notas inverosímiles la enlazaron por los escaloncillos, hasta donde ella no conocía porque siempre halló el muro de la puerta, ahora derribado. Dentro, el estrafalario rito.

Revuelto con la luz fría de la tarde el esplendor vinoso de candelabros y lámparas escurría sobre el mármol de las paredes, sobre el relieve de los frisos, sobre el vidrio labrado de las ventanas, sobre tibores, rinconeras y estatuas, sobre gobelinos de hilos de oro. Raquel contemplaba la riqueza a torrentes mientras romanzas y mazurcas la embriagaban. La pianola se abría en escándalos de ritmos antiguos.

En un entredós, soberbias y tenues, Monina y la Nena se transfiguraban de sobrias y adustas en mundanas y estridentes. El regodeo y la afectación con que hablaban venía en asco a los inseparables ojos de la profesora. Cuando se levantó la Nena para ofrecer de lo que comían a huéspedes invisibles: «Por favor, Excelencia», «Le suplico, Condesa», «Barón, yo le encarezco», triunfó la seducción de las alhajas.

Empezaba el boato de la Nena un cintillo de oro y rubíes que recogía el pelo entrelazándolo con hileras de brillantes; seguía la espiral de perlas en el cuello y, sobre el simulacro del traje de vestal, muselina azul, cintilaba una banda igual que la corona; terminaba el atuendo el bordado de las sandalias con canutillo de plata y cabujones transparentes. Anillos y arracadas detenían la luz. Más alta y espectral era dentro de su riqueza; más secos sus labios, más enjuntas las mejillas, menos limpios los ojos.

Sólo el brillo de los diamantes en el terciopelo negro con bordados de seda y los guantes recamados, sostenían la presencia de Monina; ni cara ni cuerpo, discernibles.

La voz rechinaba sin deseo de respuesta, dolorida, incansable. Y la risa, como espuma de cieno, latía sin cesar. La Nena bailaba sosteniéndose en el hombro de imaginario compañero, hablando siempre, y Monina, en su asiento, reía por encima de la música, por encima del monólogo dominante. No eran el volumen, ni la estridencia, ni la tenacidad, lo perverso, sino lo viscoso de marchitas tentaciones, de ausencias cómplices. Reía Monina de la aridez de la Nena, de su estuche de fantasmas, de su cortejo de ficciones. Hablaba la Nena para adherirse a la existencia de su hermana, para que riera Monina, para que cada una, con la otra, ahondara la fosa de la compañera.

La música derretida y espesa del catafalco se mezclaba a los gritos de la Nena:

Notre-Dame est bien vieille; on la verra peut-être
Enterrer cependant Paris qu'elle a vu naître.
Mais, dans quelques mille ans, le temps fera broncher;

sin dejar de reír Monina empezó murmurando y luego alcanzó el tono de la hermana:

Comme un loup fait un bœuf, cette carcasse lourde,
Tordra ses nerfs de fer, et puis d'une dent lourde
Rongera tristement ses vieux os de rocher.

La Nena fue a besarla recitando, para que bailara con ella. Consiguió que asida de las manos accediera a girar y que a coro terminaran el poema.

Bien des hommes de tous les pays de la terre
Viendront pour contempler cette ruine austère

Rêveurs, et relisant le live de Victor…
–Alors ils croiront voir la vieille basilique,
Toute ainsi que'elle était puissante et magnifique,
Se lever devant eux comme l'ombre d'un mort!

Cayeron sobre una otomana acezantes y jubilosas.

Inmensa ternura sacudió el corazón de Raquel rebosante de lágrimas. Deseaba comprenderlas y justificarlas, pues ella misma, ahora, se creía una princesa cuidada por dos reinas; pero se resistía a verlas enloquecidas en el vértigo del sueño, miserables en el hondón de su pasado. Las quería silenciosas, con ese moverse de palomas en un mundo aparte y la atemorizaba el aniquilamiento que les causaría su imprudencia. No podría volver de nuevo a la soledad y a la pobreza.

En la dureza de la fiebre las raíces sañudas del frío hendían estremecimientos y sollozos. Raquel reptaba hasta la frescura de los cojines y oprimía su cabeza incoherente. En el jaspe de los tapices, en la greca de las cornisas veía a las dos mujeres, con sobresalto dañino, llorar rencoroso desprecio. Jamás habrían de perdonarla.

Se vistió de prisa y expectante fue al comedor, pero los manjares, la vajilla, la lujosa mantelería de la mesa del desayuno, le desgarraron la esperanza. Entre tanta riqueza los tres cubiertos eran briznas en un océano de oro.

Antecedidas por el mozo de filipina con alamares entraron las dos Moncadas soberbias y estruendosas. Sus trajes eran más opulentos que los de la fiesta y las alhajas más profusas.

Mostraban el contento enfermizo que se les vio por la tarde. La atendían con singular deferencia y, sin recato, continuaban la farsa de sus vidas: recuerdos de infancia y sucesos de Londres o París.

Raquel, empeñosa en congraciarse con las ancianas, festejaba sus ocurrencias. Pero había algo más en el espectáculo: venía del jardín un olor sucio como si el pozo soplara el aliento de su agua podrida y al mismo tiempo los naranjos del patio hubieran florecido. El té le sabía distinto; algo pasaba en las cosas como una sensación de tristeza envolvente. Tal vez el insomnio le clavaba el malestar corrosivo.

Al tomar el vaso de leche, sus manos no la obedecían. Desgarbadas cayeron sobre la mesa. El líquido se extendió sobre el encaje y deslizó sus tentáculos hasta el suelo.

Las señoritas de Moncada, sin preocuparse, continuaron su diálogo en francés y en italiano sin importarles el aturdimiento de la muchacha que, avergonzada, intentó secar la humedad con la servilleta.

El hormigueo que le subía desde las rodillas llegó a su pecho y a sus labios y a su lengua de bronce. Ajena, su cabeza se llenó de gritos que ya no lograba sostener sobre los hombros. El corazón cabalgaba empavorecido. Con el resto de sus fuerzas interrogó a las viejas y las vio, pintadas y simiescas, sus cabellos de yodo, las mejillas agrietadas y los ojos con fulgores dementes.

Cada gota de su sangre fue atrapada por el miedo. Se puso de pie, vacilante, frente al terror, pero un marasmo de sueño la quebrantaba. Salió a los corredores tambaleándose. En un velo de bruma distinguió a medias la tarima del pozo apoyada contra el brocal y la escultura del San José sobre el musgo y se arrastró con pesadez hasta las rejas encadenadas.

A través de un vidrio de aumento puertas y ventanas se multiplicaron, todas blindadas como tumbas. Crecían los muros, los pasillos se alargaban y un tren ondulante subía por las paredes. El jardín era un bosque gigantesco.

Caminó de espaldas, perdida entre la realidad y el delirio. Tropezó con un pedestal de alabastro, derrumbó la estatuilla. Más allá echó abajo el macetón de azulejos.

Arrastró consigo las enredaderas y las jaulas de los pájaros que respondieron con chillidos y aletazos. Ramas, helechos, palmas, en destrozo fatídico la abandonaban a su abismo.

Llegó hasta su alcoba y en el balcón quiso pedir auxilio, pero las puertas no se abrieron.

Enloquecida, estrelló sus puños contra los postigos, desgarró las cortinas e intentó gritar. Su lengua sólo aleteó como saltapared recién nacido.

Doliente, tras de la vidriera, distinguía cómo las mujeres la miraban tranquilas, de pie, desde el quicio de la puerta.

En un destello final, Raquel lanzó un gemido y se desplomó deshecha.

Despacio las dos hermanas llegaron entre la espesura del silencio.

Monina se acercó primero, tocó los labios tibios de la muchacha y llamó a su hermana.

Le acomodaron la ropa que dejaba al descubierto las piernas descoloridas. Con infinito celo doblaron sus brazos y peinaron su cabello alborotado. Luego, parsimoniosamente, entre las dos, levantaron la mísera carga: de los hombros y con dedicadeza, la una, de los tobillos la otra, y llevaron sigilosas el cuerpo hasta el pozo.

Sostuvieron a Raquel en el brocal; sus delgadas piernas pendían en el vacío. Un segundo después se alzó el sordo gemido del agua.

Colocaron la estatua, los jarrones y las macetas y, cogidas del brazo, como para una serenata, las señoritas de Moncada regresaron al salón de sus fiestas.

Mi alma se parecía al espacio...

Efrén Hernández escribió durante una época en que el tema «obligado» para un narrador era la revolución mexicana. Pero el espíritu sopla a toda hora, y Hernández le dio a la lengua española una prosa ardiente que en espiral baja y asciende por la psique.

El narrador de *La paloma, el sótano y la torre* (1949) comienza por desnudar los condicionamientos psicológicos del amor y la sexualidad. Salen a flote represiones, patologías, prejuicios. Mas los acontecimientos son el punto de partida de un viaje a las profundidades que tras los actos y omisiones de los hombres descubre los movimientos de fuerzas inasibles que anhelan cumplirse en la materia, que precisan emerger a la conciencia para dejarle saber al Yo que su verdadera habitación no se ubica en la Tierra y que estar enamorado se confunde con hablar con el alma: «Bienaventurado aquel que rememora alguna vez las cosas que han bajado en verdad hondamente. Porque mientras más han bajado más han podido empaparse e impregnarse y participar de nosotros mismos, de lo que es lo vivo nuestro, y así, cuando resurgen acarrean consigo más intimidad, más propiedad, más realidad, más esencia viviente».

Al referirse a los heresiarcas de los primeros siglos del cristianismo, Carl Gustav Jung señaló que antes que grandes teólogos eran grandes psicólogos. El desarrollo, por ejemplo, de las especulaciones valentinianas en torno al origen del mundo y del hombre, del pleroma a la materia y el consiguiente retorno soteriológico del alma, conforma una intrincada mitología que la psicología analítica de Jung interpreta como las batallas del Yo por erigirse en punto focal de la conciencia, y la manera en que ésta se va ensanchando en la medida que recorre y reconoce los paisajes interiores de la psique. Y precisamente en este sentido veo en Efrén Hernández un heredero de aquellos exploradores álmicos.

Hasta donde sé, *Cerrazón sobre Nicomaco* (1946) es uno de los dos tratados gnósticos en prosa que ha producido la literatura mexicana (el otro lo escribió Juan Vicente Melo). Efrén Hernández, con un estilo que no es sino la herida de donde brota digresionalmente un alma adolorida y burlona, se propone expresar la abisal experiencia de sí mismo: «[...] sé que renazco, y que si en días he sido, o no, hombre mortal, ahora cosa alguna bastará a deshacerme, cosa alguna conseguirá arrancarme, como a un suspiro, pez o perla, del mar de la existencia...»

Una notable cualidad de sus voces narrativas, muy bien aprovechada en los cuentos, consiste en saber saltar de lo nimio, lo inmediato, los objetos, a infinitos metafísicos (algunos chapuceros, como aquel Paraíso a donde van a dar las almas de los dulces muertos en «Carta tal vez de más»). El Yo de Nicomaco descubre que «dentro del agua se halla todo lo que no está en ella, como en la inteligencia. Aunque no se le mire, ahí está, como en la inteligencia. Como en la inteligencia, si se bucea en el agua, se va encontrando más y más, indefinidamente. [...] Pues, si se busca la forma, se acabará por encontrar, el abedul entero, las piedras, las colinas, lo restante del manto sin orillas, el monte, los rebaños, todo en suma, todo cuanto existe, menos la propia agua, como la inteligencia, que no acierta a mirarse en su sustancia».

Como el alquimista que proyecta su inconsciente en la retorta, Nicomaco se decanta en lo que mira: «En partes a la luz, en partes a la sombra, cuántos espejos de agua contestaban a coro cada árbol, cada hoja, cada fruto, y cada estrella y luna y sol. Y Dios mismo, ahí se complacía infinitamente, y le hacía mucha gracia mirar, que en cuanto entraba, corría la misma suerte que aquel trozo de vidrio que llegase a caer en el vidriero de un caleidoscopio».

El doloroso acierto de Hernández se cifra en haber llegado a una gnosis que, para resistirse a sí misma, se disfrazó con sentido del humor: «Mi idea es que entre nuestro cuerpo y lo que en nosotros es realmente algo, hay la misma relación que un ensueño vivo que nadie toca, sino el que lo sueña, y los excrementos de la cabeza que lo sueña, tales como los cabellos que nos cortan los peluqueros –y de los cuales nadie vuelve a ocuparse– y las nimiedades que expelemos por la nariz. Considéralo bien. Ya sin sensibilidad ni ensueños, de un muerto, toda la cabeza y todo el cuerpo no es sino el excremento, lo sobrante, las cenizas quedadas en un horno donde hubo luz bella y calor útil. Preciosidades que una vez ardidas, nadie, aquí volverá a identificar o percibir, aunque se sepa que en el Universo, nada, absolutamente nada, se pierde».

En la imposibilidad de conocer los finos resortes que mantienen erguida la conciencia puede hallarse una causa de su movilidad, de la punzante ambición que la impele a acrecentarse. Con la consecuencia de que a mayor conocimiento mayor horror: la conciencia se retrotrae pero a sabiendas de que ya no puede ignorar lo que ha visto. Y eso en función de que lejos de aclararse el misterio, se multiplica: el enigma que suponemos en lo inconsciente es la configuración e identidad de la propia conciencia: «Y ya ves, yo no pregunto qué es mi cuerpo, qué es mi alma, qué es mi ser. Todo ello, sólo tú [Dios] lo sabes, sólo tú puedes saberlo. En tanto, yo, después de observarme minuciosamente, he caído, primero en sospecha, y luego en comprobación de estar hecho a propósito y fin de no saberlo». En «El señor de palo», la detallosa experiencia límbica de Efrén Hernández le lleva a atestiguar: «Mi ánima se parecía al espacio; profunda, sin orillas y vacía».

Efrén Hernández
Sobre causas de títeres

A Octavio Ponzanelli

Ya, viejo, ya no estamos en edad de soñar sueños de niños, ni, acaso, nuestro estado civil es ya el más propio para esto de andarnos con Jesús por los rincones, y contándonoslo.

Porque es notorio, y todo el mundo empieza a darse cuenta que ya no somos niños, y murmura.

Y es justicia, pues es un hecho que no lo somos ya. Tú, desde hace ya casi dos meses, desde que te casaste. Yo, desde hace apenas un poco más de veinte años, desde muchísimo antes de que me casara.

Sin embargo, tú y yo, aún seguimos siendo teóricos y líricos, y de sesos volátiles los dos. Tú, a pesar de tus dieciséis verdes diciembres. Yo a pesar de mis cuarenta violadas primaveras.

Lo mismo que dos niños retardados, así somos tú y yo. Y esto es lo que nos junta, mejor dicho, lo que me une a ti.

Mira, antes que tú nacieras, en un tiempo apenas anterior a este hoy, cuando yo iba cumpliendo veinte años, mis contemporáneos, haciendo como yo, también iban cumpliendo veinte años.

Parece que fue ayer, lo recuerdo clarito, clarito como si lo estuviera viendo. Veníamos de subida, subiendo como tiernos árboles que se exhalan del mundo.

Y qué dichosos sueños soñábamos entonces. Pero a partir de entonces, aproximadamente desde entonces, mis contemporáneos empezaron a perder su espíritu infantil, empezaron a hacerse serios, a adquirir espíritu de responsabilidad, a subordinarse a las exigencias de la vida práctica, a trabajar, a negociar, a prosperar como personas serias.

Yo, en cambio, mal dotado, retrasado, inadaptable a un modo de vida cuyas realidades no logro percibir, continué siendo irresponsable, ciego, sordo y, sobre todo, tonto para la vida práctica. Y esto fue distanciándome de mis contemporáneos.

De mis amigos de entonces, fui perdiendo primero uno, luego otro, hasta que me quedé sin nadie, sin nadie. Y así, sin proponérmelo, sin analizarlo, sin notarlo siquiera todavía, por puro instinto me acogí a amigos inmediatamente más jóvenes que yo.

Más tarde, estos amigos, digo aquellos, a quienes llamaré de la segunda serie, fueron también creciendo y, a su tiempo, llegaron, lo mismo que habían llegado los primeros, a la edad en que los hombres empiezan a tornarse serios, y me fueron dejando, y tuve que bajar a rodearme de una tercera serie.

Así ha ido sucediendo indefinidas veces.

Y ahora me he hecho amigo tuyo, ahora te ha tocado a ti.

Y, no sé por qué, pero tengo esperanza que contigo no ha de pasarme igual que con los otros.

En mi esperanza existen, es posible, migajas de egoísmo; pero al mismo tiempo un poco he pensado en ti, olvidándome un tanto de mí mismo.

Es cierto, ciertamente, que el no apartarte de esta forma de existencia, te atraerá juicios en contra, menosprecios, incomprensión y escarnios; pero es la eficiencia íntima, el suceso insostenible de la sensibilidad, no la acomodación externa, lo que es de valor. Para el alma, lo único cierto es lo que ella vive. Para el sujeto seco, que ha objetivizado, todo resulta seco, y el destuetanado que ha extravertido su caudal, siempre estará mentando que todo es vanidad.

Una misma fue la mano con que se escribieron el Cantar de los Cantares y el Eclesiastés. Una misma es la mano que los escribió. Advierte, no obstante, cómo se contraponen: «Manojito de mirra es para mí, mi amado». «Vanidad de vanidades y todo vanidad.»

En el primer escrito está la vida, su desbordamiento proyectándose, entregando, encendiendo de «valor absoluto», una florida brizna. En el segundo, está el cansancio, la sequía, el aniquilamiento, consintiendo su astenismo y su no ser, en toda cosa.

No, «no tuerzas el cuello al cisne», tuérceselos, más bien, y no dejes de hacerlo si, por dicha, alguna vez se te presenta la ocasión, a Stalin, a Mussolini, a Hitler, a todo hombre y mujer, a todo tipo que fuere como tubo destapado de abajo, y a todo ente con entidad vacía; al que nació vacío o se vació después y, luego, no sabe ya llenarse, y todo el mundo quisiérase comer; mas le resulta en vano, pues del objeto inerte no puede ser corroborado el individuo, ni de la cosa el ser.

Es evidente, si dejaras de ser igual a un niño, si perdieras el poder de animar de diamantes, la corona de papeles con que juegas al rey, tampoco animarás ni proyectarás ningún valor sobre la corona de diamantes. Porque no es la estrella la que alumbra el ojo, sino la fuente de que ha manado el ojo la que nos da la estrella. Y si la ves arder, es porque en tu conciencia luce ardiente tu ojo. Y ten por cierto que si la sombra, cuando cierras tus ojos, no se puebla de soles y luceros, el sol te será noche, el lirio, arena, miseria el polvo de oro, y todo vanidad.

Advierte que esta alma que tenemos es como el carbón, que por más que la pongas entre mayores focos, oscuro se verá, y sólo entrará en lumbre, si él mismo se hace llama y se da a arder.

Y dime, ¿qué es el Universo; la música, el color y los aromas, las caricias del gusto y las del tacto, y la espina y lo negro, y lo callado mismo, para una piedra?

Y, ¿no has tratado tú, alguna vez, de conmover al perezoso o con sueño, que ni el sol naciendo, ni el rayo retumbando, ni cosa alguna le abre la atención?

En cambio, al vigilante, ¿no le basta un murmullo, un fulgorcito tenue, un parpadeo del aire, para vivir y arderse y conmoverse?

Y al niño, al fresco y tierno que no ha hecho aún su gasto, ¿no le has visto atar a un hilo dos carretes, o tres, e irlos rodando, y obtener con un delgado hilo el ser del maquinista estremecido, en un gran tren que hace del mundo un soplo y una ráfaga?

Pues bien, yo soñé un sueño.

Recordarás cierto día, aquel en que viniste a esta tu casa, y que luego salimos, y que en el camino encontramos un vendedor de títeres de barro, a quien compraste éstos que todavía la última vez que fui a tu casa vi colgados de la lámpara del comedor. Te lo recuerdo, porque, según yo, aquél fue el estímulo de donde arrancó este sueño que te digo que soñé.

Y fue, y ojalá y no lo entiendas, el siguiente:

Íbamos tú y tu servidor por unas calles. Entramos con sigilo a un estanquillo. Y tú, a la que lo atendía, le preguntaste si no vendía títeres. Ella dijo que sí, y trajo una rueda de donde pendían no menos de cien mil figuras. Los empezaste a ver.

–¿A cómo son, señora –le preguntaste–, estos títeres?

–Pues de éstos –contestó la vieja–, cien docenas le cuestan un centavo.

–Oh –le replicaste–, ¡cien docenas me cuestan un centavo! No los llevo, deben ser muy corrientes. ¿No tiene otros más finos? Porque, entiéndalo usted, yo no sé nada de títeres, ni de ninguna cosa. Para mí, todo es magnífico, de manera que, cuando compro una cosa, para saber si es buena o mala, no tengo otra base, sino el precio a como me la venden.

Muy mala me pareció tu táctica. Y más, cuando vi a la estanquillera no constestarte nada. Y sólo entrarse y volver, al cabo de un gran rato, con una rueda igual a la que había traído de primero; pero con sólo un títere, el cual puso a tu vista.

Nosotros, viendo el títere, advertimos que era en todo igual a los primeros, hasta tal punto que, tú mismo, tan cándido en cosas de negocios, llevándome a un rincón del estanquillo, me dijiste:

–¿Qué opinas tú de esto? Yo te apuesto a que si los revolvemos, la misma vieja no va a poderlo separar de entre los otros.

Y luego nos tornamos a la vieja y, mirándola con toda impasibilidad:

–Y este títere que acaba de traer –le preguntamos sincrónicamente–, ¿a cómo es?

–Pues éste –contestó la vendedora–, éste si es de veras fino, y cuesta, él solo, ocho cientos de pesos.

–¡Ocho cientos de pesos éste solo! Está muy bien, envuélvamelo para regalo; pero dígame: ¿por qué es tanta la diferencia?

–Oh –contestó la vieja–, porque éste es finísimo, porque éste está perfectamente hecho. ¿Ve usted cómo, de los que traje primero, cada uno está colgado nada más de un solo hilo?, pues es que no saben hacer más que una sola cosa, bailar a saltitos, lo mismo que cualquier monito atado a un hilo; en tanto que este último tiene, él solo, tantos hilos, cuantos los otros todos juntos. Pues es que cada hilo es llave para hacerlo ejecutar una función distinta. Mire, tómelo usted en sus manos.

Y lo puso en tus manos, y te instó a que fueras comprobándolo. Y cuando, de entre sus innumerables hilos, llamaste a uno, al primero que se te ocurrió, el insignificante titerito aquel de mal cocido barro que, por su humilde y astroso aspecto, era en todo semejante a los de a 1 200 por centavo, mostró resueltamente su talento para actuar como diablo, entrando a fruncir el ceño y a cambiar los colores de sus ojos, de pardos en azules, de azules en verdosos, amarillos, cárdenos, violáceos, indefinidamente, sin repetirse nunca. En seguida llamaste a otro hilo, y empezó a apestar a azufre y a arrojar humo por las orejas.

Ibas a llamar, más tarde, a otro hilo; pero la mujer, arrojándose convulsa sobre ti, toda espantada, te conjuró que no lo hicieras, que aquel hilo no fueras a tocarlo nunca, porque era el más terrible, el más profundo, el más transcendental de cuantos hilos habían existido hasta hoy sobre la tierra. Que ya te había indicado cómo aquel diablo era de construcción acabadísima, y estaba tan esmeradamente hecho, que podría, sin el menor empacho, ejecutar la más osada y endiablada cosa, que jamás pudiera un diablo de verdad. Y que, por tanto, te advertía, te rogaba –ella que no había rogado nunca– que el hilo aquel no lo tocaras, pues si lo hacías, el diablo se volvería en tu contra y, como uno auténtico, con tanta realidad como podría el propio Lucifer, te arrancaría el alma y te conduciría al infierno.

Siguió un momento inane. Todos nos estuvimos quedos y callados, durante tres momentos: uno, el momento que era necesario para reponernos del susto y la sorpresa; dos, el momento que era necesario para volver a entrarnos adentro de nuestra conciencia, y tres, el momento que era necesario para pensar en lo que debería hacerse.

Y luego que nos repusimos, que entramos en nuestra conciencia y que meditamos en lo que debía hacerse, con inmanente calma, con ademán amable y trascendente –aunque no sin misterio–, le dijiste:

–Señora, yo, en verdad, como le dije, deseo con toda el alma un títere de éstos, pero uno que no sea el diablo, uno que sea, más bien, un ángel.

Y la mujer te vio con tal mirada, que era cual si hubiera leído, como en un libro abierto, en el cartapacio por de fuera invisible, de tus pensamientos, y, sonriente, comprensiva, maliciosa, benigna, misteriosa, sin espacio ni prisa, entróse dentro y tornó a no mucho, con otra rueda en la cual estaba suspendido el títere que habías solicitado. Y lo puso a tu alcance, y tú sacaste cuentas, comparaste los hilos, y cuando creíste dar con el correspondiente a aquel del diablo que no osaste llamar, llamaste a él. Y he aquí, el angelito hizo ademán de posarse sobre el piso, con movimiento que hacía creer a los espectadores que venía, no de la trastienda, sino del firmamento. Y una vez posado, con angelical mesura, blanda y celestemente se inclinó ante ti y te dijo que, por orden de la superioridad, venía a hacerte sabedor de que en la Quinta Delegación del celestial Distrito, se había presentado, en contra tuya, acusación de ser persona soñadora y poco seria, nada apropiada para este mundo, y que, en tal virtud, se le había confiado la misión de conducirte vivo o muerto, y por las buenas o de una oreja, a un lugar más propio para tu condición romántica.

Válgame Dios, y cuán penosa y larga, mas cuán encantadora era la senda por donde íbamos. Era en subida y llana, sin ninguna aspereza, antes pulida, tersa, y sólida como un espejo. Hierbas, no se veían, tampoco troncos, ni céspedes, ni rosas. Sólo profundidad y estrellas se ofrecían como suelo a nuestros pasos, y cada paso había que darlo con honda precaución, pues el peligro de resbalar sin caer, patinando de pie, hacia atrás y para abajo, era infinito...

...Ya, viejo, ya no estamos en edad de soñar sueños de niños, ni, acaso, nuestro estado es ya el más propio para esto de andárnoslos contando. Porque no somos niños ya. Tú, desde hace ya casi dos meses, desde que te casaste. Yo, desde hace apenas un poco más de veinte años, desde muchísimo antes de que me casara.

Pero ¿qué quieres?, se duerme uno, se duerme y suelta sus controles, se le evaden sus pitas, las riendas de su imaginación se independizan, y entonces sueña uno, sueña, y a veces sueña lo que no se espera, a veces, lo que no debiera y, a veces, ay, a veces, hasta lo que no quisiera...

Ya, viejo, ya muy cierto es que no estamos en edad de soñar sueños de niños; pero estamos en ello, tan lejos como cerca de nosotros, vamos por la pendiente resbalosa y luciente de los sueños, y el peligro de resbalar sin caer, patinando de pie, hacia atrás, sin objeto a do asirse y para abajo, es infinito...

Café Mujer de Nadie

El sábado 12 de abril de 1924 a las cinco de la tarde Arqueles Vela inauguró en El Café de Nadie –ubicado en la colonia Roma de la ciudad de México– la primera exhibición del movimiento estridentista; la cual, según Germán List Arzubide, valió «la consagración de nuestras actividades». Lo que más se recuerda de esa noche, junto con la colección de máscaras de Germán Cueto, es la lectura de «La Historia del Café de Nadie» por Arqueles Vela.

En sus ineludibles trabajos al respecto, Luis Mario Schneider dice que el *estridentismo,* cuyo primer manifiesto apareció en diciembre de 1921, significó «un llamado público a los intelectuales mexicanos a constituir una sociedad artística amparada en una necesidad de testimoniar la transformación vertiginosa del mundo». Y que las plumas más distinguidas del movimiento fueron Manuel Maples Arce en verso y Arqueles Vela en prosa.

Es cierto que las pocas nueces del estridentismo sonaron mucho, mas también que *El Café de Nadie* no ha perdido vigencia literaria porque expresa el personalísimo desasosiego existencial de Arqueles Vela por encima de su filiación y de su beligerancia vanguardista.

El Café de Nadie (1926) recoge, además de la «novela» que da título al volumen, «Un crimen provisional» y «La señorita Etcétera». En el primero de los textos, Mabelina busca un hombre a quien revelar su enigma, pero los varones ven sólo su cuerpo. De esta suerte, el Café, sus «diversos planos psicológicos», es el único *personaje* susceptible de acceder al misterio. Vela desespera porque para la mujer misma es impenetrable su misterio, no puede trasmitirlo verbalmente, y muy pocas, las más sensuales e inteligentes, acaso sospechan que lo poseen. «Tocándoles esa especie de timbres que son sus senos, se despiertan en ellas una serie de personalidades que acuden con el desconcierto de los sirvientes de los hoteles, sin saber si el número encendido en el cuadro de llamadas es el suyo.»

En «Un crimen provisional» la fragmentada personalidad del narrador trata de recomponerse –parece que sólo así podría lograrlo– mediante la consecución de una mujer total. «Yo era un reflector de revés que prolongaba las visiones exteriores hacia las concavidades desconocidas de mi sensibilidad», reconoce Vela. Pero la inasibilidad de lo femenino lo orilla a tratar de arrebatarlo mediante el crimen. Como si en la operación extrema de matar, el varón pudiera apropiarse la sustancia que anima a la mujer.

La incognoscible protagonista de «La señorita Etcétera» le refrenda al narrador que al enigma femenino se accede sólo negativamente. «Había peregrinado mucho para encontrar la mujer que una tarde me despertó hacia un sueño. Y hasta ahora se me revelaba. Presentía sus miradas, etc. ...sus sonrisas, etc. ...sus caricias, etc. ... Estaba formada de todas ellas... Compleja de simplicidad, clara de imprecisa, inviolable de tanta violabilidad.»

No deja de llamar la atención que sus otros dos libros de cuentos, aparecidos con intervalos de veinte años –*Cuentos del día y de la noche* (1945) y *Luzbela* (1966)–, continúen, con un lirismo cada vez más cercano a lo literal, el pavoroso trastorno que la *mujer* causa al narrador. Había escrito la prosa de «El Café...» «...como queriendo tonificar esa especie de convalecencia en que vivía y de la que ninguna mujer lograra exhumarlo».

«Un crimen sin nombre», de *Cuentos del día...*, es una reelaboración pervertida de «Un crimen provisional»; en éste el narrador comete «un asesinato lleno de erratas», dispara con «una mano espiritualista» y mata un maniquí; veinte años adelante se pregunta arrebatadamente: «...a cuántas más debo matar para salvar a la humanidad de ese mal germen que es la mujer que produce y se reproduce... Porque las mujeres, señor Comisario, son engañosas: uno cree que son ellas y son otras...»

Cuarenta años después de «El Café de Nadie» Vela insiste en sus obsesiones. Sin embargo, en *Luzbela* ya no intenta acercarse a un posible desentrañamiento del misterio femenino. Las potencias líricas que en *El Café de Nadie* casi subyugaron al caos han menguado hasta la incoherencia que medra en *Luzbela*. La vital y misteriosa Mabelina de «El Café...» se ha transformado en Luzbela, que desde el nombre es una diabla que le dice a Arqueles «...sentí compasión por tus andanzas en busca de una mujer...» Y habla él a través de ella: «La mujer es tan poderosa... que hace creer a los hombres que Dios existe...»

Curiosamente, las fantasmagorías personales de Arqueles Vela se dejaron instigar por los gritos y sombrerazos del estridentismo debido a la naturaleza inconsciente de su universo. Arqueles Vela quiso atraparlo –o se le escapó– con una prosa lírica, y le quedó algo así como un sueño a punto de ser interpretado. Ya casi pesadilla, en «El Café de Nadie» aparecen enlistados los nombres de gente de la época; camaradas o figuras tutelares de Vela. Los limbos de Arqueles, lo dice sin darse cuenta, «se iban fugando de la suntuosa noche de fiesta que ha sido mi vida». En la medida que se conecta con la realidad inmediata, su lírica se preocupa más por crear un espacio y una atmósfera para diálogos, tertulias y dramas de sus inacabados personajes y sus amigos de la vida real, que por trazar una línea argumental. Lo sorprendente es que aun sin deshacerse de lo ajeno, lo extraliterario, elaboró una prosa emparentada con la escritura automática, sin ser dadaísta ni surrealista, que le permitió recorrer los laberintos de su inconsciente, ignorando el psicoanálisis. «El Café de Nadie», mirando en retrospectiva la obra cuentística de Vela, más que un texto vanguardista es la mayor aproximación de Vela al centro del laberinto de sí mismo; antes que del misterio de Mabelina quedara sólo la perfidia de Luzbela.

Arqueles Vela
El Café de Nadie

A Manuel Maples Arce
cómplice en este Café

A Conchita Urquiza
amiga intransferible

1

La puerta del Café se abre hacia la avenida más populosa, más tumultuosa de sol. Sin embargo, trasponiendo sus umbrales que están como en el último peldaño de la realidad, parece que se entra al *subway* de los sueños, de las ideaciones.

Cualquier emoción, cualquier sentimiento, se estatiza y se parapeta en su ambiente de ciudad derruida y abandonada, de ciudad asolada por prehistóricas catástrofes de parroquianos incidentales y juerguistas.

Todo se esconde y se patina, en su atmósfera alquimista, de una irrealidad retrospectiva. Las mesas, las sillas, los clientes, están como bajo la neblina del tiempo, encapotados de silencio.

La luz que dilucida la actitud y la indolencia de las cosas surge de los sótanos, del subsuelo de las oscuridades y va levantando las perspectivas, lentamente, con una pesadez de pupilas al amanecer.

En sus gabinetes hay un consuetudinario ruido de crepúsculo o de alba...

Todo está en un perezoso desperezamiento. Las sillas vuelven a su posición ingenua, tal si no hubiese pasado nada, reconstruyendo su impasibilidad y renovando su gran abrazo embaucador.

Los visillos de las ventanas se desprenden de las ensoñaciones que les ha hecho vivir el hipnotismo de la noche, y los pensamientos que no se exteriorizarán nunca, caen de los voltaicos.

Sus dos parroquianos entran siempre juntos. No se sabe quién entra primero. Van vestidos igualmente de diferente elegancia. Caminan con un gesto de olvido, con la seguridad de que no saldrán jamás de ese laberinto de miradas femeninas, en las que se reflejan como en una galería de espejos.

En su gabinete, se guarecen, el uno en el otro, de la lluvia de las remembranzas...

Sin moverse de su rincón van recorriendo los diversos planos psicológicos del Café, ascendidos por el vaho de los recuerdos, enervados de no haber podido fumarse antes sus emociones.

Han llamado 5, 6, 7, 8 veces al mesero. Un mesero hipotético, innombrable, que cada día es más extraño. Que cada día viene de más lejos, disfrazado del verdadero mesero, políglota, acaso, para no servir sino a estos dos únicos parroquianos que sostienen el establecimiento con no pedir nada. Los demás no se adaptan a su ambiente eterizado de sugerencias arácnidas, desechadoras de cualquier frase importuna de los que franquean su misterio, desconfiados y se alejan temerosos de haber traspuesto la puerta secreta de la vida.

En las encrucijadas cuelgan de las telarañas de silencio, palabras y risas que no ha sacudido todavía el plumero de las nuevas charlas.

De cuando en cuando llega, desde el otro piso ideológico, una ahogada carcajada femenina que, como el JAZZ-BAND, quiebra en los parroquianos las copas y los vasos de su restaurant sentimental.

Las insinuaciones de los anuncios tapizan su ensimismamiento, interrumpiendo su conversación a intervalos colgados, con esa impertinencia de las personas que intervienen en las pláticas de sobremesa, sin saber por qué, impulsados por un instinto de convivialidad que los hace desmenuzarlo todo, disparatarlo todo:

Ellos sonríen. Sacan de su bolsillo una tabaquera de ideas y encienden simultáneamente, sincrónicamente, sus acostumbrados cigarrillos engargolados de sentimentalidad o rebeldía y se aletargan sobre la *chaise-longue* de sus remembranzas.

Los relojes estacionados comentan las vidas del Café y de los parroquianos enfermos, casi muertos de vivir esa hora inmóvil que retrasa todas las emociones. La hora que despierta de ansiedad el espíritu y lo va regularizando hasta instantear la sensibilidad de las mujeres...

Los parroquianos, subterfugiados de sí mismos, permanecen ocultos bajo la media tinta de sus sensaciones, sospechando la voluptuosidad de la hora estancada, prolongadora de sus lasitudes.

Los gabinetes se abren intermitentemente, desalojando parejas envueltas en la última vaguedad del abrazo que las ha hecho imprescindibles.

Los meseros recogen, con los cepillos de mesa, las migas pulverizadas de impaciencia, las servilletas manchadas de flirt y las frases incongruentes, interseccionadas de sonrisas.

2

Cuando se acercan los dos parroquianos, la puerta se abre sigilosamente, como atendida por el mejor de los camareros. El camarero invisible, silencioso, sin impertenencias, sin atenciones exageradas. Que no arguye ningún argumento orillando a los clientes a ocupar un gabinete determinado o a decidirse por cualquier menú, precisamente por aquel que jamás hubieran escogido.

Al afrontar el postigo, uno de los parroquianos –no se sabe cuál de los dos– adelanta el pie izquierdo, retrocediéndolo inmediatamente con el sentido mecánico de una equivocación subconsciente, cerciorándose de que no es con ese pie con el que debe entrar.

Se le ve ensayar 2, 3 veces, la intención de abordar la puerta del Café, tal si se aferrara a la creencia de que se tropezará, se quedará prendido, atrapado de las argucias de esas portezuelas de golpe, que son los peores cancerberos.

En todo él hay cierta incongruencia de la locomoción, cierta aberración física a ejecutar determinados movimientos que lo enredan y lo amarran, secuestrándolo de todas las distancias.

En la más insignificante de sus actitudes se observa la misma rectificante simultaneidad, la misma insistencia de combinar un movimiento con otro, como si estuviesen ligados entre sí y no hallara la manera de discernirlos. Parece que siempre está resolviendo las claves de su mecanismo.

Antes de instalarse en un ángulo emotivo, se tropieza consigo mismo y con las miradas de los circunstantes, como si todo contribuyera a desequilibrarle, a impedirle la desenvoltura de sus actitudes.

Al hablar se acomoda en un sitio imaginal, estricto, imprescindible, atornillándose al momento expresivo, con la seguridad de que si se colocara en un lugar equivocado, no podría articular una sola sílaba. Se asegura en las redecillas de la atención que lo circunscribe, previendo que alguna de sus frases lo hará ausentarse de la comprensividad, alejándolo, haciéndolo inencontrable.

Antes de pronunciar la primera palabra se ajusta el traje, se sujeta los botones en los ojales, convencido de que sin esos requisitos se le evadirán las ideas, no podrá encausar sus pensamientos, ni controlar su dinamismo que lo mantiene propulsor, como si lo estuviesen agitando continuamente.

El otro parroquiano está siempre como acabado de caer, con la vaguedad de la línea perpendicular que no ha podido todavía estabilizarse en el punto final de su trayectoria, ladeado sobre sí mismo, como si el destino no lo hubiera balanceado bien.

Tiene el aspecto del traje olvidado en los percheros. La misma flacidez, la misma arrugada indolencia, las mismas características de los trajes colgados, lo animan y lo cuelgan en el perchero de la vida.

Camina con un aire de no haber tocado nunca el suelo y con la ansiedad de querer tocarlo, sentirlo, palparlo y como si de tanto estar suspendido en los tendederos sentimentales, se le hubiese encogido la indumentaria ideológica, lo mismo que a esos trajes que se les deja secar sin colocarles un contrapeso que los mantenga de tamaño natural.

Se sienta en el rincón del Café como en la butaca de favor. La butaca que puede ser reclamada, despojada por cualquiera.

Cuando entra un nuevo parroquiano teme que quiera ocupar, precisamente, ese rincón que le ha deparado la vida.

Está siempre impasible, inquieto, con la preocupación de no esperar a nadie, con la despreocupación de que de un momento a otro, surja el espectador retrasado y reclame ese lugar anónimo, innumerable.

3

En el rincón de su gabinete, los dos parroquianos arrumbados sobre sí mismos, dejan pasar las horas.

La puerta de golpe se abre de vez en cuando, empujada por la resaca de transeúntes.

Es la primera vez que Mabelina entra a este Café.

Sus vivaces, sus perversátiles ojos, llenos de los holgorios de las tardes de verano, revolotean sobre los números de los gabinetes, buscando la cifra exacta, valuadora de sus ecuaciones sentimentales.

17 25 9 6 10 7 13

–Ocuparemos aquel que debe ser el más acogedor, el más íntimo, el más escondido –dice él–, señalando el 18.

–No. Es un número insípido ese.

–Entonces el 15.

–Tampoco.

–¿El 13 que es el predilecto de los superticiosos...?

–Está demasiado escogido y, sobre todo, muy lleno de predicciones. Aquel que tiene un poco borroso el número. Así no lo sabremos nunca...

–Aquél –dice ella, como queriéndose refugiar anticipadamente en su confidencialidad.

–Está ocupado.

–¿A esta hora? –pregunta Mabelina, sorprendida de que alguien haya tenido el mismo capricho.

–Precisamente, a esta hora en que no viene nadie, es cuando lo apartan esos dos parroquianos.

–Entonces volveremos más tarde.

–¿Por qué hemos de ocupar ése?

Mabelina se queda un momento mirando hacia el gabinete. Después, toma del brazo a su acompañante.

El mesero, absorto, desconcertado, los ve alejarse.

Al salir y trasponer los umbrales de la noche que va cayendo sobre la vagabundez de los transeúntes, con esa lentitud de los globos desinflados, se vuelven a ver, huraños, descompuestos, extrañados de caminar juntos, apoyando la reciprocidad de sus emociones y sus deseos frustrados, a lo largo de la avenida encrucijada de luces.

Las palabras se les quedan en los labios, inhumadas, como si sus pensamientos se hubiesen interceptado de guiones, haciéndolos ininteligibles.

Ante su mirada entrecerrada, las calles se van extendiendo indefinidamente, como si sus pensamientos las fueran alargando.

Sus sombras confundidas y enlazadas se enredan en los ramajes de los árboles, esquemados sobre las aceras untadas de paisaje.

Indiferentes, desconfiados, inexplicables, recostados sobre la incongruencia y abstracción en que se han sumido, dejan caer en el agua de la fuente sus palabras impronunciables que van dejando círculos de silencio.

Mabelina se yergue, súbitamente.

Él la sigue incomprensible, como sigue a todas las mujeres...

Al entrar, Mabelina que ha franqueado primero los umbrales de su decisión, se adelanta por entre los pasillos intrincados que han dejado los últimos parroquianos.

Se queda un momento suspensa, contrariada, anhelante, equívoca, con los ojos fijos en la difusidad del gabinete que hubiera querido ocupar, perdida en la oscuridad del Café que ha doblado sus pespectivas sobre un recogimiento incomprensible.

Llama 5, 6, 7, 8 veces sin percibir ni siquiera el eco de su voz que se va quedando en los resquicios de silencio en que se han ido escudando los gabinetes, llenos de sospechas y retrecherismos, apáticos, indiferentes, ensimismados, tal si estuviesen rumiando las conversaciones de los clientes.

Contempla el agua de los espejos, encharcada de sombras, putrefacta de lavar tantas veces la coquetería de las mujeres que se asoman a sus confidencias con actitudes desparpajantes.

Sus mejillas se ruborizan levemente, se encienden, avergonzadas de sentirse reflejadas en aquel ambiente sórdido de gritos, de humaredas, de discusiones, de flirteos que ella esperaba se acrecentaran con el desgarbo de la noche que iba adentrándose tumultuosamente en su espíritu.

Asustada de verse entre el desamparo de los gabinetes desocupados, sola, desechada, engañada, levanta las pieles de su abrigo hasta confundirlas con sus cabellos, apretándose, ajustándose toda ella, cerciorándose de que, en realidad se recupera, después de haber disuelto sus pensamientos, sus miradas, después de haber anquilosado sus coqueterías en la frialdad de aquel Café que le descubría la noche impenetrable, en la que se cuajaban todas las pesadumbres.

Se siente separada de todo, refundida entre esa incidencia, próxima a extinguirse en el rescoldo de incendio apagado en que se queda el Café. Presintiendo que la vida se había acabado, que vivía el paréntesis, el descanso de la vida, salió apresuradamente sin tropezarse con aquella mirada que la seguía a través de su incomprensión.

4

A esa hora en que se encienden las luces de todos los gabinetes, los dos parroquianos abandonan el Café.

La puerta se abre, irregularmente. Manos bruscas, desconocedoras de su penuria ruidosa, empujan, atropellan su inmovilidad.

Los meseros, que de día parecen como muertos, se electrizan de pronto, agitando sus somnolencias.

Mabelina entra en el gabinete más cercano, más lejano a su vida.

Como en ninguno puede ser la que es, se indiferentiza, instalándose en cualquiera:

Balbucea lo que él la dijera aquella noche que se conocieron y sonríe, parentizando sus pensamientos con ese murmullo interior que se emulsiona después de la risa, enumerando los subterfugios en que escudaba disimulando su timidez, disfranzándola en una serie de frases y de situaciones que casi siempre lo hacían aparecer como un hombre despreocupado, insolente, intrépido y hasta cínico.

En realidad, lo que a Mabelina le había interesado, era esa manera con que él se excluía de la vida y se olvidaba de todos y de sí mismo, en las calles, en las conversaciones, en los bailes y en las antesalas, con un gesto de no querer inmiscuirse en ningún incidente, en ninguna labor tan complicada y tan molesta como la de hacer el amor a una mujer; en la que hay siempre una espectación y una ansiedad de que se realicen por ella todos los heroísmos y todas las inverosimilitudes.

Mabelina, comprendiendo esa pereza de amar que se advertía en sus actitudes despectivas; se había acercado a su timidez, despojada de todos los obstáculos, desprendida de todas las vestiduras espirituales, como queriendo facilitar un pronto acercamiento, como queriendo tonificar esa especie de convalecencia en que vivía y de la que ninguna mujer lograra exhumarlo.

Lo había mirado con la última mirada, le sonreía con la última sonrisa, lo acariciaba con la última caricia. Le daba en el iniciamiento del continuo trato que llevaban, todo eso que las mujeres no dan, sino al final de una aventura. Sin embargo, él no desistía de su actitud arrinconada.

–Yo quiero estar contigo –le decía, detrás de los visillos de su sentimentalismo, como en los sueños.

Mabelina lo miraba sorprendida, incrédula, al principio. Después, escondiéndose en sus abstracciones; bajaba los ojos bajo el sopor del idealismo, entrecerrándolos, alejándolos de los pensamientos inversos y contradictorios que le humedecían las pupilas.

–Te encuentro en todas las encrucijadas sentimentales, situadas más allá de la irrealidad, todavía más lejos.

Ella sonreía, ocultando sus senos, amortajándolos, haciéndolos más pequeños, insignificantes, queriéndose adaptar al irrealismo de la mujer que evocaba.

–Quiero amar en ti eso que no tienes, eso que te falta, eso que te sobra, lo superfluo, para estar enamorado siempre.

Mabelina, mientras escuchaba sus frases, sentía impulsos frenéticos de besarlo, de abrazarlo, de exaltarlo. Pero esa actitud indefensa en que él se colocaba en todos los instantes, la obligaba a permanecer quieta, miedosa, como en la silla eléctrica del amor, como en una clínica en la que le estuviesen probando los efectos y las variaciones de una especie de rayos ultravioleta que iban descomponiendo su espíritu y sujetando su cuerpo, transmigrándolo a todas las sombras, en las que se contemplaba y se abstraía, reconociendo sus movimientos desmesurados que iban tapizando el gabinete con las decoraciones de los sueños.

Se palpaba en los muros transparentada, distendida, desrealizada por la claridad de sus cerebraciones que la desbarajustaban, la ahogaban de luz, tal si la trasladaran inusitadamente a uno de esos aparadores de artefactos eléctricos en los que todas las cosas se hinchan de luminosidad.

Se alejaban y se encontraban mutuamente en todas las dimensiones, como si a esa luz que los mantenía quietos la hubiese agitado, de pronto, algún viento extraño o la balanceara una idea intermitente. Se abrazaban con esos inconmensurables abrazos que hace la sombra de los abrazos proyectados, de los abrazos que no se dan, quebrados en todas las esquinas de la idealidad, electrocutados por todos los intersticios del gabinete apagado y encendido simultáneamente.

5

Saliendo del baile, habían tomado un coche. Como él conservara su equilibrio, Mabelina procuraba, también, conservarlo. No sabía si era el vino o las circunvalaciones del vals, pero ellos sentían que las sinuosidades del camino se les iban enredando en los ojos, a medida que el auto aceleraba su marcha.

No hablaban, sino con los residuos de las charlas interferentes que se tienen en los bailes.

–...como baila Ud. tan bien...

–No, pero me gusta mucho el baile...

–...eran la mejor pareja, Ud. y aquel muchacho a quien se le quedaba viendo tan ostensiblemente...

Ella sonrió, dudando y creyendo.

–Es Ud. la compañera ideal en el baile. No se deja llevar de su compañero, sino de los compases de la música.

Volvió a sonreír, confusa, satisfecha.

–Se mueve Ud. como si cada compás la asiera de un ritmo a otro, como si los hilos imperceptibles de la música distribuyeran sus movimientos y los manejaran.

–Bueno. Pero ya nos tratábamos de tú...

–Eso es. Te mueves imantada por la música, atraída por la música. Parece que presientes los huecos del vals, las evasivas del *fox*, las languidescencias de los *blues*. Te introduces por sus recodos y sales de ellos, al mismo tiempo que las notas. En el *charleston*, juegas a la comba de la música.

»Cuando se baila contigo se tiene la sensación de que se es el juguete automático del trombón, del saxofón, del violín, etc. Los sonidos del violín te adelgazan y te hacen flexible, los del saxofón insuflan y prolongan tu cuerpo infinitesimal, los del trombón te alejan y te acercan, alternativamente, de los brazos de tu compañero.»

Mabelina seguía sonriendo, sin saber qué decir, confundida y absorta en las apreciaciones, sin poderse adaptar a los modales del acompañante inesperado que se encontrara en el baile.

–¿Ya es muy tarde o muy temprano?

–Es muy tarde o muy temprano, según...

–¿A dónde vamos? Acuérdate que no puedo llegar tarde.

–A un hotel. En los hoteles siempre es temprano.

–Entonces, mejor al Café de Nadie. ¿Lo conoces?

–No.

–Es encantador. Nunca hay nadie. Nadie lo espía a uno, ni lo molesta.

–Al Café de Nadie, ¿eh?

–¿A dónde?

–¡Ah! Es verdad... Yo le digo. A la derecha.

El coche cambió de dirección. Los árboles, despertados violentamente por la carrera del auto, se iban tropezando a lo largo de la rápida perspectiva.

Comprendiendo que él no se atrevía a iniciar la conversación, Mabelina acercándose, le dijo, casi en la boca:

–Seremos dos buenos amigos.

–A la izquierda, luego a la derecha.

–¿Verdad?

–Indudablemente. No sé a qué viene esa aclaración.

–Por esa manera con que me miras...

–A la derecha, luego a la derecha. Se para frente a esa puerta del letrero luminoso.

A esas horas, el Café como que se escondía, como que se hacía más inencontrable, más confuso, perdiéndose en la insondable avenida desorbitada de incandescencia.

–El que Ud. quiera –dijo él al camarero–, siendo confortable.

–¿Un reservado para los dos?
–¿Por qué no...?
–No. Imposible.
–Somos dos buenos amigos.
–Sin embargo, tomaremos uno para cada uno. Es lo correcto.
–El 25.
–Bueno. Uno para los dos. Pero acuérdate que soy una señorita.

6

–Oiga –dice al mesero, el hombre que acompaña esta vez a Mabelina–, haga desalojar a todos del Café. Aquí no hay más parroquiano que yo.
–Señor, cómo quiere Ud. que...
–No me importa. ¡El dueño!... ¡El dueño!
–El dueño... El dueño.
–He dicho: ¡el dueño!
El mesero se retira medroso y presuroso, en busca de alguien que le informe quién es el dueño de este día del Café.
Al regresar al gabinete se asoma por entre las cortinas, tímidamente, balbuceando una lista de excusas.
–En este momento no está.
–Ha salido.
–Cuando regrese.
–Es imposible...
–No está ocupado más que el gabinete del fondo. Pero es como si no lo estuviera. Esos dos parroquianos no hablan, no discuten, no se mueven. Son inservibles. No piden nada. No conocen a nadie. Nadie los conoce.
El hombre irrupto vuelve los ojos hacia el gabinete. No distingue sino las siluetas de dos parroquianos, inmobles, impasibles, pirografiados sobre la media luz que los circunda y los deteriora.

Se queda mirándolos como si no los viera, como si no lograra delimitar sus actitudes inconclusas, como las de los frisos, próximos a abandonar, a entrar al Café, apenas agitados por los movimientos inusitados de las cortinas que alargan o encogen sus sombras.

Mabelina se frota los ojos suavemente, como para disolver sus miradas que se han quedado fijas también, fascinadas por la inmovilidad en que permanecen los dos parroquianos, cobijados de mutismo.

Despojando sus ojos de esa ceniza que le dejara el insomnio en los olvidos sentimentales, descotando sus miradas, sus pensamientos, sus sensaciones entornadas por la última mano que la acariciara con una displicente intención de dejarla hermetizada, clausurada, se va desprendiendo del embozo que cubre sus encantos.

–Mira mis piernas para que no te dejes engañar por las de otras mujeres, pruébalas.

Él las besa. Las va palpando, apretando...

–Estúpido.

–Pero si eres una puta.

Las palabras se les quedan, las unas en las otras, trenzadas, confusas.

7

–¿Eres tú...?

–Casi.

–¿Cómo casi?

–En este momento estoy escribiendo un artículo en el que no hay sino una tercera parte de mis conceptos, de mis ideas. Un artículo que desvía esa trayectoria reincidente de mi manera de ser. Después de escribirlo no sé si, en realidad, sea el mismo de ayer. Soy un individuo que se está renovando siempre. Un individuo al que no podrás estabilizar nunca. Un individuo al que engañarás diariamente conmigo mismo por esa mutabilidad en que vivo.

»Cada día besas en mí a un hombre diferente. Un hombre que es uno por la noche y otro con el alba. Canjeas hoy, como canjeaste ayer, como canjearás mañana, a este hombre diverso que parezco hoy, por aquel único que seré después y así, simultáneamente.

»En cada noche hay en mí un hombre destruido, un hombre arruinado, un hombre desfalcado, despilfarrado por la cotidianidad. Un hombre nuevo. Por eso, a pesar de tus promesas, no me serás fiel jamás.»

–Tú siempre con tus cosas.

–No son cosas. Es la verdad.

–No hagas frases. ¿No quieres mejor besarme?

–Admirable.

Mabelina se convenció, recordando sus charlas con aquel periodista, de que era, en efecto, el único que podía acompañarla desde que se asomara por los subterfugios de la aventura.

Cuando salieron, ya en el coche, él la preguntó:

–¿Por qué has vuelto a pensar en mí?

–Sabes muy bien que eres, entre todos tus compañeros, el predilecto. Los demás son muy indiscretos, muy esculcadores y sobre todo, muy impertinentes. No se les puede decir una frase sin que le busquen, inmediatamente, un sentido transversal. Tú, en cambio, procuras evadirte de lo que se te dice y se te consulta, procuras aligerarlo todo, despistarlo todo, componerlo todo, aunque después lo embrolles y lo descompongas.

–¿Ya no eres amiga de Androsio?

–Me alejé de su amistad por incomprensivo, por equivocado. Una noche fuimos a cenar juntos, luego al teatro, al cabaret. Durante ese tiempo fue preparando sus confidencias, sus deseos y, cuando yo ya me lo esperaba, comenzó a elogiar mi manera de vestir. Con una actitud de modisto o de aparadorista que ha confeccionado la mejor pose de la moda, desató y ató de nuevo el listón que sujetara mis zapatillas, exaltando sucesivamente el color de mis medias, cerciorándose de su calidad. Acariciando mis piernas, me preguntó si usaba las ligas de última moda, con estuche de radio o con el retrato de alguien.

»Fue subiendo y aventurado sus caricias subrepticiamente, estremeciéndome, asfixiándome, como si de pronto me hubiesen soltado el duchazo de la voluptuosidad.

»Sus caricias eran, en realidad, aquellas que he preferido siempre. Las que más emociones y sensaciones causan. Las que la hacen a una tenderse, arrebujarse, estrujarse toda, exhausta. Pero al final quería que fuéramos esos pasajeros hipotéticos de los hoteles que regresan de cualquier ciudad, en un tren que no llega nunca, esos pasajeros que no son, sino los turistas del amor.

»Tú siempre te quedas en las iniciaciones, en el prólogo, en lo que prefiero. Por eso me tendrás y te tendré en la perennidad de lo improbable.»

8

Mabelina sentía en los labios el escozor de sus besos. Seguramente él la había visto entrar a este Café y por eso la invitaba.

Apenas si lo conociera. Sin embargo, se acercaba a sus presentimientos, arrinconándose en ese hueco íntimo que le deparaba su jovialidad y sus maneras desenvueltas de hombre acostumbrado a enredarse y desenredarse en las miradas femeninas.

Adivinando una insistencia de entreverla, de descubrirla, de desvestirla, levantaba los brazos con languidez, dejando que sus ojos se aventuraran por los resquicios de su traje.

Presentía sus caricias, las sentía, como una enredadera, ramificándose por todo su cuerpo.

–Nunca creí que te fijaras en mí.

–Yo me fijo en todas las mujeres...

–Como yo, en todos los hombres...

–Pero en todas las mujeres como tú...

Se habían ido acercando, poco a poco, encerrándose en el biombo de sus sonrisas, de sus miradas, hundiéndose en la barahúnda de sus emociones.

Mabelina entrecerraba los ojos como para iniciar esa oscuridad que necesitaban, doblegándose sobre la sorpresa de sus brazos.

Ya en el diván, se fueron llenando de confidencias.

–Te veía mucho, pero tú jamás escuchaste mis deferencias.

–Es que siempre ibas del brazo de cualquiera, al margen de todos.

–Parecías impasible.

–Por mi sensualismo que es puramente intelectual. Las mujeres no me interesan, sino a través de las que hojeo en los magazines. La ropa interior me inquieta más en un magazín que en una mujer.

–¿Entonces yo...?

–Me sorprendes, me entusiasmas, me interesas porque tus piernas son como tomadas de las de esas mujeres que anuncian las medias *Holeproof* y tus senos tienen la misma luminosidad, la misma incandescencia de las lámparas que adornan las grandes salas y parecen hechos del *ice-cream* de la voluptuosidad. Y porque...

–Porque tienes en todos los instantes de tu vida –interrumpió Mabelina– un movimiento retardado para vivir las emociones...

Sus ojos iban apagando las últimas luces del gabinete. De cuando en cuando, se entreabrían pesadamente, despegándose del *Kohol* de sus miradas que la habían ensombrecido, renegrido.

De tarde en tarde, su cuerpo se vivificaba, recordándolo, sintiéndolo y seguía desperezándose con el eco de sus caricias.

9

Al entrar los dos parroquianos, la última frase idiota que se ha quedado flotando en la atmósfera enrarecida del Café, sale despavorida, cohibida, perseguida por los ventiladores intelectuales que lo van limpiando de los resabios de conversaciones.

Los meseros se dan cuenta de que en ese momento surge el alba del Café y empiezan a deshacer, a ordenar la catástrofe de la noche anterior.

Las sillas son desprendidas de sus actitudes pornográficas en que las han dejado los barrenderos, precisamente, después de haberle puesto el gabán al más arraigado cliente, acaso para no dejar que se vaya acumulando en los gabinetes, el lastre inevitable con que anclan los visitantes esporádicos.

Entre todas las sillas hay siempre unas que no quieren desprenderse la una de la otra, que no quieren desistir de su posesión descarada, que se abrazan fuertemente, impidiendo que se les coloque en el lugar estricto, aquel que ocupará el parroquiano consuetudinario.

Los meseros luchan con ellas, como las madrotas con las pupilas que se resisten a abandonar los brazos de ese hombre que no toma nada, que no mira a ninguna de las otras mujeres, que no compra, en esa casa, ni siquiera los cigarrillos y que sin embargo, se le ve todas las noches, como un misionero.

Los meseros huyen de aquellas sillas y se dicen recíprocamente:

–Desacomódalas tú.

–Desacomódalas tú.

–Desacomódalas tú.

Hasta que el más reciente, el más encongido –el mesero de los meseros– se acerca buscando el momento estratégico en que estén desprevenidas, para separarlas de la insolencia con que se aferran a su actitud de mujeres viciosas, hiperestésicas, histéricas, atacadas de los peores males.

Las mesas se despistan con nuevos manteles.

Las ventanas se escudan de las curiosidades callejeras con la rigidez de unos visillos limpios.

A todas las cosas se les sacude, se les despoja de los residuos de las noches pasadas para que los parroquianos noveles se sientan satisfechos de haber inaugurado el Café.

En el menú de ayer se escribe:

MENÚ
de hoy
Sopa de ostiones
Huevos al gusto
Asado de ternera
Chilacayotitos en pepián
Ensalada
Frijoles al gusto
Dulce
Té o café

Después de despabilar el ambiente de todos los gabinetes, menos el de aquél que ocupan sistemáticamente los dos parroquianos, los meseros se retiran a los ángulos de la espera, resolviendo los problemas de las propinas.

–Somos los únicos habitantes del mundo. Todo desaparece, todo se muere en este rincón. Somos los supervivientes de la catástrofe diaria.

–Nuestro Café sería ideal si pudiésemos trasladar a esta perspectiva la plaza Ajusco, en la que la primavera está siempre amarrada a sus postes telegráficos.

–En aquella mujer que se nos queda mirando he encontrado un 50 por ciento de la verdadera mujer que buscamos, que estamos haciendo en nuestras continuas charlas. Tan como ninguna.

–Un día, el día del año bisiesto del calendario sentimental nos sorprenderemos de verla, de oírla, transitando por los pasillos de la introspección, hablando con las palabras que desperdiciamos, que se nos caen, distraídamente, que se nos escabullen.

–En una está parte de esa mujer y en otra la otra. Tenemos que presentarlas, ensamblarlas, aunarlas, confundirlas, acostumbrarlas a que vivan una sola vida, con las mismas emociones, con los mismos gustos. Después de la amistad preliminar se irán haciendo una, poco a poco. Esa que será la nuestra.

–Hemos inaugurado, hemos puesto de moda a todas las mujeres...

–Las mujeres no son más que unos aparatos sensuales, ideológicos, espirituales, sentimentales. Se les puede llenar como a los acumuladores, de cualquier fuerza, de cualquier tensión.

–Tocándoles esa especie de timbres que son sus senos, se despiertan en ellas una serie de personalidades que acuden con el desconcierto de los sirvientes de los hoteles, sin saber si el número encendido en el cuadro de llamadas es el suyo.

–En las mujeres que frecuentan este Café es imposible hallarla. Sus senos suenan como los timbres de los relojes despertadores, impertinentemente.

–Somos ya, casi los dueños del Café. De un momento a otro nos dirán: Bueno, ¿les parece que cerremos? ¿Están de acuerdo en que se pinten y se decoren de nuevo los gabinetes? Este mes nos han recargado demasiado las contribuciones, etc., etc., etc.

–Es que somos los únicos que comprendemos, que apreciamos su inmovilidad y su alejamiento.

10

Germán List Arzubide, Marco-Aurelio Galindo, Carlos Noriega Hope, Fernando Bolaños Cacho, Oscar Leblanc, Ortega, Fernando Sosa, Otilio Gutiérrez Muñoz, Ernesto García Cabral, Júbilo, José Moreno Ruffo, Humberto Ruiz Sandoval, Manuel Horta, Andrés Audiffred, Jorge S. Duart, Francisco Zamora, Fígaro, Salvador Gallardo, Germán List Arzubide, Rafael López, Jesús M. González, Santiago R. de la Vega, José Palacios, Samuel Ruiz Cabañas, José D. Frías, Gregorio López y Fuentes, Xavier Sorondo, José Corral Rigan, Francisco Dávalos, Silvestre Paradox, Carlos Samayoa Aguilar, Miguel Ángel Asturias, David Vela, Francisco González García, Luis Tornel Olvera, Juan de Dios Bojórquez, Francisco Monterde García Icazbalceta, Lázaro y Carlos Lozano García, Rafael Muñoz, Ramón Gómez de la Serna, Luis Amendolla, Francisco Borja Bolado, Kyn-Taniya, Joaquín Carranza, Rafael Vera de Córdova, Luis Marín Loya, Miguel Aguillón Guzmán, Ramón Alba de la Canal, Leopoldo Méndez, Germán List Arzubide, etc., etc., etc.

Mabelina leía y releía esa gran lista y hasta hizo esa salvedad de los cronistas sociales: Y otros que no me fue posible anotarlos, por cómo se iban fugando de la suntuosa noche de fiesta que ha sido mi vida.

Recordando unos, olvidando otros, se esfumaban unos sobre otros, yuxtaponiéndose, formando un nombre impronunciable, indescifrable. El nombre de ese hombre que llegara a ser nadie, de tan ecléctico. El hombre ruso o alemán que fue prolongando el suyo hasta convertirlo en una cadena ecuatorial.

Deletreando las emociones que se quedaran en esa larga lista de comensales que habían asistido a la convivilidad de su vida, iba perdiendo la noción de ella misma.

Se miraba en el espejo, queriendo encontrar en el azogue de los recuerdos, los rasgos que perdiera asomándose a la galería de espejos de la vida.

En todos aquellos instantes dejaba algo de ella. Su sonrisa se había ido ennegreciendo, sus miradas perdidas en las demás miradas ya no eran las mismas que se colgaran de los flirteos, de un extremo a otro de las mesas de los cafés que frecuentara.

Con cada uno de ellos se había sentido una mujer diferente, según su psicología, sus maneras, sus gustos, sus pasiones y ahora apenas si era un *sketch* de sí misma. Le parecía que la habían falsificado, que la habían moldeado, simultáneamente, los brazos de sus aventuras.

La habían ido arrancando una mirada, un beso, una sonrisa, una caricia hasta dejarla exhausta, extinguida, lánguida, derrotada, destartalada, insomne.

De tanto sentir se encontraba insensible. Las voces se le confundían. De sufrir tantos sentimientos vulgares se volvía extraña, adusta.

Después de ser todas las mujeres ya no era nadie. Acaso por esa inconsistencia se encontraba agradablemente en el rincón de este Café, sin nadie, con nadie, como nadie, expuesta a que la tomaran, la canjearan por cualquiera de las mujeres que nadie toma.

Se quedaba, como al principio de su vida, analfabeta de emociones y sensaciones.

Toda ella se había quedado colgada en los guardarropas de los cabaréts, hasta con la actitud que le dejaran los *grooms* al colocarla en los intermedios de la noche.

Le era imposible recuperar esa serie de personalidades que hicieron su personalidad.

Los hombres la tomaban equivocadamente, como se toma un abrigo en la incongruencia de una noche de fiesta.

Quería reconstruirse con esas milésimas partes de mujer que dejara en todos los hombres, sin que ellos las canjearan por esa milésima parte de hombre que buscaba.

Se sentía la mujer vaciada, bebida a pequeños sorbos sentimentales.

Había momentos en que se trasplantaba a todos los gabinetes, enraizada en las conversaciones, riendo las frases de los parroquianos, pensando con sus pensamientos.

Se ponía *rouge* para revivir en sus labios el matiz de las caricias prodigadas y *rimmel* en las pestañas para cobijarse en las sombras de sus ensueños.

Se maquillaba con el recuerdo de las caricias como para recobrar sus caracteres fisonómicos.

Apagaba y encendía sus pensamientos con la intención de sorprender en ella ese momento de lucidez y de convalencia de alba, en el que se pueden reconstruir todas las cosas. Pero no percibía ninguna transfusión luminosa.

Se iba apagando, perdiendo, envolviendo en la difusidad de una especie de insomio en que vivía.

MABELINA Mabelina Mabelina
M a b e l i n a M a b e l i n a

Ella seguía escribiendo su nombre sobre la mesa del gabinete, alargando, arrastrando, inconscientemente los caracteres, hasta hacerlos ilegibles.

Las letras se iban extendiendo, horizontalizando, estiradas por el estilógrafo de su pensamiento.

De oírlo tantas veces, de repetirlo, le sonaba a otro nombre. Perdía el sentido de lo que podría significar y tergiversaba su pronunciación.

Lo escribía con la misma vaguedad con que se escribe el nombre de una persona ausente.

Los caracteres, apretados, ligados, se iban tendiendo más y más hasta confundirse con ese horizonte en que se tendían sus rememoraciones.

Relujando sus miradas, se asomaba a cada momento por entre las cortinas del gabinete en espera de su última aventura. La que iba a rehacer o a destruir su vida.

–Hay que gastar, que despilfarrar la vida –se decía– para defraudar a la muerte. Para malversarle sus propósitos. Que nos encuentre exhaustos, muertos, inútiles, inservibles. Que no se lleve de nosotros sino los residuos, lo que no pudimos utilizar, por inutilizable, por desechable.

Sin embargo, pensando esas cosas, sus ojos ensayaban sus mejores miradas, queriendo iluminar los instantes que le quedaran, queriendo comprobar las perspectivas inalcanzables.

No se podía convencer de que sus miradas ya no eran las mismas de entonces, de que habían perdido su acuosidad, de que estaban como dermercurializadas, disecadas, filatelizadas, de tanto reflejar los pronósticos de sus sentimientos.

Reía, sonreía y su risa le sonaba a todas las risas. Al escuchar la alegría que se desbordara en los demás gabinetes, iba experimentando una serie de mutabilidades, se iba sintiendo un prolongamiento de cada una de ellas y reía con sus risas, imitando el tono y el efectismo de sus risas.

Recorriendo el gabinete de un extremo a otro de sus recuerdos, se desconcertaba de su manera de andar. Aquella cadencia que estatizara el asombro en las calles y en los bailes, no tenía el movimiento oscilante de los cortinajes agitados, sustraídamente, por los compases de la música.

Sí. Ésta era su voz, pero parecía interceptada por la estática de todas las voces.

En su imaginación guardaba sus actitudes coleccionadas como los trajes de los museos, distinguiéndolos con la etiqueta correspondiente que le fueran colocando los ujieres espirituales de su *boudoir*.

Apoyó 5, 6, 7, 8 veces su ansiedad en el botón eléctrico queriendo llamar a la realidad.

El timbre sonaba, cada vez más lejano, tal si las distancias huyeran y se intrincaran en los cuatro puntos cardinales de lo inalcanzable.

Cerrando cuidadosamente su bolsa de mano, como si quisiera olvidar en ella sus pensamientos, abandonó el gabinete.

Al atravesar los pasillos del Café laberinteados de silencio, volvió sus ojos hacia todas las remembranzas con un gesto de haber dejado arrinconado algo de sí misma en los rincones ensombrecidos, murientes, y de ir a recuperarlo.

La única luz que seguía sosteniendo la vida del Café era la del reservado que ocuparan sistemáticamente los dos parroquianos. Al divisarla, Mabelina se queda un momento indecisa. Después, rectificándose, empuja la puerta del Café hacia el alba que va levantando el panorama de la ciudad.

Exabsurdo

Porque parece mentira la verdad nunca se sabe (1999) aparentemente es una novela política; la trama se urde en torno a uno de los carísimos temas del subgénero: el fraude electoral. Las líneas narrativas que Daniel Sada construye comienzan en un correoso plano realista que –y mediante la versificada hipnosis de su prosa– se *eleva* a lo irreal por los actos absurdos de los personajes, cuyo dato característico es su minuciosa y rotunda entrega a un mundo en continuo desmoronamiento. El prolijo vocabulario de Sada desmenuza un universo que va de una realidad material, basta, sensual («Hay unas lenguas lampreadas de marrano con pipián y con baño de tamujas de guapilla y chitilía, y aparte, si lo desea, un copeteo tomatoso») a un reino de ultratumba *naïf* («aquellos anteojudos [pistoleros] que ya se estarán quemando llore y llore en el infierno»; «[la madre de Trinidad] la que a sus anchas vivía en la patria celestial»). El punto medular entre estos extremos es la vida cotidiana gobernada por fuerzas macabras y esperpénticas.

Nada más macabro que el pivote de la narración de *Porque parece mentira...*: una camioneta atestada de cadáveres recorriendo el desierto; esperpéntico y rabiosamente melancólico es el final de la novela, de Remadrín, de los personajes y del narrador mismo: el universo se afantasma al punto que parece que nunca hubiese existido. Nada dura más que la pronunciación de su propio nombre. «...la vida que no vive sino instantes siempre irreales y de ahí lo que se antoje pasajero y tenebroso.» La sabia del tiempo es el olvido, sólo es real lo irreal; de esta suerte, el mundo que vemos y el cuerpo en que vivimos son lo verdaderamente sobrenatural, por ende nuestros actos no pueden ser sino absurdos. En esta novela México se llama «Mágico»; en esta novela la política sede el paso a la literatura, o más precisamente ésta la mandó al carajo.

Creo que con *Los de abajo* (1915), de Mariano Azuela, comenzó a operar en México la premisa de que la narrativa mexicana constituye una especie de crónica de la vida política nacional. Azuela y los primeros autores que novelaron la revolución mexicana escribieron algunas obras memorables porque contaron sin segundas intenciones su experiencia directa de la guerra, como un soldado que vuelve de Ilión. Pero después, muchos narradores vieron que escribir «ficciones» sobre los «protagonistas de la patria» agradaba al *stablishment;* y por lo mismo, cuando hablan o escriben de política y políticos mexicanos, adoptan un tono serio, grave y no pocas veces oracular, como el que precisan los libros de texto.

Al contrario de Jesús Gardea, cuyo universo se cumple cabalmente en el cuento, Daniel Sada tuvo que incursionar a fondo en sus propios territorios y crear un espacio vastísimo para expresar –y no completas– las ficciones que empezaron en cuentos como «Eumelia». El episodio de *Porque parece mentira...* en que Trinidad y Cecilia van a detonar su aparato de radio al desierto, surge de «La averiguata»; las argucias de Trinidad por apoderarse del dinero de su padre, nacen en «Todo y la recompensa»; el caos mental y las fantasías de Egrencito, son el apoteósico desarrollo de los inventos de Luis Carmona en «Quién es quién o quién no es alguien»; el esperpéntico final de Cecilia y Trinidad, y de la novela misma, comenzó en el final de «Bahorrina».

Los cuentos de Sada son tragedias representadas por títeres. Pero Sada es un narrador marrullero, tanto en su prosa como en sus historias. Puede contar el cuento que se proponga porque tiene la malicia del narrador oral que sabe ir calando a su público. Y con tal intención, cada una de sus voces narrativas son rigurosamente personajes. El narrador de *Porque parece mentira...* me imagino que es un compa gordo fume y fume que entre risitas pa dentro y cambios ventrílocuos de voz va soltando su choro volador. Sada puede ver con facilidad la calaca de las criaturas; y de las clavículas o el hueso menos pensado ata los cabos de sus ficciones. Cualquier neurótico vive realidades absurdas, pero todos nos hemos angustiado con los sucesos que susurran que en la vida no metemos las manos, que nos mueven los hilos de un destino burlón o borracho. Para Sada el mundo es un teatro guiñol administrado por la muerte.

La prosa de Sada, sus monumentos porfiadamente barrocos, sacia esa codicia de la lengua literaria de llenarse de sí misma hasta dificultar su traducción a otra. Su posible traductor tendrá que ser un buen desemparangaricutinimicuarizador; es decir que un idioma como el de Daniel Sada obligará a la creación de otro idioma dentro de otra lengua. O Sada tendrá que hacer lo que hizo Guillermo Cabrera Infante con *Tres Tristes Tigres:* escribir él mismo su novela en inglés y en francés.

Con el pronto paso de los años se verá que *Porque parece mentira...* es el justo cierre de la novela mexicana del siglo XX; y también, cuán absurda fue la extrema ponderación literaria de la vida política del México moderno.

Daniel Sada
La averiguata

Al tocayo Daniel González Dueñas

Luego de darle al jale aquí en Charcos de Risa por lo común la gente se reúne –hacia el atardecer, al aire libre– en distintos lugares de la localidad: comenta acalorada sobre, uh, livianas fantasías que nacen de lo real, sobre un equis asunto, vasto e insuficiente, que ofrece muchas formas de entenderlo y recrearlo; también, porque se vale, aparece sin más el calor de un recuerdo, lo que llamea e invita todavía. Ya para entonces de las casas se sacan mecedoras donde –acompasadamente–: sean hombres, sean mujeres: se meten en el chirle y de pasada aprovechan el fresco que viene de la loma.

Ah, pero hay un grupo aparte, el cual, sentado en tres, cuatro piedrones, pues tiene varios años de seguido juntarse en la supuesta esquina ubicada al noreste del enorme terreno salpicado de truenos y guapillas, por más señas, donde está la oficina de correos, mero enfrente de la carnicería, la única que existe, propiedad de don Judas Avelar, quien también pertenece a este grupo en mención... Bueno, además de él son cinco, a veces seis o siete, los que a diario se apiñan bajo el foco esquinero –excepto los domingos– a discutir de cosas que ni ellos mismos saben bien a bien. Abunda el mecateo de concepciones en medio de ademanes en lo alto, aunque, por lo común, no hay nada que merezca siquiera amanecerse: nadie entonces.

Cierto, de cuando en cuando un tema prosigue al día siguiente y puede que se alargue hasta una semana o dos o más allá; no obstante, es raro que suceda.

Se ha hablado, por decir, de galaxias chinitas de estrellas increíbles, de cuando el hombre pisó por vez primera la luna de aquí arriba, fue grande ese rumor. Siguiendo el hilo, se ha llegado a decir que entre nosotros hay algunos fulanos de otros mundos que nos tratan de tú y andan vagabundeando en la región diciéndose parientes o amigos o curas bienhechores o... Son gentes parecidas que hablan nuestra lengua. Asimismo, se cuenta de crímenes maestros, de audacias infalibles, de inventos de la ciencia que pueden hacer mal aun cuando pretendan hacer bien, o sea...

Afanares mentales.

De esto es precisamente lo que se va a contar: de un caso desmedido que a pesar de los años sigue en boca de todos, tomando en cuenta que todavía pululan al respecto montononal de ideas descabelladas, sendos puntos de vista y cuerdas sin final; pero, antes de proseguir, es pertinente hacer la aclaración: el susodicho grupo no es cerrado, quien quiera puede entrarle; es bastante sencillo: más o menos el sitio está en el centro y no es muy grande aquí; de hecho, unos cuantos se arriman nomás a ver y a oír: los mismos que no vuelven; la mayoría es muy intermitente; a otros, por el contrario, les gusta entrar de lleno: he aquí los enfrascados... Así damos comienzo.

Fue la vez que un fulano apareció pequeño en la distancia. El gran llano contiguo a este villorrio le quedaba de marco: demasiada tintura vespertina para una figurita que apenas se movía. Visto: conforme fue acercándose no cambió suficiente su tamaño. Vino, como predestinado, en directo hacia el grupo. Su chaparrez era conmovedora, mas su mirada no: por brillar tanto o por ser tan bailonas sus pupilas, siendo que la mera verdad sí daba miedo. En fin, cuando llegó sin preámbulos dijo:

–Quiero que me den agua, por favor. Yo voy de paso y vengo de muy lejos.

Casi una orden pues, aunque tenía razón, nomás de imaginar la caminata... A cambio, ¡qué buen recibimiento!: porque: no hubo sobresalto de ninguno y: presto que se acomide uno del corro a traerle una jarra: la cual: se la bebió de un sorbo el individuo. No dio las gracias éste, no era de cortesías ni tiquismiquis, antes bien que se sienta en el suelo ante la vista incrédula de todos. Entonces le llovieron las preguntas: *¿No que iba de paso?* Ésta fue la primera, al sesgo algo mordaz: un modo muy taimado de quererlo cortar, pero las que vinieron –en chorro, sin concierto– tenían un tono amable: *¿De dónde vino usted?*, o *¿cómo supo llegar?*, muchas por el estilo... *¿Ya había venido antes?*, etcétera. Él, por toda respuesta, dijo ser de un lugar llamado «Mamaleón», que está en la parte sur de Tamaulipas, en la zona huasteca.

Y ya entrado en calor les reveló su plan: no era otro su ideal que caminar hasta donde llegara, desde luego tomándose descansos, y cuando ya sus fuerzas fueran puro estropicio –asunto muy remoto, dado que se veía membrudo y rozagante– sólo por tal motivo se asentaría definitivamente no importándole el sitio. Pero eso era improbable, por saber que jamás podría llegar a viejo, no lo deseaba al menos, porque lo que envejece siempre falla pese a tener sobrada autoridad. Sépase que para los guarismos que hacían estas personas por costumbre hasta entrada la noche, una inferencia así despertó de inmediato viva curiosidad en general, que no recelos cortos o sordera infeliz.

El forastero, sintiendo la importancia, ya notada, ya amplia, calculó su argumento. No quiso prodigarse. No era un pipiolo para desconocer en qué consisten las primeras veces: los tratos con extraños. A lo que: es que podía romper con alguna estructura y el abrirse la capa le resultaba impráctico, además su cansancio aún no había menguado, por supuesto quería recuperarse.

Dicho hombre, como quiera que sea, tenía más cancha que ellos por ser aventurero y prevaricador, siendo que para colmo las cosillas veniales, en esencia, no valían ni siquiera una mueca de él, por lo tanto, una vez esbozados sus anhelos, resumidos en unas cuantas frases, que se calla la boca. Eso era lo mejor por el momento: escuchar raciocinios con sincera humildad: sacando conclusiones, acaso aprendizajes.

Por ahí alguien le dijo, de refilón nomás: *¿No quiere usted más agua?...* Sí, ¡claro!... Le fueron a traer: tamaño jarro vino; con ello se evitarían por ende nuevos viajes, cumplidos a lo bruto. Enseguida, que lo ignoran de plano, pues los del grupo continuaron su plática –interrumpida por aquel arribo– referente al misterio de esos seres que rondan por los alrededores: enviados del demonio, quizá de otros planetas.

Vaya que oír enmedio del desierto debatirse a unos cuantos sobre algo tan gorgóneo hizo que el que llegó entrara en situación. Ahora sí que deveras le dieron ganas de especular adrede. Los temas perentorios al parecer eran los predilectos de este grupo.

El seguimiento fue más alarmante: se dijo que hasta la misma gente conocida que vive en el villorrio y desde que nació podía ser uno de ésos. Uno que viene a espiar lo que aquí pasa para en el viaje póstumo regresarse volando ya con la información sepa a qué lejanía. Uno que se comporta como todos y que no usa artilugios ni nada llamativo: no tiene por qué hacerlo. Entonces, ni para cuándo descubrir quién es o quiénes son.

En consecuencia hubo desacuerdos, los «sí» y los «no» expresivos, con el sabor de las adivinanzas que no llegan a ser sino aproximaciones que se estrellan contra lo superior, al fin: vicisitudes. Esto muestra a las claras que en la localidad no queda más remedio que imaginarlo todo, porque todo es distante, sí, ya que de otra manera la tristeza sería: aquí: el único valor; bueno, es posible.

Paso siguiente, por parte del fuereño, hablar, por dos razones: la primera, de a tiro se evidencia: que si adoptaba una actitud pasiva levantaría sospechas acerca de que él fuera un presunto demonio, que había llegado a oírlos solamente. Ah, ¿y qué tal si lo ahorcaran nomás por mosca muerta? No; la segunda más bien era una deducción, la cual: si había pedido que le dieran agua debía de agradecerlo dándoles un motivo para que ellos tuvieran un tema que tratar en el futuro. Al cabo arremetió:

–¿Ustedes saben lo que es la bomba atómica, aclaro que la nueva, la que destruye al mundo?

No, ¿cuál?, ¿existe?... ¡Vaya!, la palabra es confusa: explota, daña, ¿qué? Aquéllos la asociaban con el agua; sí: un objeto mecánico y un pozo, o sea una bomba de las conocidas, ¡que lejos de lo cierto! Por consiguiente: fueron apareciendo los asombros –tímidas alharacas y expresiones atónitas– que dada la tirante circunstancia fueron disminuyendo luego del estupor. También: por el tono de voz del forastero, su aplomo, su franca sobriedad, referirse a un estrago de anchuras semejantes no era para jugar a las figuraciones.

De rato, alguien aventuró: ...*¿Acaso el mundo puede terminarse?...*, dando pie a que surgieran variados comentarios y preguntas casi casi infantiles sólo por no dejar. ¿Quién tiene el detonante?, nadie sabe; ¿dónde está?, ¡ojalá se supiera!; ¿para qué crearon algo tan horrible?, por sandez nada más, por diversión malsana; ¿de qué tamaño es?... Oh, la ciencia, la estentórea osadía de lo posible. Y se fraguó el desorden porque siguieron las interrogantes pero el hombre que vino pidió calma y:

–Debo decirles que ese artefacto es demasiado chico, aunque se sabe que su poder abarca a este planeta, según los datos dados a conocer en diversas revistas y periódicos, está metida en alguna botella, o llámenle «redoma» o «damajuana»; no obstante, basta una destapada para que el mundo se desintegre ya: en dos o tres segundos. Lo malo es que la tal quién sabe dónde esté. Puede estar escondida en un lugar recóndito, incluso hasta en las casas de cualquiera de ustedes. Lo que les recomiendo es que no abran ninguna, más si se trata de una primera vez, esto es por si las dudas, puesto que nadie sabe cuál es la verdadera. Reconozco que esta información es cruel porque es a medias, no dice, por ejemplo, que el siniestro explosivo pueda estar ubicado en la cima de un monte o en el fondo del mar; si en el desierto o adentro de una casa; si en una selva ingrata o guardado con celo en una caja fuerte... Nada. O sea, repito, que en cualquier parte de este grandioso mundo puede estar.

Por eso, yo nomás les advierto: ¡sepan que hay un demonio que quiere destruirnos!

El panegírico, fatídico o fingido, con sus causas y efectos demasiado incompletos, quedó como sellado, como una redondez que no permite salideros guasones; fue un vil despachadero conceptual para dejarlos mudos y pensando.

Al menos no les quedaba de otra que no creerlo o sí: ellos de plano parecían estatuas, en apariencia: sin juicio u opinión, bastante resumidos. Ante tal circunstancia el hombre dijo:

–Yo sigo mi camino, voy de paso... Si algún consejo quieren ya lo tienen: no destapen botellas.

Y se fue por el lado de la loma cuando la tarde estaba por desaparecer.

Estupefactos quedaron los del grupo siguiendo con la vista aquel alejamiento, pero uno de ellos, saliéndose valiente de la bola, caminó algunos pasos para lanzar la última pregunta a pecho abierto:

–¿Y usted, señor, en donde quiera que anda va diciendo la nueva? ¿A poco usted va a recorrer aprisa el mundo entero para que todos sepan esta noticia fea?

El hombre sin voltear dijo que sí; un «sí» difuso, apenas, incapaz de colmar o resolver; allá, redicha, la mínima figura que se pierde: figura diabla, ¿o qué?: figura sacrosanta, y acá lo tremebundo más o menos, porque por resultado se crearon divisiones.

A partir del anuncio hubo gran alboroto. Era una discusión que debía continuar durante bastante tiempo, no digamos semanas sino: hasta que apareciera la verdad: ¿cómo?, ¿cuando todo por fin se reventara? Eso sí que en conjunto quisieron aclarar lo principal: es que varios pensaban que si también el hombre había incluido portolas, botes, frascos. No, ¡caray!

Bola de cabezones los dudosos. Claramente lo dijo: «botellas», «damajuanas» o «redomas», aquél no entró en detalles. Después unos conjeturaron a pie firme que el ser desconocido había venido aquí nomás a sembrar miedo.

Otro, un hombre pachorrudo, tratando de no zaragatear la índole del tema, llegó a la conclusión de que el horror propende siempre a que las predicciones se exageren, y a contrapelo, por salir airoso, se despidió del corro prometiendo venir al día siguiente. *¡Epa, tú no te vayas, debemos de quedar en algo fijo!* El hombre, el que quería zafarse sabiéndose ingenioso, metió freno a su escape y volvió acá un poco cabizbajo. *¡Nadie se vaya que no es sana la cosa!...* Hubo otros, sin embargo, que sí creyeron que una moción de tal envergadura no se prestaba a esceptisismos burdos, y más teniendo en cuenta que a últimas fechas el grupo había abordado cuestiones similares, aunque, ésta fue la puntilla: «Se va a acabar el mundo», y no faltó quien dijo que eran puras mentiras.

Dos horas transcurrieron y: arreglos, desarreglos, simplismos, apatías, al fin: la concordancia.

Estimar a la postre que la noticia no era sino el adiós mundial fue la idea que se impuso, más por terror que por discernimiento, y, en efecto, por angas o por mangas la acción del hombre que llegó y se fue –correlón y con cara de susto, como si huyera de un antro prohibido– significaba, sin lugar a dudas, que el artefacto podía estar escondido en este punto: acaso el más remoto o el más insospechado. Sí, no había que darle vueltas, por algo vino aquí tan en directo. Asimismo, y a modo de refuerzo, él no pidió ni techo ni comida; agua nomás, bastante, y ya con eso.

Luego, por incongruentes, varios procedimientos quedaron descartados, el principal se enuncia: el hecho de acudir ahora mismo a casa del mandón a informarle sobre la mala nueva para que éste enseguida diera el aviso a la localidad de ser posible a través del micrófono y las cuatro bocinas que cada cuando usaba para actos oficiales: no, pues no, la prudencia aconseja que es demasiada falta de respeto interrumpir el sueño de una autoridad, ¿qué tal que ya estuviera con la luz apagada y quehaceroso? En todo caso la visita se efectuaría mañana a primera hora.

Entonces, los esquineros, en forma personal, deberían de tomarse la molestia de que la información se supiera mucho antes de que llegara el alba evitando que nadie, para entonces, ignorara el albur que representa la simple destapada de botellas, pero era harto difícil; ya si otras gentes, los familiares mismos, tenían iniciativa de ir de casa en casa o hicieran grande aquello a base de alaridos callejeros: eso sería lo óptimo, digamos.

Todavía, y por necesidad, abundaron las glosas; sin embargo, ya al filo de las diez los del grupo se fueron retirando. De hecho, tenían que acomedirse.

No en balde la incógnita más fea consistía en que durante este lapso algún irresponsable candoroso realizara sonriente la maniobra. El tequila, el sotol, como se sabe, se antojan en la noche, no tanto las cervezas o las sodas. Qué enorme paradoja sería eso de ir a buscar placer en la bebida para toparse a cambio con algo destructor: ¡del mundo entero!, y sólo en un abrir y cerrar de ojos.

Colosal o pequeña la acción infatuaría los sinsentidos, y he aquí que una catástrofe total daría margen también a muchas ilusiones, pongamos como ejemplo: un más allá de almas flotando en el espacio, ¿viajando?: bueno fuera.

Mientras tanto...

«Se va a acabar el mundo... Ya está por acabarse», si no textual la frase: eso fue lo primero que cada uno del grupo al llegar a sus casas respectivas dijo a sus familiares –incluso los escépticos, que si bien todavía tuviesen dudas acerca de lo dicho, no podrían arriesgarse a hacer bromas pesadas: destapando y a ver–, tan luego la noticia se pormenorizó.

De resultas: se hizo el movimiento al tiempo que el rumor salió a rondar, habiendo aún personas –dos o tres siempre hay– que desmentían la probable hecatombe aduciendo, de acuerdo a la gallofa expuesta a la carrera, que si la bomba estaba, por decir, allá abajo del mundo, de todos modos era de esperarse que el siniestro ocurriera pese a pese.

Y de ello se desprende que la tragedia póstuma no dependía por cierto de los cuidados que la gente de aquí tuviese con los cascos cerrados. Por ende esos mordaces pesimistas se carcajeaban frescos y descaradamente a la vista de algunos –para que se escamaran y vieran todo negro o todo blanco en un instante falso– se decidían a abrir una botella retando a los designios de un final volador y capitoso. «¡No lo hagas!, ¡no te burles!, ¿no ves lo que está en juego?» De seguro serían las réplicas sui géneris; por lo pronto: ¡qué suerte!

Por lo demás, el zumbido exterior se desbordó, pues no era para menos una noticia así; ante la gravedad nadie que se enterara podía irse a la cama indiferente, sino que se salía aterrorizado en busca de más datos, y puesto que el mensaje de aquel hombre viajero para colmo obligaba a entrar rápidamente en minuciosidades, cada quien advirtió que todavía quedaban bastantes hilos sueltos cuyo atado quizá no fuese necesario.

De entre tanto fragor y desparramo de modo natural fueron formándose pequeños grupos: los piadosos, los prácticos, los elucubradores y los correvedile. Para estas alturas los esquineros habían pasado a un segundo plano; diluidos, dispersos en el barullo incierto de principio se debe agradecer que hayan cumplido con su cometido.

¿Y qué decir de los correvedile?, ahí andaban chismeando y retorciendo. Muy aparte situados los piadosos; por cuenta propia rezando a la intemperie sus rosarios con los brazos abiertos pidiéndole al Señor clemencia y plazo. Al respecto se aclara que hasta la fecha no hay en el villorrio ni párroco ni templo: ¡pueblo hereje!, más bien: ¡pueblo dejado de la mano de Dios! En el desierto, lejos, seis personas creyentes no hacen cantidad. Entonces, vayamos con los prácticos...

Ellos, por lógica, inicialmente optaron por discernir dónde estribaban las complicaciones. Por el momento: «creer»; luego: «seguir creyendo», y hasta no ver la luz del nuevo día no pensar diferente. Segundo punto: no irse a dormir por tanto, no enfadarse. *La actividad común es lo que hace más falta.* Correcto, sí hubo aprobación. ¡Vaya!, los prácticos ganaron; como eran de entre todos los serios, los luchones, mejor dicho: los que ponían remedio, en apariencia al menos, a ellos se unió la mayoría confusa, incluyendo también a algunos pesimistas, que eran por supuesto los elucubradores; unos, si bien; los restantes, en paz y con distancia: ¡mirones desconfiados! Orden: al cabo: regular: si se quiere. Ya el frío apretaba hacia la medianoche, pero.

A partir de esa base suscitáronse pues las últimas hipótesis para luego dar paso a las tareas. Esto: que si la bomba metida en las redomas tenía forma boluda: acaso una canica o una posta, posible una pastilla o un chocho transparente. ¡Sepa! Podría ser algo informe: mera substancia densa, tal vez indistinguible. Declararon los prácticos que era necesario revisar con detalle todo lo que estuviera embotellado: los tintes de los líquidos, y si se descubría, siquiera, alguna basurilla hundiéndose o flotando, estas redomas deberían colocarse en un lugar secreto, muy lejos del alcance de los niños. A ellos, desde luego, para evitar percances, era mejor sacarlos de las casas, aunque lloraran pues. La situación no estaba por ahora para consentir gracias ni diabluras de nadie.

Vino el mandato ya: salido de la boca de un encuerdado jefe incidental, quien, deseando ser modelo, manifestó con tono paladino que él sería el primerito en hacer el trabajo, así expresó que todos por igual, con margen de una hora, habrían de ir a separar botellas: las buenas y las malas. Después venir de nuevo al susodicho sitio a bien de concentrarse para esperar la orden subsecuente. Era bueno el propósito, ya que si no andarían por ahí durante la noche con las cejas paradas nada más y sin saber qué hacer o gritando a lo loco. Sí, pero... Se dio el caso también de algunas gentes que dijeron no tener en su casa un solo casco: ni vacío ni cerrado, vamos, ni un perfumillo en frasco... Entonces, ellos ayudarían a...

Sería horrible pensar, dado que cabe, que Juan Ruperto Amor, propietario del único bazar de comestibles y de abarrotes varios con que cuenta el villorrio, y que sirve también de expendio de licores, todo él: rico, monopolista, eso –quien se unió al gran conjunto–, llegara a suponer que los famosos mezcales de Oaxaca traídos por él mismo hace ya tiempo, los cuales, los de categoría, por lo común albergan a un gusano que dormita hasta abajo rebosante de pisto, alguno de ellos fuera nada menos que la dichosa bomba. Ah, eso estaba por verse, bueno, sí, si eso pudiera darse, aunque saberlo era mientras tanto como una pesadilla estrepitosa que al cabo se abría cancha en los demás: porque al exponer en voz alta su miedo Juan Ruperto ante el grueso de aquella muñidiza: muchos pensaron que ahí estaba el meollo del problema. Además éste dijo que el trabajo a efectuar le llevaría de cuatro a siete horas por tener en trastienda enorme cantidad de damajuanas lentamente añejándose y a manera de cierre dijo que en su negocio no había niños traviesos ni forma de que entraran.

Cierto, a raíz de lo expuesto por Juan Ruperto Amor el enfoque cambió; ahora merodeaba el dilema que existe entre lo que es absurdo y lo que es funcional; mientras que el uno abruma el otro minimiza: o sea: dicha argumentación daba oportunidad a los escépticos –que estaban al acecho de las posibles fallas– para advertir que aquel trabajo múltiple era desde un principio ineficaz, pavón y sin sentido. E intervinieron varios despotricando en contra del hacer colectivo. Se atropellaban las exposiciones, y más que dar cabida al fatalismo para ellos lo importante era hacer ruido: crear a ultranza y aprisa un jaleo extraordinario capaz de meter freno a tanto batidero; no obstante, por ahora, un «no» definitivo era imposible.

Si la urgencia de antes y de muchos estuvo casi a punto de moldearse: pues no, ni para cuándo: porque la averiguata pudo más: aquella fue tan lírica y tan larga que despertó al mandón. ¿Sería?, un sobresalto enorme, afuera, en plena noche, y entre que somnolencia trepidante y ambigua realidad éste dedujo al vuelo que entre los lugareños algo descolorido se estaba cocinando. El hecho se le hacía bastante inexplicable dado que nadie, ni siquiera algún guardia del orden general, había venido a tocarle la puerta.

El mandón como pudo se vistió al tiempo que veía por la ventana movimientos de gente apenas insinuada por la luz de la luna y alguna que otra lámpara de mano. Salió, muy de puntitas, es que: el familión dormido: que continuara igual. Ya estando al aire libre que se encarrera todo desguachipado y: con los pelos de punta: pues no tuvo ni chanza de ponerse el sombrero. Sí, en tinieblas llegó adonde estaba el grueso del tumulto seguido por seis, siete, ocho curiosos que se agregaron a su correntida.

–¿Qué hay? ¿Qué hubo? –que pregunta asustado al hatajo prolijo de siluetas que casi estaba al borde de reatarse: unos por no dejar que los demás hicieran, por ex profeso complicar deveras lo que en sí mismo era insuficiente.

Es decir que el mandón llegó puntual. Es decir que si el colapso fuese mero invento los habitantes de Charcos de Risa –a la sazón dicharacheros y asimiladores–, fruto del pánico, acabarían fregándose entre ellos a trancazos, araños y mordidas. Pero esto si bien tan sólo es un escalmo que merece meterse entre lo ya metido.

Por cordura o temor se creó en contraste luego un silencio muy turbio y como atolondrado: como si el mandón fuera el diablo en carne y hueso que viene a pedir cuentas, o Dios aquí también: sereno y bondadoso. No, aunque: era la figurilla principal la que venía a enterarse, la que angustiada repitió dos veces esas finas preguntas de hacía rato, y nadie, salvo, siendo que la mudez ya revelaba desbarajuste e inseguridad: todos –sin cuchicheos– con vehemencia de absortos idealistas: esperando: hasta que...

Fue un esquinero el que contó desde que el hombre aquel... Paso por paso: etcétera. Obvio que esto necesitaba de largueza. Por fin llegando al hecho y al motivo de que estuvieran tantos despiertos y reunidos a esas horas, el común, por lo visto, haciendo a un lado las obligaciones: las de diario, se ve, empezando por las desmañanadas, el narrador no pudo proseguir, dar un cierre adecuado, aunque sí puso en claro el desconcierto.

Es que el mandón se carcajeó de plano, infame retorciéndose cual si el informador le hubiese dicho con absurda congoja una talla repleta de zonceras. Parecía demoniaca su ronca risotada, a propósito demasiado ruidosa: con ganas de hacer eco por doquier; el colmo: duró más de un minuto sin parar, al extremo de dolerle el estómago, de salírsele el llanto por no hallar la manera de contenerse ya, acaso porque entendía de sobra la puntada.

–¿Pero cómo es posible que ustedes crean tal cosa? –clamó después sin apagar del todo su motor carcajiento; en contraposicíón la seriedad reinante se rompió, unos se contagiaron y –¡válgame!– hubo luego explosión pero de chachalacas, no fuerte sin embargo.

En cambio, nomás dio su respuesta sarcástica el mandón y los escépticos aprovecharon para hablar en desorden, destacando, por real y superior, la victoria aplastante de sus razonamientos, entiéndase en resumen que ni una bomba estaba en las botellas, que el mentado explosivo pues no podía existir porque pues no; asimismo, los piadosos metieron su cuchara arguyendo, enojados, no estar seguros de si sí o si no, que sólo cuando a Dios se le antojara habría de señalar el fin de este espectáculo de vidas, dado que los asuntos misteriosos son algo más que una problemática; los prácticos, según esto: bien fríos y presumidos por tener siempre los pies sobre la tierra, gritaban al igual que los correvedile; entre el meneo de voces por ahí Juan Ruperto tratando de...

Para no irnos tan lejos: de no haber cuadratura la batahola podía degenerar en mofas y revanchas, ergo, el mandón supo que debería encontrar y para bien una resolución de plano autoritaria.

Sí, no pretender en vano dar la respuesta ideal al montón de supuestos peleados entre sí.

Lo mejor sería entonces seguir sus convicciones cayera quien cayera: porque de todos modos de él se esperaba una disposición. Empero, le llevó largo rato darle al clavo a la más equilibrada, la más correcta y también la más simple: ¿cuál? Durante ese rato no hizo el menor caso al destrampe común, supo, como primera regla para él mismo, que debía de tomar una actitud muy seria, sin flaqueza de ánimo, sin ningún carcajeo digamos inconsciente, y limpiándose aún el lloro semiseco de la risa, medio calmo les dijo:

–¡Silencio, por favor, exijo compostura!... Miren ustedes, para que no haya duda es necesario que todo el mundo traiga las botellas, y los que no, que no: mejor que ayuden a los que tengan más. ¡Hay que romperlas en este lugar antes de que amanezca! Quien no lo haga pagara por mañoso una cuantiosa multa que mejor ni les cuento... También se me ha ocurrido que a partir de mañana y desde muy temprano los guardias a mi cargo realizarán un cateo general casa por casa, al que se le descubra una sola botella y con el tapón puesto ya verá más delante lo que le va a pasar... Es necesario que todas las personas de la localidad vean con sus propios ojos que no hay bombas ni nada parecido, que ese hombre que vino y que se fue apurado era un loco fuereño, como tantos que hay... Ahora, que si el mundo se acaba de a deveras, pues que se acabe pues, tal vez la otra vida sea más prometedora. Pero eso sí, no vamos a pasarnos lo que vivamos de ésta preocupados por una cosa incierta. Así es que ya lo saben: ¡vayan por las botellas!, aquí nos vemos dentro de dos horas. Quiero que todos queden desengañados rápido, y si no: que nadie se dé cuenta de lo peor...

De a tiro se escucharon voces increpadoras: una algazara leve que finalmente fue disminuyendo, dado que se trataba de un ultimátum justo, de una valentía incluso responsable ante una fuerza horrenda por gigante y difícil de entender. Claro que algunos peros sí tenían mucha cola, el caso es que ninguno se oyó bien.

Y de vuelta el silencio se hizo grande cuando con tono áspero el mandón reiteró para calmar los ánimos.

–¡Ésta es mi decisión: duélale a quien le duela! Yo no caigo en la trampa de un fuereño bocón y no quiero que caiga nadie de este lugar; pero voy más allá: si todos nos morimos puede que sea correcto o puede que no sea: habrá que resignarse a lo que venga... Pues, entonces: ¡vayan por las botellas!... Ya saben que en dos horas comienza el rompedero.

No obstante, el más perjudicado, Juan Ruperto, por mil razones lógicas, sacando el pico de entre la multitud, clamó con gravedad:

–¡Yo tengo un poco más de cien botellas: ése es mi patrimonio, el más, valioso... Y mire usted nomás: voy a volverme pobre por una tontería! No me parece justo lo que nos ha propuesto.

Si bien se ve: aquella aclaración era para reírse, aunque el mandón, ecuánime, sintiéndose por cierto bastante justiciero, respondió de inmediato:

–¡Mentira!, usted es ricachón. Ciertamente si dona sus botellas disminuirán en parte sus haberes, aunque es como quitarle un pelo a un gato, puesto que aún le quedarán cuantiosos abarrotes. No creo en definitiva que este desprendimiento en beneficio de Charcos de Risa lo arruine para siempre; antes por el contrario: su acción será admirable, pues deberá saber que las gentes de aquí se lo agradecerán y de por vida ¿no?

Se oyeron unos «sí» más o menos audibles mientras que Juan Ruperto con lentitud bajaba su cabeza en señal de humildad: esa cabeza peinada para atrás y experta en los negocios que al cabo de un minuto volvió a alzarse. Todavía nadie se iba y el comerciante hablóle al mandamás –ahora con más calma– para explicarle que en el plazo indicado no le sería posible acarrear la gran suma de redomas y que necesitaba de la ayuda de algunos.

Excusa innecesaria, sin fundamento serio, dado que usando un par de bolsas con agarraderas podría traerlas todas y mucho antes... El problema: las vueltas, aunque era lo de menos...

Aprovechó el mandón dicho reclamo para llamar a los dos o tres guardias a su cargo que por no estar presentes –como debe ser– cuando se les requiere: en boca de los muchos se prolongó la apelación gritona, la cual no tuvo alcance, es que: ninguno de ellos vino: ¡sabrá Dios dónde andaban!, ah, ¡qué escondidos los tales! A su modo: ¡qué listos! Así, se ofrecieron algunos voluntarios. Sea: ¿ya qué podría decir el ricachón?

Poniéndose de ejemplo y profiriendo en vano una arenga superflua acerca del deber: el mandamás todavía mencionó que en su casa guardaba unos cuantos licores de gran clase que él mismo traería acá para romperlos. Y decimos «en vano» porque éste se quedó hablando solo como un loco en lo oscuro; siendo que Juan Ruperto ya se había retirado seguido por seis, siete; así también en dispersión se fue la multitud.

En cuanto al comerciante, en efecto, el mandón tuvo el tino de tocarle con suma perspicacia la parte más sensible de su mente objetiva, es decir: la caridad suprema –ahora a prueba– y a la vista de todos, por lo mismo: el valor legendario que ésta trae; en consecuencia, no le quedaba de otra, porque si se negaba bajo cualquier pretexto quedaría en evidencia su egoísmo.

Bueno, lo siguiente es trabajo de interiores: busque y busque la gente las botellas cerradas inclusive tal vez en donde no hay. Con esto, sólo de imaginar las conmociones: uh: tiraderos adentro y casas al revés; y dada la sentencia sacada de la manga: ni una de esas redomas podía ignorarse adrede, porque: ¡cuidado! Premuras harto dóciles a expensas de una sanción injusta. Sin embargo: eso era lo importante, que ya no el miedo al zambombazo póstumo.

Todavía no pasaban ni dos horas cuando: poco a poco el regreso de unos después de otros con botellas intactas al punto de reunión, al sitio cónclave donde el gran episodio iba a ocurrir, pues de inmediato, sin autorización, empezó el quebradero: oscuridad –y ¡zas!– por testimonio: ninguna llamarada anunciadora ni centellas fantásticas, únicamente instantes dolorosos, explosiones de líquido más falsas que livianas que pronto demostraban la dureza del mundo y la enorme falacia de aquel hombre viajero; ¡zas!: vidrierío, desgarriate, fiesta de esquirlas que invisibles saltaban; hasta el momento lo trágico no era más que alivio y espanto indefinidos. Empero, sí hubo lastimaduras, aunque leves: unas gotas de sangre y nada más. Lloros, clamores de niños y mujeres al compás de los traques; los hombres, dizque bravos, al tiempo que apedreaban las redomas retrocedían incautos esperando el final, y al percatarse que aquellos estallidos anodinos no emborronaban ni destruían siquiera la rigidez del suelo: arremetían de nuevo retadores: y por lo pronto no. Claro que no eran todas las botellas: faltaban muchas más, puesto que apenas se habían ejecutado cerca de veinticinco: sodas, cervezas y diversos refines; esto, si las personas no fuesen renegadas y guardaran algunos para luego, dígase que con buena o con mala intención. Mientras tanto el desorden y los sendos propósitos de refutar lo dicho o no saber ni qué.

Muy antes de cumplirse aquel lapso indicado fueron llegando los correvedile, los piadosos, los prácticos y también los escépticos; los esquineros, sí, y algunos cuantos más: portando sus haberes de cristal, y sin idea de reglas que acatar ni consideración sobre un probable método para un desculamiento tal vez más efectivo: arrojaban sus cascos, a la par que los muchos, hacia donde ahora estaba el trizadero, donde sin ton ni son había lluvia de piedras y efluvio de licores: espumas al azar: cual brochazos de formas capricantes que terminan moldeándose a las pedacerías de ahí y de allá.

Hediondez y verdad a poco se imponían. La noche era estructura y el viento revoltijo.

En eso, en pleno trance colectivo, llegó el mandón cargado y repelando, queriendo apaciguar tanta emoción o miedo, también incrédulo de que los lugareños por propia iniciativa desafiaran valientes al diablo o al Señor. Él, ahora sí vino con sombrero y pistola como era su costumbre.

–¡Momento!, ¡cálmense!, ¡tenemos que ir por partes!...

Y nadie le hizo caso; entonces, viendo que eran inútiles sus gritos, que se mete al rebane y se pone a quebrar sus damajuanas con lujo de balazos.

De rato que llega Juan Ruperto y acciona como todos, aunque a regañadientes. Es que... La inercia del destroce pudo más, empujólo como una marioneta hacia lo inverosímil. Supo, con un dejo de fe, que aquel desprendimiento quizá muy a la larga le garantizaría la gratitud del pobre paisanaje, pero ahora, pues no pudo evitar que el llanto le brotara cuando vio ya esparcida su riqueza: húmeda y trasminada: ahí: tanto fino licor y tanto esfuerzo ido.

Las últimas botellas se quebraron al despuntar la luz del nuevo día. ¡Ni una! ¡Ni una más!, según esto... *¡Vámonos a dormir!, ¡vale la pena!,* que clama el mandamás con un júbilo a medias, sin agregar palabras de autosatisfacción, lo único que hizo –a la vista de todos: que estoicamente habían permanecido en el lugar– fue alzarse el cuello de su camisa a rayas en señal de victoria y caminar ufano en retirada peinándose las sienes. Se fue –seguido por los muchos– casi irreal, casi héroe: en silencio, quien con circunspección y dignidad se iba acomodando su sombrero tejano acaso chueco por la friega de hoy. Después la gente, frenada, a la distancia, lo vio entrar en su casa levantando feliz una mano de adiós.

Sólo queda en mención un cuadro a la deriva, en realidad el seco resultado lastimero que desdice papeles: una pastelería de desperdicios y una mezcla de hedores agridulces que el aire del desierto arrastraba despacio removiendo también algunas trizas. Un vaho de pestilencia como fruto mendaz de lo que no sería sino ilusión y tregua todavía por cumplirse. Pero ni un alma aquí ni en perspectiva dentro del panorama desgraciado, solamente de hinojos y casi en engarruñe estaba Juan Ruperto llorando inconsolable como un niño que ha recibido golpes sin piedad de un padre gordinflón: de brazos chuletones... Quienes lo vieron hecho un estropicio, desde alguna ventana o varias: lejos, ahora andan diciendo que nunca antes en Charcos de Risa habían visto a un fulano llorar tanto. Fue un llanto muy ruidoso y duradero, aunque es puro decir, porque el día que siguió más bien fue casi nulo: la gente durmió en grande, o sea: ¡a la fregada todos los trabajos!

Por lo demás, ¡caray!, el mundo continuaba... ¿O renacía tal vez? Mera casualidad o mero pasatiempo.

Asimismo, el hecho demostró sobradamente que la mentada bomba no se encontraba aquí.

Aunque...

Luego.

En recuento, al paso de los días con la ayuda de muchos voluntarios se barrió y se limpió el burdo batidero; casi en cámara lenta las guardias del mandón con mohína efectuaron el cateo general, pues se daban su tiempo para platicar largo con cuantos moradores se prestaran sobre aquella emergencia innecesaria; había pasado un mes y aún andaban en busca de botellas enseñando el papel firmado al calce por el mandamás para entrar libremente en las casas que están a las afueras, bueno, si esto puede decirse, ya que todo es central en un lugar chiquillo. Y no encontraron nada, como era de esperarse: la zozobra masiva resultó superior. Entonces sobrevino lo que siempre sucede: la normalidad fue la que se impuso, porque es la pauta de las apariencias, y dado que después de un gran enredo cualquier secuela vale: la duda persistía...

Un desenlace así tenía que traer cola, y la más natural: se acabó la tomada, la circunstancia castigaba a los briagos: al menos mientras los habitantes aún no digirieran los efectos de aquella información traída por un hombre que a ninguno siquiera le dio chanza de refutar en parte su sentencia postrera.

¿Ya?

Excepto eso: lo cotidiano volvió: los deseosos esquineros: por las tardes: los tanteos: las terquedades: esos hábitos de hablar: revivir lo exagerado: ya que el silencio deprime: ahora que: el caso como un hechizo: y por tanto: el grupo se hizo más grande, debía ser, había razón; nuevos corros se formaban: otros muchos: por su lado: hombres, mujeres, ancianos: sacaban sus mecedoras: tal como antes: a esas horas de trastrueque en que la luz se derrite. Todos, sí, con el tema de la bomba que todavía daba pie a bastantes hilazones cada vez más dilatadas. Que si aquello era carlanco, tremebundo o baladí. Grandes interrogaciones y un arbitrio hecho de voces.

Para pronto, los que habían sido los prácticos y que continuaban siendo, pues que vuelven a la carga. Esto es: hicieron viajes adrede a sitios circunvecinos tan sólo para saber si el fuereño chaparrón había pasado de prisa anunciando la terrible novedad... ¿Qué? Al contrario: Ojalá hubiera venido para prevenirse prestos, mas de a tiro se entendió que el aviso mal que bien era un chasco muy agudo, por ende: las gentes se rieron de ellos y de puro refilón encontraron fundamento para burlarse a sus anchas de los de Charcos de Risa, bah, con razón alguien le puso ese nombre a aquel villorrio.

¿Comprobada la mentira?... Más o menos: todavía.

Se siguió hablando del caso.

Ciertamente, el nudo se iba aflojando, pero quedaban pendientes las pesadillas de: obvio que se trata aquí de los hombres esquineros que acostumbraban narrar sueños retealrevesados.

La premisa fue el viajero que regresaba al lugar por supuesto que enterado de lo que había sucedido; más bien: aquellos le componían agregándole o quitándole: coincidencias, variaciones, diferentes soliloquios; si uno soñó emplazamientos también otros atisbaron cercanas similitudes; en esencia eran nociones a la carrera arregladas; el primero que contó dijo ver equidistante aparecido al chaparro haciéndoles varias señas sin que su voz fuese audible: que vinieran porque sí. Mas intervino uno de ellos para decir que eso no, que en su sueño vislumbró al fuereño risa y risa pero pasando de largo. Otro dijo muy en serio que el hombre gritaba harto, bastante desesperado, y uno más lo vio llorar en la punta de la loma que está situada al oriente.

Se desdecían las secuencias, la cosa es que: ¡oh, paradoja!, invenciones: si se ve, porque los sueños se truncan cuando ya no hay seguimiento que se apegue a un orden lógico. Así, de acuerdo a los presupuestos, que acuden los esquineros al llamado del fuereño. No faltó quien pretendiera darle su buen merecido por tan tamaña falacia, pero aquél dentro del sueño, o acaso en la realidad, era un espíritu indócil que irónico se alejaba conforme los del conjunto se le iban acercando, y eran zancadas difusas, hacia atrás y sigilosas, por una planicie enorme carente de nopaleras, huizaches o cororetes.

Y ellos corrían sin cesar, pero viendo que: ni modo: nunca podrían alcanzarlo, que se frenan maldiciendo y con ganas de aventarle cuanta lasca hallaran cerca. El fulano para colmo portaba una damajuana, y envuelto en las teñiduras de una tarde apocalíptica, que la abre de inmediato: uh: espumilla inofensiva, muy resuelto que se bebe el contenido; una vez que terminó que deja caer el casco y se da la media vuelta: ritualmente fue perdiéndose entre las líneas desechas de los contornos de allá.

No, eso no, ¡miren nomás!: que alguien agrega en el acto: es demasiado chilindre; adujo que en su visión simplemente miró al hombre huyendo de algo terrible... Y lloraba al avanzar, dijo otro... No obstante a uno que le da por desmentir aquellas ensoñaciones, pues que añade a contrapelo que el hombre tal vez murió cuando entro en los espejismos. De seguir la averiguata tal vez estos esquineros terminaran a reatazos.

Historias van, otras vienen, otras pasan y se olvidan: y tienen que repetirse aquí, acullá, dondequiera. Los hilos quedan cortados: colgando de sepa dónde. Hay quien los quiere arrancar... Invenciones de la gente... Pero, lo que es que aquí en el villorrio quedó bien establecido el criterio general de no creerle a fuereños. Todavía pasado el tiempo, esta historia se recuerda no sin que los lugareños sientan mucho escalofrío, porque cuando alguien destapa una botella o un frasco lo hace con cierto temor; entonces, a modo de despedida, puede ser una de dos: ¡que el mundo se acabe hoy mismo o no se acabe jamás!

Casi sin palabras

La prosa de Álvaro Uribe es un discurso filosófico montado sobre una estructura literaria y activado por una puntualidad estilística abocada a argumentar verosimilitud.

Aunque sus cuentos de *La linterna de los muertos* (1988) son perfectos, poco importan los planteamientos anecdóticos. Da lo mismo, por ejemplo, que al protagonista de «El rehén» lo secuestren en París o en otro planeta, porque Uribe se ha propuesto no otra cosa que llevar hasta sus metafísicas consecuencias un juego de niños, para arribar a la Arcadia. Todos en algún momento nos hemos preguntado ¿qué pasaría si me quedara ciego? Y empezamos a imaginar que aprenderíamos braille, que podríamos reconocer a nuestra madre por el olfato. En la lógica de tal juego, la siguiente pregunta es ¿qué pasaría si me quedara sordo? Podemos derivar en la duda que produce la cuestión de, si tuviéramos que escoger, ¿qué preferiríamos, la vista o el oído? Pero con una hábil economía discursiva, Uribe consigue colocar al lector en el *lugar* que resulta de perder los cinco sentidos pero conservando intacta la conciencia. ¿Dónde flotaría el Yo que no recibe ninguna información exterior, que ya nada puede decir del mundo tridimensional? El Yo, ¿necesariamente debe residir en un cuerpo?

Me parece que desde «El rehén» es menos difícil inferir el principal móvil de la literatura de Uribe: a pesar de la angustiante situación del rehén, de su caída en el limbo, se alcanza a escuchar entre líneas un plácido susurro, la idea de que a este personaje el secuestro lo ha *liberado* de la atadura de sus sentidos. (Y creo que a esto se refiere el atormentado personaje de «La audiencia de los pájaros» cuando declara: «me siento aún más aislado en este cuerpo que me estorba».) Probablemente, el universo en que se precipita el rehén es el orbe donde ocurren las historias de Uribe.

La pulcritud de la prosa de Uribe no es una mera exigencia estilística. Detrás de ella se oculta la tentación de prescindir incluso de la palabra, de llevar al lector por un pasaje ficcional al mundo de las puras imágenes donde navegue conscientemente el Yo, donde a voluntad pueda saltar a cualquier coordenada del espacio-tiempo.

Pertenece a ese mundo el gato de «El séptimo arcano», allí medita el filósofo Uribe, en esa dimensión se cruzan los fantasmas y los vivos –todos los personajes lo son a la vez– de «La linterna de los muertos», y allá quiere retornar el protagonista de «La audiencia de los pájaros».

En otro plano, las ficciones de Uribe sugieren que los actos de los hombres –incluida la literatura– antes de ocurrir en el mundo sublunar de la materia se verifican como símbolos y fuerzas arquetípicas en el escondrijo platónico de donde brotan todas las formas. En «El Evangelio del hermano Pedro» Uribe *vuelve* a contar, sin perder un punto de su eficacia, la traición de Judas. Los mitos no fallan a la hora de esencializar la vida humana.

Por extensión de esta misma idea, debemos conceder que los sucesos de la Historia han sido concebidos en un molde prístino antes de tomar cuerpo y adquirir los pedestres nombres que les da la vida cotidiana. Por eso Álvaro Uribe escribió una novela política e ideológica que, no obstante su lógica realista, ocurre en el limbo. *La lotería de San Jorge* (1995) cuenta la historia de una organización clandestina y el triunfo de su revolución socialista; resulta casi imposible no pensar en Nicaragua y el Frente Sandinista de Liberación Nacional. Sin embargo, esta «libre asociación» funge como mínimo lastre para que el lector no pierda tierra.

Tampoco hay que pasar por alto que las fatigas de los personajes de *La lotería de San Jorge* las acapara el compromiso «ético» de consumar una utopía. Sospecho que Uribe da por perdida la utopía socialista porque es la parte visible, material, de su sueño arcádico; pues como dice Fabio Morábito en *Los pastores sin ovejas:* «la pasión por el lugar perfecto es la pasión por el no-lugar, y el no-lugar, la pasión por no existir».

La estructura de la novela deja ver que hay cinco narradores; de la constancia estilística se infiere que uno solo. Tal prosa obsedida por formular una especie de ecuación lingüística que anule al autor, que produzca una reducción a cero de la realidad inmediata, obtiene como resultado una metaliteratura. La obra de Uribe no está escrita desde la vida orgánica, fue redactada desde la literatura. Creo que esto explica la facilidad con que Uribe admite sus influencias literarias. En *La linterna de los muertos,* casi como en un número de *striptease,* nos dice que admira a Julio Cortázar y a Jorge Luis Borges. Pero Uribe avanza con seguridad en un mundo propio porque supo prescindir de la erudición del segundo y del coloquialismo del primero.

Curiosamente, su planteamiento lingüístico y la noción del mundo que se desprende de él se ubican en el plano opuesto de la literatura de Daniel Sada. Esto no es una comparación, antes bien el reconocimiento de las potencias de dos prosas antagónicas de la narrativa mexicana. Sada satura burlonamente de palabras el cosmos, para negarlo. Uribe lo niega con su resistencia a nombrarlo, para esencializarlo.

Álvaro Uribe
El rehén

A Víctor Herrera

Tuvo que tocarse los ojos para convencerse de que no los cubría una venda. Con delicadeza palpó la carne frágil de sus párpados y, a través de ellos, la tensión de los globos oculares. Ningún dolor acompañó a este movimiento. Retiró su mano y parpadeó unas veces más, pero todo permaneció como antes. Seguía sintiendo alrededor de su cabeza una presión que no llegaba a lastimarlo. Seguía sin ver absolutamente nada.

Llevó una mano a su nuca. Algo frío, liso y duro se ceñía a su cabeza, quizá una banda de metal. La siguió con los dedos: era plana, tenía unos dos centímetros de ancho, se adaptaba a la curva de sus huesos, corría por encima de las orejas, terminaba sobre las sienes. Un material más suave sobresalía en los bordes, plástico tal vez o hule espuma que permitía que el metal se ajustara sin hacerle daño. Trató de quitarse ese objeto que lo incomodaba, pero lo detuvo un dolor intenso. Poco a poco las punzadas fueron menguando y se concentraron en la parte posterior de su cabeza.

Un dolor en esa zona del cráneo era lo último que recordaba antes de la oscuridad en la que estaba extraviado ahora. Cautelosamente pasó la mano por el punto en el que se originaban las punzadas. Ahí estaba la cinta metálica, que debía ser, supuso, una suerte de vendaje. Un poco más abajo, cerca del cuello, su pelo estaba apelmazado. Pensó que era un coágulo de su propia sangre, y la imagen de la sangre lo hizo recordar a Jenkins.

El recuerdo se precisó. Antes de perder el conocimiento había visto al pobre de Jenkins. Jenkins, que no había alcanzado a abrir la puerta de su coche, estaba echado boca abajo sobre la cajuela, con la espalda empapada en sangre. La sangre no dejaba de salir por dos o tres heridas y escurría en hilillos por las salpicaderas, encima de la placa con las siglas de la embajada norteamericana. Junto al cuerpo de Jenkins estaban los dos hombres que lo habían apuñalado. Sus caras, lívidas bajo la blanca luz de los faroles, podían ser de turcos o de palestinos, de sirios o de iraníes, de armenios o de kurdos, de cualquiera de los incontables enemigos del Tío Sam en el Cercano Oriente. Ahora no hubiera sido capaz de identificarlos. Recordaba mejor las manos de los agresores, con los cuchillos que lo amenazaban. Había alcanzado a decirles, con una voz quebrada que no parecía la suya:

–Yo no tengo nada que ver, *rien à voir.* Soy mexicano, *mexicain.*

Y después el dolor en la nuca y la completa oscuridad de la que aún no podía salir.

Dedujo que con los asesinos había un tercer individuo que se colocó detrás de él y lo golpeó. Después, seguramente, lo habían metido en un coche y traído hasta la pieza oscura en la que estaba encerrado. Con angustia, razonó que sus captores debían ser miembros de una de tantas organizaciones terroristas o agentes de uno de tantos gobiernos que para promover una de tantas causas justas habían decidido tomar como rehén a un secretario de la embajada de Estados Unidos en Francia. Pero el imbécil de Jenkins, envalentonado por los vinos de la cena o por el entrenamiento militar de los diplomáticos norteamericanos, había intentado defenderse. Y él, que no tenía ninguna relación con este asunto, habían sido víctima de una coincidencia desafortunada: la de cenar con Jenkins precisamente en la noche elegida para el secuestro.

–Se equivocan –gritó ahora en la oscuridad–. *Vous vous trompez.*

Sus gritos restallaron en un conato de eco que no llegó a cumplirse. La habitación debía tener pocos muebles, en todo caso pocos objetos forrados de tela que amortiguara los sonidos. Era probable que tampoco hubiera ventanas, ya que sus ojos, que habían tenido tiempo de acostumbrarse a la penumbra, no percibían el menor indicio de luz. Estaba sentado en el suelo, con los hombros recargados contra la pared. No había, lo comprobó con el tacto, ni alfombra ni papel tapiz, sólo una superficie uniforme y fría bajo sus nalgas y a su espalda. El suelo y la pared debían ser de concreto.

Insistió en hablar primero en español y repetir cada frase en francés. No se le ocurría otra manera de mostrar a los secuestradores que él no era quien creían.

–Yo no soy gringo, *je ne suis pas américain.* Pueden verlo en mi identificación, *vous pouvez le constater sur ma piéce d'identitè.*

Tampoco hubo respuesta. Buscó sus documentos en el bolsillo interior de su saco. No los encontró, pero eso lo sorprendió menos que descubrir que habían cambiado su ropa. Exploró su nueva indumentaria con el tacto. Ahora estaba vestido con una amplia blusa sin botones ni bolsillos y con un pantalón muy holgado, como un piyama. Sus pies calzaban unas sandalias del mismo material, con suela de esparto. La tela que lo cubría era basta, aunque no presentaba ninguna aspereza. Pensó en las prendas que usan los enfermos en los hospitales; pensó después, aunque nunca había estado en la cárcel, en los uniformes de los reos. Imaginó que esa tela era negra, como todo lo que lo rodeaba. Casi con nostalgia recordó los colores de la ropa que llevaba cuando salió para cenar con Jenkins: el azul marino del *blazer,* el amarillo pálido de la camisa, la corbata roja, el pantalón de un vago tono caqui, el marrón brillante de los mocasines.

Una súbita certeza interrumpió estas evocaciones. Los secuestradores sabían quién era. Habían leído en su tarjeta de identidad: «M. Javier Salcedo, Deuxième Sécrétaire à l'Ambassade du Mexique», y aun así lo mantenían encerrado. Varias hipótesis le vinieron inmediatamente a la cabeza; se quedó, como de costumbre, con la más optimista. Los hombres que lo habían capturado se limitaban a ejecutar órdenes, correspondía a alguien más decidir qué harían después. Era probable que el jefe, el que había concebido el secuestro, aún no supiera que sus esbirros se habían equivocado. Cuando se diera cuenta del error seguramente dispondría que lo dejaran en libertad. Salcedo trató de convencerse de que no podía ser de otra manera; un diplomático mexicano, después de todo, no tenía ningún valor de cambio en el mercado internacional del terrorismo.

Un rato después, que dejó pasar sin moverse de donde estaba sentado, hizo un cálculo que vulneró su optimismo. Tenía sed, necesitaba orinar, sus piernas estaban entumidas; debía haber salido del restaurante con Jenkins hacía cuatro horas, cinco, quizá más. Era extraño que hubieran tardado tanto tiempo en venir a sacarlo de ahí.

Para apartarse de sus temores, para hacer algo, lo que fuera, buscar una salida, apresurar de algún modo su liberación, se apoyó con las dos manos en la pared y se levantó hasta quedar erguido. La imposibilidad de ver dónde estaba parado le dio vértigo, y tuvo que esperar a que sus piernas lo sostuvieran con más firmeza. Luego, movido por una urgencia en el bajo vientre, se alejó un poco de la pared, sin dejar de tocarla con una mano. Con la otra bajó el pantalón hasta sus rodillas, al tiempo que abría el compás de las piernas para impedir que cayera. En esa postura, que le recordó más de una madrugada en las calles solitarias después de una noche de tragos, orinó largamente contra la pared. Ese ordinario placer, el primero que sentía en mucho tiempo, absorbió toda su atención. No advirtió sino hasta muy tarde que los orines habían corrido sobre el piso y empezaban a mojar sus pies a través de las sandalias. Con instintiva repugnancia dio unos pasos hacia atrás y perdió el equilibrio.

De inmediato se inclinó hacia adelante para recobrarlo y enderezó el cuerpo, pero sus manos extendidas no encontraron la pared.

Poco faltó para que cayera. Mientras se tambaleaba creyó sentir sobre su cabeza una fuente de calor. Levantó los brazos y el calor fue más intenso, pero no alcanzó a tocar nada. Supuso que en el techo, que debía ser bastante alto, había un sistema de ventilación, tal vez alguna rejilla de la que salía el aire caliente. Otros apremios, sin embargo, lo distraían de esas conjeturas. Con lo que le quedaba de presencia de espíritu se concentró en dar un paso, dos pasos hacia enfrente. Sus manos se desplazaron en un vacío tan denso que casi lo sintió correr entre sus dedos. Retroccedió. Giró después en ángulo recto hacia la derecha y avanzó de nuevo, sin mejor fortuna. Retrocedió otra vez. Dio entonces media vuelta y caminó con las manos por delante, pero también fue inútil. Había perdido su único asidero en ese orbe oscuro que todo lo borraba.

El miedo, que no lo había abandonado ni por un instante desde su captura, se transformó en pánico. Sintió que la oscuridad, ceñida a su cuerpo como una sustancia viva, se preñaba de amenazas que palpitaban sobre su cabeza, a sus pies, enfrente, a su espalda. Correr fue su inmediato impulso, pero no se atrevió a dar otro paso que pudiera alejarlo aún más de la pared. Se sentía indefenso y solo como no se había sentido desde niño, cuando las pesadillas frecuentes lo despertaban a medianoche. Pero ahora sabía que nadie más fuerte vendría en su auxilio. Acosado por una muchedumbre de peligros ubicuos que estaban cada vez más cerca, fue plegándose hasta que sus rodillas y después sus manos rozaron el suelo. Sin gobernar ya sus actos, se dejó caer sobre un costado, con los miembros recogidos contra el tronco, y lloró hasta que las lágrimas ahogaron sus temores.

Se sentía mejor después de llorar, aunque lo avergonzaba su cobardía. Trabajosamente empezó a incorporarse, pero se detuvo a medio camino; había descubierto que sostenido en las manos y en las rodillas tenía menos miedo de tropezar. Andando boca abajo, como un cuadrúpedo, avanzó unos metros. De pronto sintió que su mano derecha se hundía en un líquido y la retiró en el acto. Pasado el susto, comprobó con alivio que la sensación punzante en su piel no era una quemadura, como temió al principio, sino un frío menos intenso que inesperado. A tientas buscó en el suelo y por fin tocó un objeto cóncavo y metálico que era, supuso, un recipiente. Lo tomó con las dos manos y lo acercó cautelosamente a su cara. El líquido no tenía ningún olor. Después de titubear unos segundos, se arriesgó a sorber un poco. El sabor que ganó su boca lo llenó de una alegría elemental. Era agua.

Bebió con el recipiente alzado contra sus labios, sintiendo cómo corría el agua por sus mejillas y mojaba su pecho. Al dejar el trasto vacío sobre el suelo pensó que en alguna parte podría haber otro con comida. Lo buscó junto a él, un poco más lejos, cada vez más retirado del lugar en donde había bebido. No encontró lo que buscaba, pero mientras recorría la habitación a gatas su cabeza dio de pronto contra la pared.

Experimentó, al mismo tiempo, un gran consuelo por haber recuperado su punto de apoyo y un enojo ingobernable por el chipote que sentía abultarse en su frente. Mientras palpaba el lugar en el que crecía la hinchazón, recordó la cinta metálica con la que habían vendado su cabeza. Con rabia trató de quitársela otra vez, pero de nuevo la sensación de desgarramiento fue intolerable y tuvo que desistir. Supuso que la herida en su nuca debía ser más grave de lo que había creído al principio. Imaginó que algunos jirones de carne viva se habían adherido al hule espuma con el que se ajustaba ese extraño vendaje. Esa idea acabó con su cólera y con la escasa confianza que había sentido al saberse de regreso junto a la pared. Aturdido por las punzadas en la frente y en la nuca, se recostó para esperar a que el dolor cediera. Quedó tendido en el suelo, con la espalda resguardada por el muro y la cara vuelta hacia el espacio indiscernible de la habitación. Sus pensamientos se hicieron recurrentes, concéntricos. Se preguntaba sin cesar por sus secuestradores: por qué lo habían capturado, dónde lo encerraron, qué harían con él, quiénes eran, quiénes.

En algún momento abrió los ojos y notó que la celda estaba iluminada. Era muy pequeña, o así la veía en su deslumbramiento. Bien mirada, parecía una habitación ordinaria, con cuatro paredes dispuestas en ángulos rectos. No tenía ventanas, pero salvo por esa particularidad podía haber sido la recámara en la que había dormido de niño. Hasta la puerta estaba en el mismo lugar, aunque la habían dejado abierta y detrás de ella no se veía el cuarto de sus padres, sino un pasillo oscuro. De esas sombras salió de pronto un hombre que le hizo señas de que lo siguiera. Salcedo se levantó y caminó hacia allá. Cuando estaba a punto de llegar a la puerta reconoció en el hombre que lo llamaba a Jenkins, y en el acto despertó.

Todavía asustado, quiso mirar a donde estaba la puerta. Fue inútil: su vigilia seguía siendo oscura y uniforme; sólo en sueños, ahora, le eran asequibles los colores y la luz. No podía deshacerse del recuerdo de Jenkins, semioculto en la penumbra de la pesadilla. Era probable que ya hubieran encontrado el cadáver.

Acostumbrado a ver el mundo a través de los comunicados de prensa, imaginó la noticia en los vespertinos: consignada gravemente en *Le Monde,* con intrincados razonamientos acerca del terrorismo en París, con exactas enumeraciones de los atentados terroristas contra diplomáticos norteamericanos desde la última guerra; o presentada escandalosamente en la primera plana de *France-Soir,* con una fotografía inmensa de Jenkins enmarcada por otras más pequeñas de su esposa y de sus hijas, con las declaraciones indignadas del embajador de los Estados Unidos y acaso un comentario precipitado de algún ministro francés. Quizá también figuraría su propio nombre:

«La policía busca a un secretario de la embajada mexicana, señor Javier Salcedo, quien fue la última persona en ver al señor Jenkins con vida. El dueño del restaurante en que los dos diplomáticos cenaron aseguró a la policía que Jenkins y Salcedo salieron juntos del establecimiento poco antes de la medianoche.»

No era imposible que lo buscaran. En la embajada se extrañarían por su ausencia, la secretaria revisaría su agenda para ver si tenía alguna cita en la calle, probablemente leería en la hoja del día anterior: «Cena con Jenkins, 9:00 hr. en *Aux délices de St. Louis.*» Y si su nombre figuraba en la noticia los corresponsales mexicanos se encargarían de agigantarla:

DESAPARICIÓN DE UN FUNCIONARIO
DE LA EMBAJADA DE MÉXICO EN FRANCIA.
SU ACOMPAÑANTE, UN DIPLOMÁTICO
NORTEAMERICANO, ASESINADO A PUÑALADAS.
La Policía Francesa Sospecha un Secuestro

Tal vez alguien de su familia o un amigo la habían leído en México. Tal vez trataban, en este momento, de llamar por larga distancia a la embajada.

Con tristeza pensó en el mundo de afuera, en ciertas calles que prefería, en la entrañable soledad de su departamento, en la oficina que nunca antes había despertado su nostalgia, en unas cuantas personas queridas, sobre todo una. Nadie podía ayudarlo. Sus labios y su garganta se habían resecado otra vez, y ahora sentía el estómago vacío. A juzgar por el hambre y la sed, que eran sus únicos puntos de referencia, debía haber pasado mucho tiempo desde que lo capturaron, probablemente un día entero. Los secuestradores tardaban demasiado en decidir qué harían con él. Necesitaba hablar con ellos, hacerles ver que no era el rehén que buscaban, convencerlos de que si lo dejaban en libertad no haría nada en su contra. Tenía que hallar una salida, algún modo de comunicarse con el exterior.

Se puso de pie, vuelto hacia la pared, y empezó a palparla en busca de un gozne, de un pestillo, de un botón, de cualquier indicio de una cerradura escondida. La oscuridad se había convertido en una atmósfera familiar, en la que se desplazaba con cierta pericia. Avanzó hacia la derecha, examinando con paciencia cada palmo de la pared de abajo arriba, hasta donde alcanzaban sus brazos. La primera vez que levantó sus manos contra el muro recordó la sensación de calor que había tenido antes, cuando erraba en el interior de la celda, y notó que ahora no sentía cambiar la temperatura. Supuso que la ventilación, la calefacción o lo que fuera debía estar en el centro del techo o muy cerca, pero descartó esas conjeturas que no podía verificar y se concentró de nuevo en la pared. Mientras avanzaba, la impresión que recogían sus manos minuciosas era siempre la misma: una superficie llana, más bien fría, uniforme, que se prolongaba sin interrupción. Al cabo de varios metros de idéntica monotonía, Salcedo concibió una idea que lo llenó de angustia. Sospechó que la celda era circular. Con espanto entrevió la posibilidad de recorrer infinitamente un muro continuo en el que pasaría una y otra vez, sin saberlo, por el punto de partida. Después de reflexionar un momento, se quitó el blusón, lo extendió en el suelo junto a la pared, se aseguró de que sus pies tropezarían con él si regresaba a ese lugar y reanudó la búsqueda. Estaba satisfecho, casi orgulloso de haberse procurado una señal que le permitiría eludir los horrores de la repetición. Un poco más adelante, mientras palpaba por encima de su cabeza, rozó de pronto un objeto que se adhería al muro a unos dos metros del suelo.

Sus dedos lo reconocieron con avidez. Lo fijaba a la pared una base cuadrada, un poco mayor que la palma de su mano, de un material terso y menos frío que el concreto, acaso una especie de plástico. En la parte de abajo de ese cuadrado había una saliente que se bifurcaba, recubierta de plástico en el exterior y con una ranura de metal entre las dos pinzas de la horqueta que formaba la bifurcación. Más arriba palpó una barra metálica sujeta a la base de plástico por un juego de tornillos que le permitían moverse. La barra era larga y plana, lo bastante estrecha como para insertarse en la ranura de abajo; el extremo opuesto al que detenían los tornillos, culminaba en un capuchón de plástico. Salcedo construyó una imagen visual del objeto que había tocado y comprendió, con júbilo, que se trataba de un interruptor.

Irreflexivamente asió la barra metálica por el capuchón y la hizo descender hasta ponerla en contacto con la ranura. Después soltó el interruptor y esperó un momento, con la sangre agolpada en la cara. Pero ninguna puerta se abrió, ni lo deslumbró una luz recién encendida. Todo seguía como antes, salvo por un vértigo repentino que Salcedo atribuyó a la decepción de su expectativa.

Para reponerse de ese malestar se deslizó hacia abajo, de espaldas a la pared. Quedó sentado como al principio, pero ahora lo dominaba una sospecha que había rechazado hasta entonces. Lo estaban torturando. Habían empezado a resquebrajar su entereza con el miedo a la oscuridad. Después, con el agua que lo reanimó, habían prolongado su resistencia. Y el tiempo, que se dilataba en el encierro, lo habían preparado para un último suplicio, tal vez el más ingrato. Tarde o temprano tenía que ocurrírsele buscar una salida, y los secuestradores habían puesto a su alcance un interruptor inservible, para torturarlo con la esperanza. Estaban jugando con él. Quizá en este mismo instante, en una habitación contigua a la celda, se divertían a sus expensas.

Mientras pensaba había abrazado sus piernas. Ahora, con la cabeza hundida entre los brazos, olía un relente agrio que despedían sus axilas. También su frente y su espalda estaban sudadas. Se sentía cansado, vencido, humillado. Ya no tenía más recursos para resistir a esa fábrica impersonal que lo estaba deshaciendo. Con desesperación gritó al espacio negro que gravitaba a su alrededor:

–Ya basta. *Ça suffit.* Se lo suplico.

La sorpresa le impidió traducir la última frase. No había oído sus gritos.

Trató otra vez, todavía incrédulo, pero ningún sonido excitó sus tímpanos. Ya con angustia envolvió su cuello con una mano y volvió a gritar. Sintió cómo vibraba su garganta entre sus dedos y quedó desconcertado. Tampoco ahora había oído nada, absolutamente nada.

En su perplejidad temió al principio que los golpes en la cabeza lo hubieran dejado sordo, pero al poco tiempo advirtió que esa explicación era falsa. Recordaba su voz, poco después de que despertó en la oscuridad, cuando había tratado de comunicarse con los secuestradores. Recordaba el sonido muelle de sus pasos mientras exploraba la celda. Y estaba seguro de haber oído su respiración, que era intranquila, un momento antes de conectar el interruptor. Su sordera había empezado inmediatamente después.

Aunque asociar esas ideas le pareció insensato, razonó que ya no tenía nada que perder. Se puso de pie atropelladamente, con la intención de desconectar el interruptor, pero apenas si acababa de erguirse, estirando un brazo hacia arriba para alcanzarlo, cuando la falta del oído lo hizo perder el equilibrio. Su impulso lo arrojó contra la pared. Instintivamente buscó de qué aferrarse y su mano asió un interruptor. Sintió que estaba desconectado y que con la inercia de su caída lo conectaba. Y siguió cayendo.

No sintió el golpe contra el piso. En vez de los dolores que anticipaba en la cabeza, en los hombros, en las rodillas, Salcedo tuvo una imprevista sensación de placidez. Le pareció que estaba inmerso en una sustancia tibia que aletargaba su cuerpo. Sorprendido, se dejó llevar por las delicias de ese letargo, hasta que de pronto comprendió. El interruptor que había conectado al caer no era el mismo que buscaba;

el otro lo había conectado él mismo antes de quedar sordo. La sensación de placidez, que se asemejaba al mismo tiempo a la ebriedad y al duermevela, había comenzado después de activar el segundo interruptor.

Ansiosamente trató de incorporarse, pero ningún movimiento sucedió a sus esfuerzos. No sentía sus brazos, tampoco sus piernas. Su cuerpo entero estaba fuera de su alcance. De algún modo inconcebible, el interruptor le había cancelado el sentido del tacto. Pensó, con infinito desconsuelo, que ya no podía hacer nada para salir de la oscuridad, y entonces recordó otra vez la fuente de calor que había creído detectar encima de él cuando estaba perdido en el interior de la celda. Ese recuerdo desencadenó las peores conjeturas. Supuso que la fuente de calor era un foco, y que el foco había estado encendido todo el tiempo. Sospechó después que los secuestradores, al encerrarlo en la celda, habían conectado un interruptor, el primero, que servía para privarlo de la vista. Dedujo entonces que él mismo, en su apremio por encontrar una salida, había conectado otros dos. Trató por fin de imaginar una máquina atroz que operaba con cinco interruptores enlazados a la víctima por la cinta metálica que ya no sentía sobre su nuca.

Olía el sudor que debía venir de su propia carne, y de alguna parte le llegaba un regusto amargo y seco de boca sucia. Era todo lo que podía percibir. Encerrado en un cuerpo que ya no era suyo, Salcedo concluyó que en cualquier momento sus verdugos, sin que él pudiera tocarlos ni oírlos ni verlos, vendrían a conectar de una vez por todas los dos interruptores que faltaban.

Bosque de hombres

Ricardo Elizondo Elizondo es autor de una obra que parece costumbrista, que ha sabido contar un fragmento de la vida de los hombres en el mundo. Sus principales narraciones suceden en las llanuras del norte de México. Sin embargo, el limbo de Elizondo Elizondo no es el desierto; éste es sólo el escenario donde se manifiestan con impiedad las fuerzas de la naturaleza y del destino, que vistas bajo la lente del espacio son lo mismo: cada criatura humana cumple su función igual que un ejemplar de cualquier especie del reino animal, vegetal, mineral... ¿Por qué un hombre ha de valer más que un nopal? ¿Qué importa dónde quede cada piedra después de la avalancha? La llaneza con que Elizondo Elizondo pone en evidencia cuán insignificante es nuestra vida, sugiere que la tendencia del hombre a ver signos, ironías o algún sentido en la duración de su carne sobre la tierra, es una mera válvula de escape para la inteligencia.

Dice Karl Popper que la historia política de los pueblos se enseña en las escuelas como la única y verdadera Historia, y que se eleva a la jerarquía de héroes a algunos de los mayores criminales del género humano. También demuestra que no existe una Historia Universal, porque una historia concreta de la humanidad, si la hubiera, tendría que ser la historia de *todos* los hombres.

En *Setenta veces siete* (1987) Elizondo Elizondo cuenta la historia de una familia mexicana hasta la eternidad. En momento alguno los llamados Hechos Históricos sucedidos entre finales del siglo XIX y el primer tercio del XX, ni siquiera los episodios épicos de la revolución mexicana, logran ser más importantes que el minúsculo destino de cualquiera de los personajes de esta novela. Aunque en el texto alcanza a notarse cierta influencia estilística de Gabriel García Márquez, Elizondo Elizondo no siguió la senda de lo hiperbólico o «mágico». Mueve sus personajes en un *realismo* que no pretende recrear la vida social y política del país. Por otro lado, la cosmología de esta obra algo debe a la agudeza perceptiva de los narradores de las novelas de Agustín Yáñez, *Las tierras flacas,* en especial.

La profunda percepción de los personajes del regiomontano, porque no emergen de un puñado de datos de carácter, la explica la perspectiva panorámica pero detallista en que se ubica el narrador. Y esto se verifica mediante una prosa ágil que sabe integrar a la «omnisciencia» de la tercera persona gramatical las voces de cada personaje. Amén de ello, el narrador también dispone de una percepción simultánea de espacios distantes, cualidad muy visible cuando se cuenta la muerte de Virginia.

La abundante emoción de la trama, que no toma partido por nada ni nadie, Elizondo Elizondo la transforma en una especie de campo magnético que atrapa al lector y lo convence de la omnisciencia de la voz narrativa, atributo imposible, en rigor.

En *Relatos de mar, desierto y muerte* (1980), su mejor libro de cuentos, aparece «La botella verde». Aquí se aprecia la convexa nitidez de los ojos de Elizondo Elizondo. Resulta despiadadamente conmovedor al revelarnos la imparcialidad con que el alma se mira a sí misma.

Con idéntica ponderación el narrador trata el dinero, el maíz, los hombres. En el fondo de «La botella verde» podemos ver que somos como escritura de civilizaciones desaparecidas. Elizondo Elizondo, aunque sostiene que la vida es un milagro y no se va a acabar nunca, afirma que la realidad inmediata y el tiempo en estampida nos mantienen en un limbo al ras del suelo, como cactus en el desierto. En esta narración los personajes carecen de nombre, pues su identidad la determina antes su condición de parentesco que su onomástico. Para cada ser humano, la historia de su familia es en parte personal y en parte impersonal: es como una escalera de caracol uniendo los dos feudos, el individual y el colectivo. Por eso mismo, los individuos integran a su propia condición innata los actos cometidos por los padres y los ancestros, así como se lleva la estatura o el color de piel. Los hombres se asemejan a los árboles, individuos irremediablemente solitarios, que dependen del azar y de su propia naturaleza para crecer mucho o sin fronda, secarse aislados en el llano o integrarse en bosques.

Ricardo Elizondo Elizondo
La botella verde

El caserío, escondido en un rincón aislado del inmenso desierto, poco a poco se fue despoblando. Primero se fueron los hombres, los de piernas duras y brazos fuertes. Hacía tantísimos años salieron alborotados porque iban a pelear por la tierra. Bonita la cosa, si aquí la tierra nadie la pelea, quién quería lomas secas y pelonas, ensalitradas llanuras quemadas por un sol más fuerte que dolor de muelas. Los pocos que regresaban, se iban de nuevo a la semana con bártulos, mujeres e hijos. Fue la época de la hambruna. Sin espaldas que cargaran la piedra cal y los cristales de alumbre, las carretas que venían lastradas de alimentos desde más allá de la laguna seca y regresaban atoradas de piedras por el mismo camino, dejaron de hacer su viaje. Por aquellos días fue tanta la necesidad, que los ancianos tuvieron que recordar costumbres indias, tan viejas y olvidadas que casi las inventaron. Aprendieron entonces a comer las gruesas raíces de arbustos que al aire no llegaban a la rodilla, tendieron trampas para serpientes y ratones de covacha, y un día que los trashijados niños tenían la mirada más triste que nunca, las mujeres se juntaron y mataron una mula rejega que andaba suelta por la cañada. A partir de entonces las más precavidas sembraron calabaza y frijoles, haciendo coverturas de quiote y albarda para proteger las plantas del sol endemoniado.

Ahí nació, no sabía dónde ni cuándo, pero ahí nació. Lo más que recordaba es que fue la séptima de los hermanos y la segunda de las mujeres que a su madre se le logró. Creció fregándose el lomo rompiendo el maíz en el metate. Tenía los hombros duros, como de hombre, se le habían hecho de cargar las tinajas con agua, lo mismo los chamorros y el pie taludo. Era fuerte como caballo, podía caminar horas y horas envuelta la cabeza y cubierta la boca. De las más valientes, si fuera necesario iba sola hasta la última loma, tan lejana que no se veía, pero ahí estaba. Desde niña se acostumbró a la muerte y al silencio, había visto secarse muchas vidas, de niños más que de otras. A veces, en el mediodía ardiente, enceguecida por el sol se preguntaba qué habría más allá del espejo maldito de los arenales. También a veces cuestionaba a los carretoneros. Siempre le decían lo mismo, más allá de los arenales siguen mantos de gobernadora y después más arenales. Ellos sólo conocían hasta la estación del tren, pero sabían, por pláticas, que a muchas horas de camino y de sed, había un lugar donde todo era verde y llovía todos los días. Le costaba creerlo. Un hombre de aquellos le regaló una botella de vidrio verde, el más maravilloso regalo de su infancia. La guardaba envuelta en un trapo limpio y todos los días, con ella a los ojos, se paraba frente a la secazón reverberante para verla toda de verde.

Pronto creció, siempre esperando la lluvia, siempre jalando muy duro. A los doce años ya sabía cómo criar a un niño y qué hacer para no ser carga en la familia. A los catorce se dio cuenta que él existía y a los quince se amancebó. Su hombre era tonto, más tonto que una gallina asoleada, pero lo quería, y lo quería bien.

Una mañana de ventolera, poco después del nacimiento de su hijo, recién llegados los carretones empezó el alborotamiento. Los hombres de allende la secazón traían noticias de guerra, cuchillo, grito y caballo. Que había pelea grande, que se estaban juntando los hombres y había pasaje libre en el tren, que el pleito era bueno, había comida y paga seguido, sin contar con el pillaje y las albricias, porque la verdad sea dicha, el que gana la cabra es dueño del cabrito. Con las promesas, a los caleros se les iluminó mansamente la mirada. Pa comprarte una tela bonita, para eso quiero ir. Terca y dura como piedra bola la mujer miraba el suelo. Después en el aire se juntaron, unos a otros se apoyaron y al día siguiente junto con los carretones partieron los primeros, al atardecer los segundos y al tercer día los que quedaban. En dos noches el poblado quedó sin maridos y sin hermanos. Habían dicho que pronto volvían, antes que se te acabe el costal de maíz, pero no lo cumplieron. Pasaron las semanas y empezó la angustia. El hambre andaba suelta rondando por el lomerío, la muy traidora se metía por las noches entre las casuchas haciendo que los niños pidieran más y jugaran menos, y hasta en la mirada inquieta de los ancianos y en la cara marchita y atormentada de las mujeres se dibujaba. Reseco fantasma torcido raíz de mezquite vete muy lejos. Pero el hambre se reía y rumbera bailaba todo el día su danza de muerte. La única esperanza eran los carretones, que vinieran por el alumbre, que les trajeran alimentos. Las manos válidas se fueron a juntar la piedra mientras los ojos en vano oteaban el horizonte. Continuaron juntando los cristales relumbrosos y la piedra blanca hasta que encontraron a la vieja hambrienta, acunada y cantando en el fondo vacío del cesto de frijoles; entonces cambiaron las peñas salitrosas por los mantos de yerbajos y gobernadora. Vehementes, con un machete y la soledad que les aplanaba el vientre, empezaron a rasguñar todo lo que fuera comible. Probaron de cuanto había, los ancianos primero. Las ratas, nudos de cordeles y secazón, los sustentaron por meses, mientras, raquíticamente, se volvían agricultores.

Casi un año después llegó uno de los arrastrados por la revolución, venía estragado, enflaquecido y sin nada bueno. Contó que aquello no había sido lo que esperaban, que los habían subido a un tren y por días viajaron, que una tarde y sin aviso, muchos hombres de a caballo detuvieron la máquina, que todo fue confusión, que los que pudieron saltaron del tren y se metieron corriendo por entre los magueyes y nopales, ésos se salvaron de las balas, pero quién sabe si del desierto. Muchos nos quedamos calladitos dentro de los carrotes, grandes como tres jacales juntos, fue lo mejor, porque los de a caballo nos preguntaron que si oponíamos resistencia, que con qué general nos movíamos, que por quién peleábamos, y la verdad es que no sabíamos nada, queremos tortillas y frijoles y si se puede algún ahorrito pa la vieja y los muchachos. Nos pusieron con las patas abiertas entre los rieles y ahí nos tuvieron mucho rato, hasta que llegó uno más importante en un caballote. Desde que lo vimos de al tirito se nos figuró que era el mero jefe, se nos quedó viendo y de repente le aventó su carabina a uno y el zonzo la agarró por el fierro y el hombrón se soltó riendo y nos gritó que éramos unos anacuas y que ya podíamos cerrar las patas. Ya casi de noche nos subieron al tren y por la madrugada llegamos donde estaban las mujeres y comida caliente…

Toda la noche se pasó contando mientras las mujeres y viejos del poblacho de cal y alumbre se lo bebían con los ojos, ansiosos de más noticias. Por acuerdo ninguno interrumpió, mejor no preguntar, a lo mejor el muy endino se equivoca y de un manotazo apaga la linternita esperanzada. Pero el ansia se sorbió los mocos y una viejita escupió muy fuerte y mis tres caballos broncos dónde están. Entonces sí se soltó la tolvanera de preguntas tupidas como tormenta de polvo, al tiempo que la tristeza y el llanto les iba empantanando las orejas de zumbidos. Ella no preguntó, pero de referencia se lo dijeron. Ya lo imaginaba, era tan tonto. Como sombra de pajarote se levantó, con el hijo flaco y dormido entre los brazos se sentó a la puerta de su jacal y se sobó los talones, resecos y sonoros cuando su mano los tallaba.

Los carretones ya nunca volvieron y muy pocos de sus hombres lo hicieron. Llegaban contando muchas cosas que a ella, desde que supo lo de su hombre, le sonaban a lo mismo. Trabajaba desde antes que saliera al sol, le hizo el agujero más hondo a la noria; su hijo, chiquito, desde arriba, con un mecate trenzado por ellos, sacaba arenisca remojada en una cubeta cascarón de tortuga. Una vez, buscando un panal de moscos, encontró una coneja con su camada. En lugar de matarlos los crió. De puro milagro se lograron. Después fue más fácil, con la caca de perros y conejos fertilizó la parcelita cultivable, la rodeo de arbustos espinosos y resistentes para protegerla del viento arrastradamente caliente.

Ahí sembró maíz, calabaza y frijol, y con yerba y nopal sancochado alimentó a los conejos. A vuelta de años tenía suficiente para regalar o cambiar. Ella quería una gallina, pero el único que las poseía no quería cambiar ninguna y hasta las tenía dentro del jacal para mejor cuidarlas. Al fin, después de mucho insistir, el viejito le cambió un pollito y una pollita por cuatro conejos, dos calabazas y un cesto mediano de frijoles limpios. Le habían costado tan caros que durante meses descuidó la parcela con tal de vigilarlos, mandaba a su hijo a los mantos de gobernadora a buscar gusanos blancos y mariposas grises, y hasta que no vio los pollos grandes y vigorosos, les dejó de hervir el agua que tomaban.

Mientras vivía sumerja en el trabajo constante, el poblado fue quedándose solo. Al principio no le importaba ni ponía atención. Que vino y mañana se va con su mujer y los chamacos, que la abuela no quiere irse porque a lo mejor se muere en el camino, que junto se van a ir las hermanas que viven solas. Qué nos importan a nosotros los demás, no tenemos a nadie en ningún lado, mientras estemos fuertes hijo, no faltará comida. Pero se dio cuenta que su hijo tenía una lucecita en la mirada y su misma curiosidad valiente cuando de niña miraba los carretoneros, o cuando aplastaba con una piedra grande la cabeza de una víbora. Tenía miedo, mucho miedo y no tenía religión porque nunca se la enseñaron. Su hijo era silente como el padre, pero no era tonto, no, no era nada tonto. Cómo iba a serlo si a fuerza de puro pensar ideó los canalitos para regar la tierra y gracias a él tenían moscos propios que les daban miel todo el año. Por eso tenía miedo, miedo a que también se alborotara y se fuera, era lo único que tenía, pero no voy a detenerlo, si acaso quiere que vuele lejos, aunque me seque trabajando sola, qué tanto habrá detrás de la última loma seca.

Una noche que estaban ella y su hijo sentados en el patio jugando a los escondites imaginarios, oyeron fuertes gritos de mujeres, como de llanto, como de risa. Lo primero que pensaron fue que alguno de los viejos había fallecido, sin mucha prisa buscaron con los oídos la dirección. Gran sorpresa, a la luz del sebo de candelilla, dos pantalones y dos camisas tan bellas y coloridas como jamás las hubieran imaginado. Alrededor de estas ropas a todas luces desconocidas, el pueblo entero revoloteaba, eran tan pocos, que juntos todos cabían en un jacal. Rápido reconoció a los visitantes. Uno era su hermano, nunca tuvieron noticias de él y como nada supieron, lo dieron por muerto. Resulta que los dos que llegaron, antes que terminara la pelea, se fueron muy lejos, decían que para el norte, allá trabajaron con una señora muy blanca con los ojos como tu botella verde. Por los cuerpos les fue muy bien, estaban gruesos y cachetones, no como los que regresaron de la lucha. Tanto le gustó la camisa que te la doy para el muchacho y para ti estos lentes, para que sigas viendo lo amarillo, verde. Traían dos bolsas grandes con mucha ropa, a todos les dieron algo. Esa noche pues no durmieron, tanto contaron que ella sintió mareos y mejor se fue, mató un conejo, con yerbas de perfume antiguo lo sazonó, y hervido con agua y sal lo puso en su mejor plato, uno desportillado y opaco. Lo presentó a los recién llegados como lo mejor de ella y todo el poblajo de tierra ensalitrada.

Los visitantes estuvieron dos semanas. Si supiera cosas del mundo les hubiera dado el calificativo que en vano buscaba y rebuscaba en su minúscula colección de adjetivos. Parecían evangelistas, pregonaban de cosas buenas de tierra lejana y echaban pestes y vociferaciones del punto maldito en que nacieron. Lo que tanto temía la mujer llegó y llegó como una hoguera sorda que llenaba los ojos de su hijo ahora diferente. Muchas veces, aquellos días, lo pescó mirándola con temor quemante, y aunque sabía lo que pensaba, lo que él quería, sacaba distracción para no encontrarlo. Una tarde –todo en orden, lo por hacer hecho– en lugar de quedarse como tantas veces en lo fresco de su jacal, se inventó que había que ponerle una hilera más a la cerca de piedra, preferible esto a que él me lo diga. Pero el muchacho estaba decidido, esperó una hora viendo a su madre recortada como visión temblorosa nadando entre las bocanadas de luz ardiente que venían del desierto, fue la hora más terrible de su desazón y angustia. Ella lo sabía, sentía una piedra inmensa suspendida en la boca del estómago, no quería mirar a su jacal, no quería pensar ya más. Como mula enterquecida y azonzada, cargaba de más pedruscos resquebrajados en el cesto hechizo que colgaba del hombro.

En un momento en que llegó a la barda, de espaldas siempre a su jacal, sintió los brazos del hijo que la apretaban fuerte y su llanto limpio sobre la nuca, entonces ya no pudo más y se reveló violenta contra el sentimiento que guardaba, sentimiento de perra podrida, engusanada y egoísta. Sus entrañas se abrieron de nuevo para vaciar los puños de bondad que traían dentro, y en medio del sol desquiciante que era el pacto estúpido de su tierra desolada y estragada, le dio su comprensión de mujer pródiga.

Una vez más vio cómo los hombres marchaban rumbo a las vías del tren. Ella le dio un saquito lleno de piedras bonitas del desierto, y no le habló, porque la sangre entera se le cuajó en la boca.

Asombrado y tímido se subió al tren. Además de lo que traía puesto, todo regalo del tío al que acompañaba, sólo cargaba un lienzo doblado en forma de botija, dentro: maíz hervido, seco y molido, galletas de frijol con miel, trozos gruesos de sal mineral, pedacitos de biznaga para el dolor y el saquito de piedras bonitas. Como desconocía el movimiento ajeno a sus piernas, dos días vivió un infierno de mareos sin final. Le aconsejaron que mirara lejos, lo más lejos que pudiera, pero sus ojos, acostumbrados a mirar bajo –sólo así el viento y el sol no los ardían– tercos volvían al vértigo de nopaleras y pedruscos que pasaban veloces y le torcían las órbitas y le volvían el estómago. Por fin, el desvencijado movimiento de tablas y fierros formó parte de su carne y el estómago se acostumbró a recibir los alimentos en el temblor constante. Una madrugada sintió que el armatoste rechinaba, poquito atrás poquito adelante, de nuevo atrás de nuevo adelante, asustado porque aquello se detenía despertó al tío. Habían llegado.

Cuántas casas, cuánta gente, cuántas cosas que en su mente no tenían nombre. De asombro en asombro ni se percató que no era el final. Cruzaron a pie un puente largo de piedra, madera y fierro, entonces sí fue el acabóse. Hacía un rato veía cosas que no conocía ni les sabía el nombre, pero cuando menos entendía algo de lo que las gentes decían, ahora ni eso. Los hombres hablaban como imitando el chocar de cuchillos o de platos. Al temblor de llevar el tren adentro se unió un temblor de miedo y la serpiente de sus intestinos revolviéndose inquieta y un nido de moscos zumbándole del estómago a la cabeza. Junto a otros parecidos a ellos pasaron a un corralón grande lleno de bancas y de hombres igualmente parecidos.

Ahí estuvieron hasta que vinieron los de la contrata, la aplicación decía el tío; no digas mentiras, si te preguntan qué sabes hacer les enseñas las manos, te van a encuerar y después te van a mojar con un aire apestoso, cuando lo hagan, aunque te sientas ardido alégrate, porque sólo a los húmedos los dejan pasar; te van a revisar por detrás y también el pedacito de carne, la cabeza, los sobacos y la boca, no tengas miedo, es como si compraran caballos, hay que revisarlos porque si no la venta es engañosa; a lo mejor te quitan el morralito, dame lo que quieras que te cuide, como yo estoy enlistado nomás me echan el humo y ya: no abras la boca ni los ojos porque ese aire es veneno, yo te espero a la salida. Los tuvieron veinticuatro horas en un edificio blanco, a él le lloraba de ardores la piel, igual que si se hubiera revolcado en la cal de su pueblo, nomás mójate la cara y las manos, no te rasques porque te salen grietas calenturientas. Les dieron carne con papas y vasos de leche, ni la conocía. No durmió. Además de la picazón, a media noche la compuerta de sus vísceras estalló en chorros pestilentes, tuvo mareos y calenturas. Estoico, como su madre, no se quejó, al tío lo despertaron diciéndole que el chamaco estaba en el excusado con la cabeza entre las patas. Lo llevó a la enfermería, le dieron un líquido blanco igual que la leche pero con sabor a polvareda. Como quiera no durmió. A mediodía de nuevo les dieron carne con papas y un bebedizo de hierbas que sí le gustó. En la tarde los formaron y les repartieron trozos de jabón, nunca había visto tantos chorros de agua, mójate bien y enjabónate tres veces. Aún cuando así lo hizo, una semana después la piel le seguía ardiendo.

El camión grande que los llevó a la finca –a dos días de camino desde la frontera– era usado comúnmente para transportar marranos. La trabazón de madera que formaba la jaula tenía olor de peste constipada, a él le tocó quedar enmedio del amasijo humano, elástico fue hasta un extremo, junto a una rendija por ahí vio la maravilla de un verdor constante. Sus ojos oscuros aprendieron cosas mientras las manos, ansiosas, esperaban el momento para hundirse, sedientas, en la tierra jugosa. Llegando al rancho estuvo dos meses cosechando papas, le pagaban por canasto; después un mes en la empacadora. De entre cientos de papas separaba las prietas de las blancas, le pagaban por día. Cuando terminó el trabajo, otro camión los llevó nunca supo a dónde. Ahí subía ligero en una escalera y en cada rama de los arbolitos de durazno, dejaba tres o cinco, depende, los demás los cortaba; le pagaban por árbol. De nuevo acabóse el trabajo y en un camión, ahora sentados, los llevaron a una tierra fresca y perfumada llena hasta el infinito de nogales. Los hombres fuertes con una vara larga los apaleaban, él recogía las nueces en cestos, por la tarde y hasta la noche las limpiaba, le pagaban doble; por cesto recogido y por caja limpia. Su tío le regaló un cinturón panza de víbora, lo traía pegado a su piel, dentro guardaba el dinero. Aprendió a contar y supo que diez papeles con un mono equivalían a uno con otro mono y que diez de los del mono pelón a uno del mono con lentes. Él prefería los últimos, no hacían tanto bulto y en el cinto cabían más. En la finca nogalera pasaron todo el invierno. Por días y días barrieron hojas, las metían en un molino y después extendían el desmenuzadero en un campo amplio, cercado en forma de pileta; capa de hojas y capa de tierra, capa de hojas y capa de tierra, así interminablemente, para desesperación de todos menos para él, porque le gustaba trabajar. Cuando estaban en pleno frío algo pasó, no entendía absolutamente nada, pero decían que el dinero no vale o que sí vale. Ajeno a la desbandada general seguía madrugando y con el rastrillo en las manos recorría el campo de nogales. El tío le dijo un día que iba a la ciudad, vente conmigo, él tomó la petición por orden. Caminaron hasta llegar a una carretera amplia, siguieron caminando por la orilla, un desconocido compatriota viose en ellos y los subió a su tartana y no paró de hablar hasta que los dejó. El tío lo llevó a una casa llena de mujeres y hombres que fumaban y bailaban. Después de un rato, voy a echar una miada, ahí espérame. El tío siguió miando cada media hora hasta que yo también tengo ganas y lo acompañó, entonces se dio cuenta que el miar no era tirarla sino tomarla. Al final del mingitorio su tío tocó dos veces, una madera corrió y salieron dos vasitos llenos de liquido amarillento, era aguardiente; ten para que vayas aprendiendo, los meros de arriba no quieren que la gente tome, pusieron ley seca, pero si para todo hay modo, conti'más pa la tomada. Le hubiera gustado no hacerlo, no por nada, nomás porque aquello raspaba, pero el tío insistía y no en balde era su tío. Cuatro veces recorrió en conciencia el camino al excusado, después no me acuerdo nada, señor. Los hombres que hablaban como chocar de cuchillos le hacían preguntas, a ratitos entendía, pero de verdad no me acuerdo nada, señor. Eran gentes del orden, uno que hacía el aseo se lo dijo, también le dijo que habían encerrado a todos los que pescaron, porque muchos corrieron. Quiso saber del tío pero nadie le entendió. Cuando le preguntaron qué traía en el cinto, él les enseñó las manos, y los hombres leyeron en su mirada la honradez y trataron de explicarle que nada malo le pasaría. Lo mandaron a una escuela-taller para corregir descarriados. El trabajo de nuevo se impuso y en un año aprendió el oficio de la madera rústica y la forma de hablar un poco con la lengua arrugada. No perdía la esperanza de ver llegar al tío. Un día le dijeron que ya era útil y le empezaron a buscar trabajo. Lo contrataron por carta, un hombre que vivía muy lejos y que envió el dinero para el pasaje. Dejó un recado para el hermano de su madre. Jamás nadie lo reclamó.

Era un aserradero, minúsculo, comparado al enorme boscaje que lo rodeaba. Nada más llegó, y sin que nadie se lo pidiera, en lugar de esperar sentado como tantos otros, recogió las virutas y cortezas desperdigadas en el claro que había frente al taller, después acomodó unos toneles que estaban al fondo, mientras lo hacía, parece que eres bueno, muchacho; nos vamos a entender. Comprendió poco, pero por el tono y la sonrisa supo que era bienvenido. Al mes había desplazado en la confianza del patrón a tres paisanos. Al año era el mayordomo de los que hablaban su lengua. El patrón lo llevó al banco, le explicó lo mejor que pudo que ahí le pagaban por tener su dinero, él entendió y frente a los ojos del descreído gerente desgarró su cinto retacado de cuatro años de trabajo, bonita cantidad muchacho. El nombre de su madre se estampó como beneficiaria, viviente en un pueblo de cal, alumbre y silencio, más allá del río gordo, en una arruga del desierto yunque de sol, donde hablaban su lengua y ella lo esperaba.

Pasaron tres otoños más mientras su cuenta bancaria seguía creciendo. Un mediodía soleado, los hombres blancos quejábanse del calor, el dueño rubio del aserradero comía elote desgranado, pasta de papas y carne frita; patrón, patrón, se rodaron los troncos en el depósito. Alarma y grito y sonar de triángulo metálico. No pudieron hacer nada. El mayordomo de más allá del río gordo, el que era trabajo, confianza y tranquilidad, chorreaba despanzurrado su limpia sangre entre los troncos que olían a bueno y a poderoso.

Doce veces multiplicó el patrón la cantidad que el chico muerto tenía en el banco. Su nombre y el de su madre fueron inscritos en las tupidas listas que colgaban en las oficinas de las fronteras, al sur. Muchos años ahí estuvieron. Era un hecho que los tales listados nadie los leía.

Mediado el siglo el banco cercano al aserradero fue absorbido por una poderosa cadena bancaria. Los auditores que llegaron encontraron el depósito de hacía veinte años, triplicado. La beneficiaria no había hecho el reclamo, los intereses pagados a la cantidad original a su vez ganaban intereses. Así año tras año. Si la suma fue en un principio respetable, ahora era un considerable capital. Consultaron al viejo maderero, les contó de las pesquisas hechas los primeros años, todas sin resultados, autorizó a pagar con los intereses acumulados una investigación formal para dar con la única dueña del capital. La cadena bancaria contrató los servicios de una oficina de investigación especializada en localización de bienes y personas. El investigador que llegó al aserradero encontró muy pocos datos, básicamente se concretaban a las líneas escritas hacía veinticuatro años en el contrato de beneficio; Fulana de Tal de un pueblo calero más allá del río gordo. No había otro camino que estar lo más próximo posible al desierto mencionado, ya desde ahí, en alguna forma, concretizar la pesquisa.

Fue contratado por el extranjero para recorrer los pueblos del desierto, no importa el tiempo que te lleves, para buscar a una mujer que quizás ya estaba muerta. Para mí es lo de menos que viva o no, lo que necesito es un testimonio, me pagan lo mismo, cómo quisiera encontrarla, ya estoy de polvo hasta el hígado, sólo me falta cagar espumarajos y serpientes.

No debía ser, pero era. El erial baldío de su espera se le estaba volviendo hediondez, cochambre de amargura pegado en lo más profundo. Al principio no fue así, no sabía ni cómo ni en qué momento su hijo volvería, pero en las mañanas sosegadas, cuando en el silencio de la resolana sofocante sólo traía en el laberinto de su oreja el zumbido de su propia vida, sentía en el fondo del alma brisa de noche de luna y el calorcillo extraño del que espera con esperanza. Fue después, quizá después que enterró al último, entonces las madrugadas empezaron a saberle a hiel y las noches a desolación. El trabajo nunca le faltó, como una maldición tenía que descoyuntarse el lomo rompiendo el campo yermo de su labranza. Tuvo más tierras, todas las abandonadas, iguales de pobres y chamuscadas como la de ella. Cuando vino su hermano le dijo que quemara los yerbajos y lo más que pudiera de maleza sobre los surcos, porque la ceniza era buena para el cultivo. Varias veces lo hizo hasta que se dio cuenta que servía más para las calabazas, desde entonces sólo en ellas lo usaba. También tuvo más agua, pudo elegir el pozo más dulce. Aparte de saborearlo tanteaba la delgadez del liquido usándolo para hervir frijoles, entre más pronto estuvieran suaves, más buena y mejor era el agua. En la medida en que los vecinos se iban, o se morían, fue convirtiéndose en guardiana de sus bienes. Se hizo de más platos, más cazuelas y más trapos. De los diferentes jacales abandonados fue tomando lo que estuviera mejor, trozos de fierro, troncos, pedazos de lámina, una que otra tabla. Día con día durante años, estuvo cargando, arrastrando, girando empeños e ilusiones. A su jacal le agregó un amplio techo tejido de albarda y fibra de maguey, ahí puso la conejera; al lado sur, la parte más fresca, construyó el gallinero, lo techó. De los dos pollitos originales ahora tenía diez gallinas ponedoras y dos gallos, cada tres semanas mataba un pollo y a excepción del tiempo que las aves se llenaron de gorupos, siempre tuvo huevos para comer. Recién se fue su hijo su faena aumentó, terminaba el día agotada, extenuada de sol y viento, la noche fue su refugio; tan afanada estaba que nada más cerraba la oscuridad se dormía, sin pensar en su espera, sin maltratarse el corazón con suposiciones.

Sólo habían quedado los viejos, los de rostro de arenisca y cabellos polvosos de cal. Seguros todos que ahí morirían y que nada ni nadie los sacaría del candente perol de cinabrio en que vivían, empezaron, formando una sombría hermandad, a cavar sus propias tumbas. Consunción de sol de tarde y sombras largas de vejetes chamuscados. Terminadas las labores del sustento, dos y tres se acompañaban, resueltos en su faena abrían las mil capas calcáreas y duras que formaban el entresuelo de la minúscula parcela en la loma de la muerte. Entre raíces retorcidas y matorrales cenicientos destapaban palmo a palmo el resumidero de sus esperanzas. Pinche tierra pinche que nunca les dio dulzura alguna. Potra salvaje y endemoniada que la caricia pagábala con escupitajos de cardos y espinas lacerantes. Maldita de maldición entera, rotunda, como los mediodías de fuego tatemante que los envolvía día con día. Ninguno conoció jamás el regalo de una fruta fresca, ni la opulencia de tener agua para sumergirse y envolverse entre sus pálidas ondas. Ninguno pensó jamás que esas cosas existieran.

Durante dos lustros los agujeros en la tierra amarilla no se usaron, quedáronse así, abiertos al calor. Después las muertes se sucedieron y en un año enterraron a tres; de ahí en adelante, en la oquedad oscura de los jacales del poblucho, los ojos tristes de mirar inconmovible aguardaban la tétrica visita de tiempo atrás esperada. Sólo ella se reveló al designio y destino visible en los gestos de sus vecinos. Cavó su tumba porque todos lo hicieron, pero mientras sacaba pedruscos juró por ella misma y por sus años de soledad que jamás la usaría. Porque tendría fuerza para esperar a su hijo, aunque tuviera que hacer barbaridades, no le importaba con tal de llegar a verlo. De niña le dijeron que los indios viejos alargaban su vida comiéndose, aún caliente, el vientre fecundo de animales hembra, pues hasta eso haré, cuando adivine el pajarote cerca me como el vientre de mis conejas, aunque sienta que me abren en canal, aunque sienta sus animalitos moviéndose en mi boca y llore por dentro, he de vivir para verlo venir; de por allá por donde pasa el tren, vendrá cargado de chamacos y me llevará con él; porque no quiero morirme sola...

La energía estuvo en ella hasta muchísimo después, cuando sólo quedaron dos y el otro la espiaba para ver cuál ya no se levantaba. Afianzada en su convicción y espera, estaba segura que tendría que arrastrar hasta el cerrito al vecino aquel de toda su vida. Así fue. Un anochecer extrañó la lucecita temblorosa que denunciaba la presencia del otro, se percató entonces que toda la tarde había oído alboroto de gallinas hambrientas, de pronto le faltó el aire, sintió el cascabeleo de la muerte fría y las piernas clavadas en el centro de su congoja. Lo encontró tieso, con un hilo de sanguasa saliéndole por la boca y una lagartija grande chupándole los ojos.

Hizo una cama india y en la mañana lo arrastró hasta la loma del olvido. Regresó pedregosa, con los dientes de arena y sus ilusiones casi incineradas.

El paso del tiempo se le hizo obsesión, lo medía por el desplume de las gallinas y la floración de las nopaleras. Cada noche se sentaba en el patio con un amasijo de trapos entre los brazos, lo apretaba fuerte y hablaba en voz alta. El sueño, era un visitante cada vez más incumplido, aun cuando trabajara mucho, pasaba las noches viendo las estrellas o imaginando a los hijos de su hijo.

Desde que venía muy lejos lo vio, un puntito apenas en la monotonía desértica. Estaba sacando agua, las sombras largas comenzaban a lamer el suelo, y el aire de horno de la palangana incandescente comenzaba también su diario deambular. Se le abrió el pecho de emoción y sintio el canal de entre sus senos reventársele de palpitaciones. Con temblor de músculo conmovido corrió para recibirlo, sin el trapo en la cabeza, con risa de loca y sorda de agitación. Iba llorando, hirviéndole los ojos, pisando entre pedruscos y sin sentir las mil espinas arañantes; viene mi chamaco, viene mi chamaco; hormiguero asustado eran sus pelos y toda su piel y la insufrible cerrazón de garganta y la pierna abriendo brecha entre el matorral y las caderas sanjando las puntas largas, luminosas, del maguey.

Ojos suyos acostumbrados al mirar distante, desde antes que el visitante atrofiado de sol pudiese tan siquiera ver algo distinto en el horizonte de sombras arrastrantes, ella lo precisó en sus recuerdos y un calambre con sabor a fierro la estampó, hierática, contra la lejanía cobalto de por donde empieza la noche. Regresó lo andado lenta, muy lentamente, sacó brasas del hogar y encendió frente a su patio una pira grande de ramazones de candelilla, para que el forastero tuviera guía, para que su ciclo de sed por fin descansara.

No me llamo así, ni la conozco; por aquí no queda nadie, años hace que vivo sola con mis conejos y las gallinas; si hubiera alguien se lo diría, pero por aquí no queda nadie... Asombro y lástima en la cara del visitante. Llegó insolado, con las comisuras de los labios blancas, la frente enrojecida y las manos resquebrajadas como tierra de sequía. Conocedora del suplicio de la sed y del martirio de los que por andar bajo aquel sol se lo tragaron entero, de rato en rato le dio bucaritos de agua con sabor a sal, para así apagarle, poco a poco, el fuego de sus adentros. Remojó trozos limpios de trapos viejos y se los colocó en los antebrazos, en la frente y en la planta de los pies. No lo dejó hablar ni moverse. Le siguió dando agua hasta que el hombre le dijo que ya no podía beber más si antes no tiraba la que traía dentro, lo dejó que fuera diciéndole que ya podía moverse y hablar, porque la hoguera de antes ya era ceniza.

Por primera vez en tantísimos años preparó cena caliente, estando sola la comida se le emponzoñaba en la cazuela, se le volvía vinagre y burbujas entre el calor atosigante. El hombre le habló de un trabajador muerto a los veinticuatro años, de una fortuna dejada a la madre, hacía de eso más de veinte años, por eso tenía que encontrarla; si en un tiempo vivió ya no existe, ha de estar muerta y reseca, con los huesos de salitre; por aquí no queda nadie, desde hace mucho todos murieron, por aquí no queda nadie.

Después de la cena el hombre se durmió, ella se quedó viéndolo vacía de sus entrañas. Liberó a los conejos, distribuyó las gallinas entre los perfiles cenicientos, derruidos, del abandonado pueblo calero. Hizo un bártulo con maíz cocido y quebrado, galletas de frijol con miel, un barrilito de madera con agua y un puño de sal de la tierra. Cuando el sol temprano iluminaba quedo el hombre se fue, ella le dio el envoltorio con alimentos, unos vetustos lentes de vidrio obscuro y envuelta cuidadosamente en una tela inmaculada, una antigua botella verde.

Con el dolor de los años anudándole cada coyuntura, fue resbalándose hasta quedar sentada. Tantos años de estar ahí, respirando fuego, chupando el agua empinada al suelo, cuidando su tierra yerma…

Junto a las vías del tren, una esmeralda botella verde fue rota en mil pedazos, y en el piñón maldito de albayalde y cal, escondido en una arruga del desierto, una mujer se dejo morir de frente al espejo reverberante de los arenales de sol, de frente al calor que le acartonó la piel y le cristalizó los ojos, seca por dentro y por fuera.

In the mind is everything, Dr.

La obra de Salvador Elizondo me recuerda un sueño que Carl Gustav Jung consigna en sus memorias. Él va caminando por el campo y a lo lejos distingue una ermita, avanza decididamente, encuentra la puerta entreabierta, se asombra de que en el altar no haya una imagen de la Virgen o de la mitología cristiana. En cambio se topa con un adorno de «hermosas flores». Ante el altar, «vuelto hacia mí», estaba un yogui meditando. Jung se da cuenta de que tiene su propio rostro. «Me desperté asustado pensando: ¡Ah, éste es el que me medita! Ha tenido un sueño que soy yo. Sabía que cuando él despertara yo ya no existiría más.» Que es otra forma del sueño que tuvo la mariposa de Chuang Tzu...

Supongo que la escritura de Salvador Elizondo surge del atisbo perturbador de que *Alguien* pronuncia nuestro cuerpo, articula la materialidad en que vivimos, discurre las dimensiones en que se cruzan el tiempo y el espacio, verbaliza nuestra mente, escribe...

Y para quien escribe conscientemente debe resultar por lo menos desesperante darse cuenta que las palabras humanas son ridículos guijarros con que nos debatimos por expresar algo que por su propia naturaleza –inimaginable además por nosotros– no puede someterse al acomodo y secuencialidad con que estamos obligados a hablar o escribir aquí abajo. Una letra tras otra, una palabra tras otra ¿cómo podrían expresar o siquiera imitar el portentoso discurso que sucede ante nuestras narices y detrás de nuestros párpados, la ingente voz cegadora que en un único, incomprensible e infinito momento lo está pronunciando Todo, los planetas, la vida, nuestra carroña y...?

Teatro retinal, tiovivo cerebral, ojos de la mente, campo visual de mi mente, operación mental, mito interior, oleaje del mar interior: son algunos de los términos que utiliza Elizondo para referirse al lugar desde donde escribe: un sitio cuya existencia es indemostrable. En el «Mal de Teste», dice: «En el escenario mental tienen lugar las alusiones que la experiencia de los sentidos parece sugerir por asociación con los nombres con los que la designamos; nombres que aluden a sombras; sombras que nada ni nadie proyecta pero que se vuelven discernibles en el antro translúcido de la cámara clara y se materializan, cobran además una cierta autonomía, como los actores en el escenario, *son* durante la décima de segundo que dura la representación, pero no son otra cosa que nombres que toman la forma de ese vacío candente que se agita y se retuerce –en chino se llama "hielo que estalla"– detrás del ojo».

A pesar de su empeño en consagrarse como incomprendido, Salvador Elizondo ha logrado múltiples lectores, tanto incondicionales como relativos; y a muchos de unos y de otros les cuesta trabajo conservar la calma frente a *Farabeuf* (1965): todos creen haber entendido esta novela. Yo creo que la confusión intencional de significado y significante delata la angustia de Elizondo: somos una palabra pronunciada en el limbo.

La poliperspectiva desde donde está narrada *Farabeuf* se quiere un *punto* que es todos los puntos. Aquí viene a cuento recordar –o inventar– que Jean Loup Sieff declaró que su decisión de fotografiar las visitas de la dicha y el placer a la vida del hombre, derivó de la frustrante reflexión de que en el mundo no cabría el incalculable número de cámaras fotográficas que se precisarían para captar en su totalidad –y simultáneamente– la «imagen» original, «esférica», de un solo punto de la realidad. Nadie ha visto, ni en sueños, de verdad aquello que aglomerado en sí mismo produce para la mirada humana el efecto de una imagen bidimensional.

«La imagen consumada, la idea fija son la entelequia del pensamiento. La escritura no es sino un pálido, turbio reflejo de la hipótesis de esa fijeza imposible»: es una de las premisas de *Camera lucida* (1983), libro de cuentos del intelecto donde Elizondo da las claves de su obra.

Parece ser que *Farabeuf* es el necesariamente fallido intento de mirar el minúsculo pleroma de un instante. Elizondo ha maquinado una sucesión de letras que busca ser una sola palabra. Intuyo que al grafógrafo Elizondo lo atormenta saber que aquel punto «original» sí existe –se dice que ha habido hombres, chinos por supuesto, que llegan no a verlo sino a percibirlo, a veces durante un segundo entero, como se percibe el propio cuerpo–, y que ningún ejercicio del lenguaje humano puede reproducirlo. «La preocupación por la nada corre pareja con la de la escritura pura. No es posible concebir ésta si no es incontaminada de sentido o de forma, reducida a su condición sensible esencial; una escritura que tiene su origen en la nada y que se cumple en sí misma», confiesa Elizondo en «Mi deuda con Flaubert».

Para llegar al núcleo del texto que da título a *El grafógrafo* (1972), se precisa un intelecto poderoso y paciente que sepa orientarse dentro de la mente, que es un laberinto que levanta sus muros sólo al ser penetrado por el Yo. Es impresionante cómo un discurso lógico puede disiparse en lo imposible. *¿Dónde* está el hombre que mentalmente se ve escribir que se ve que escribe...? ¿En qué sección del tiempo ocurren las ficciones de Elizondo? Solipsista empedernido, responde: «concibo el mundo como un libro que yo estoy o debería estar escribiendo».

Elizondo navega en el limbo de la mente no a bordo del vago «lenguaje» sino de palabras. El fondo de su desasosiego literario, de su rebuscamiento de sentido, radica en que sospecha –o sabe ya– que él mismo es un signo, una palabra que precisa ser pronunciada –leída– para resucitar a quien nombra (véase, entre otros textos, «Futuro imperfecto», donde la escritura se profetiza eternidad a sí misma y a su autor).

Y no es casual que la otra obsesión de Salvador Elizondo sea el erotismo, pues el ardor sexual es análogo al de la inteligencia: imperioso, incontinente, de violentísima reacción ante la amenaza de la muerte. El esnobismo de sus personajes perversos, malaconsejado por Bataille –principalmente los de *Narda o el verano* (1964), *El hipogeo secreto* (1968) y *El retrato de Zoe* (1972)–, no malogra las tramas que parecen urdirse solas, como pesadillas o divertidísimos pensamientos susurrados por tetrahidrocannabinol. No es ilícito especular que estos personajes son a la mente de Elizondo lo que Elizondo a la mente de Alguien: palabras encarnadas.

Salvador Elizondo
La forma de la mano

Frío intenso que hacía cuando llegamos a aquella ciudad. Día de invierno, entrecruzado de ráfagas heladas y de brillantes rayos de sol que se colaban hasta el fondo de las callejuelas poniendo en evidencia sombras monstruosas, cornisas destartaladas a lo largo de cuyas aristas el viento aullaba tenuemente como la exhalación de un tísico. La convivencia forzada con los demás miembros de nuestra *troupe* durante los largos días que había durado aquel viaje en tren, que a pesar de haber concluido no había perdido su calidad de interminable, me llevó, no bien nos habíamos apeado, a caminar solo por las calles de aquella ciudad desconocida. No tardé en darme cuenta de que la ciudad ofrecía bien poco a mi curiosidad, pero como el verdadero motivo de mi vagabundeo era más el deseo de alejarme de mis compañeros y compañeras –los componentes viciosos e informes de un espectáculo ambulante de monstruos– no tardé en alejarme del centro. Absorto en toda clase de pensamientos informes como los cuerpos de mis compañeros, que si bien no lograban concretarse en mi mente, cuando menos me proveían con el pasto de la distracción que inconscientemente conducía mis pasos, sin menoscabo del frío intenso, hasta los aledaños de la villa de cuyas bocacalles eran visibles ya los campos ateridos que la rodeaban. De calle en calle, de solar en solar, llegué al fin y al cabo a una gran plaza, un espacio enorme que más que una plaza de ciudad parecía un desmesurado campo deportivo en cuya superficie las tolvaneras jugaban una partida de escurridizo ajedrez, levantándose apenas unos cuantos metros del suelo y volviendo a caer luego como los integrantes exhaustos de un *team* de fantasmas que nunca hubieran logrado anotar un tanto definitivo a su favor. Largo rato me estuve recreando con las dimensiones espléndidas de este gran espacio que, después de las encrucijadas abigarradas y las callejuelas en las que apenas penetraba el sol que había yo recorrido durante mi caminata desde la estación del ferrocarril, parecía dar un cauce más amplio, casi infinito, al entusiasmo que anima la primera visión que tenemos de una cosa, como si el río estrecho de nuestra perspectiva se volcara de pronto, en un estuario inconmensurable, sobre la extensión amplísima de un gran océano. Mucho tiempo me detuve a recorrer con la mirada la extensión inacabable de esa gran plaza que, por momentos, pensé, más que una plaza era el fin de la ciudad y el principio del campo si no hubiera sido por dos circunstancias que, apresadas casi involuntariamente por mi conciencia, una vez que las posibilidades de mi mirada se habían adecuado a la magnitud del espacio, me hicieron percatarme de que en efecto me encontraba yo situado en el extremo de una plaza de grandes dimensiones. Estas circunstancias se resumen fundamentalmente en los hechos siguientes: en primer lugar, no bien levanté la mirada de las tolvaneras que se agitaban lentamente en medio de este espacio enorme, mis ojos encontraron, del otro lado, la silueta rugosa de una serie de casas que se definían, negras en su aglutinamiento caótico, contra el cielo claro y frío. Siguiendo la línea tortuosa de estas fachadas fui descubriendo poco a poco una continuidad de edificaciones que, al final de cuentas, acababan por ceñir la plaza a lo largo de sus cuatro costados; a tal grado, que me descubrí, de pronto, situado de espaldas a un enorme edificio pintado de blanco en cuya fachada se abrían los agujeros de las ventanas como manchones de tinta sin que por ellos asomara jamás la presencia real o adivinada de sus habitantes. Esa parte de la ciudad parecía estar desierta pues ni los ruidos, ni la sensación indefinible que anuncia la presencia de los hombres más allá de las puertas se concretaba en el fárrago de mis impresiones para darme esa seguridad o ese terror que produce la convivialidad. Tal parecía, en ese momento, que había yo descubierto un continente imprevisto, enclavado secretamente en un resquicio inesperado de la ciudad real. ¿Ignoraban acaso los habitantes de la villa la existencia de este ámbito aparentemente secreto o había yo ido a parar, por un azar tenebroso, a ese reducto inconfesable que existe en todas las ciudades, en el que medra imperturbable la infamia de las urbes, el gran leprosario secreto que se yergue en el silencio de su propia vergüenza y cuyos habitantes, los monstruos y los muertos, pululan en la sombra de sus edificaciones siniestras, que los acogen como el desecho más deplorable de la vida? Un escalofrío lentísimo me cruzó los huesos en cuanto supuse que tal vez había yo recorrido un camino que ahora era imposible desandar, que había yo traspuesto un umbral definitivo, que había yo penetrado en un ámbito del cual era imposible escapar sin la marca de la carroña, sin la conciencia de haber estado muerto o de haber cohabitado con cuerpos putrefactos que sólo en el instante en el que el paroxismo de la abyección toca su fondo, nos muestran de pronto la llaga purulenta que es el símbolo y la marca que define la especie de esos seres condenados. Alcé nuevamente la vista tratando de descubrir un indicio de mirada o de vida en el más allá de esas fachadas anodinas que, unas, parecían a punto de derrumbarse y, otras, se erguían, no sin cierto orgullo de su blancura, hacia ese sol brillante, pero frígido que les caía de frente o de costado como una capa de blancura premonitoria de hechos inconfesables. Escudriñé la barrera que las casas oponían a la mirada en el otro lado de la plaza y no descubrí sino su continuidad aterradora en el silencio de aquella región en la que los ecos de la vida no encontraban ninguna resonancia. Volví lentamente la cabeza tratando de seguir la silueta que los edificios dibujaban en torno mío alrededor de la plaza en la que el único movimiento era el del polvo que como un lento gato gordo se erguía y se abatía contra el suelo apisonado de lo que yo había creído un campo deportivo. Mi vista había recorrido ya todo el perímetro de la plaza analizando detenidamente la vacuidad de todos los edificios que la rodeaban cuando me percaté de la otra circunstancia turbadora que me hizo consciente de haber penetrado en una región prohibida, autónoma en su vida fantasmal dentro de aquella otra gran ciudad a la que, en compañía de los monstruos de mi espectáculo, había yo llegado por la mañana. Una sombra espesa, como la de una techumbre que de pronto se hubiera instalado sobre mi cabeza, pareció rodearme súbitamente con su negrura. Levanté la vista casi verticalmente y cuál no sería mi sorpresa al descubrir que me encontraba situado bajo la imponente bóveda de un enorme arco monumental. Retrocedí unos pasos como buscando el alivio del sol que apenas unos metros más allá de donde yo estaba caía a plomo sobre el polvo del pavimento y luego miré hacia la altura nuevamente para descubrir la verdadera grandiosidad de ese monumento a cuya sombra me habían llevado mis pasos sin que yo me diera cuenta de ello. Paralizado por el descubrimiento inquietante que acababa de hacer, miré largo rato esta estructura, informe sí, pero en todo reminiscente de las pretensiones monumentales que la habían erigido. Los bloques masivos de piedra, adosados arbitrariamente, mostraban, entre los resquicios que dejaban las torpes juntas de sus aristas, una interioridad de cordajes, de maderos podridos, de estucos en descomposición: las artimañas de alarifes torpes y presurosos, ocupados en la fruición de dar por terminada una obra en igual medida grandiosa y siniestra. Las piedras acumuladas en la desesperación de la locura construían caóticamente las dimensiones ciclópeas de este monumento que en su indefinición, en la falta de nitidez de sus aristas, de sus soportes, en las escoriaciones de los fustes de las columnas torpemente figuradas a los lados de su elevación se levantaba hacia el cielo luminoso en una prodigiosa acumulación de símbolos y de ornamentos primitivos. Una doble impresión de solidez pétrea y de estabilidad precaria daba al arco la doble calidad de monumento triunfal y de conmemoración de un hecho nefando y sólo una inscripción, cincelada absurdamente sobre la tortuosa superficie de la trabe del pórtico altísimo agregaba un indicio indescifrable e irritante a la sinrazón de toda esta arquitectura: NAPOLI. Eso decían las letras grabadas sobre el pórtico y al balbucir ese nombre no dudé ya de que aquí empezaba un reino secreto que no hubiera osado penetrar. Volví a leer esa palabra que sólo por su sinrazón era infinitamente más inquietante que una fecha concreta tallada en números romanos o el testimonio de una infamia, consignado a la piedra en el lenguaje sintético y críptico de la epigrafía antigua; NAPOLI... Miré en torno y el silencio de ese gran espacio, confrontado con la grandeza de aquel trofeo gigantesco, se volvió como el susurro sucio de palabras que nada dicen, pero que por su falta de sentido encierran un significado tenebroso. No cabía la menor duda de que había yo ido a parar a un mundo autónomo, otro que el nuestro, regido por la pasión de seres dementes o muertos. Se apoderó de mí un afán de huir que si no hubiera sido por la fascinación que había soldado todas las coyunturas de mis huesos, hubiera tomado su curso lógico, llevándome a toda carrera lejos de allí. Todas las posibilidades de mi voluntad se pusieron en marcha para conseguir esa liberación que a cada segundo se volvía más apremiante. Casi había yo conseguido poner en movimiento mi cuerpo cuando, en el otro extremo de la plaza, surgió una aparición que volvió a congelar mis ímpetus. Distraído como había estado en zafarme de esa inercia que me mantenía inmóvil, no me había dado cuenta de que un hombre, surgido en el otro extremo, me hacía señas agitando los brazos y profiriendo una serie de exclamaciones para llamar mi atención. No escuché sus gritos ni me percaté de su presencia hasta que lo vi caminar en dirección a mí, cruzando lentamente la plaza desde el extremo opuesto, por lo que su aparición me extrañó aún más, ya que no lo había visto entrar en la plaza, saliendo de alguna de las calles que en ella se vertían o de alguna puerta de los edificios que la circundaban.

–Hey... hey... –volvió a gritar el hombre agitando los brazos para llamarme.

Yo permanecí inmóvil en donde estaba, mirándolo fijamente sin acertar, de hecho, a contestar el llamado que me dirigía, pues su aparición no había quebrantado en nada mi deseo de alejarme de allí. Algo, sin embargo, una fuerza que yo no comprendía y que pudo no ser otra que la fuerza con que nos anima nuestra curiosidad malsana, me impidió moverme de allí y me resigné a esperarlo sin más. Volvió a agitar los brazos cuando llegó al centro de la plaza desierta y nuevamente sus imprecaciones o sus saludos me llegaron en ráfagas incomprensibles.

–Hey, hey –volvió a gritar agitando en el aire sus manos enguantadas.

Creí, a tan grande distancia, adivinar una sonrisa en sus labios, pero ahora estoy seguro de que era una mueca grotesca que sólo en la lejanía parecía una sonrisa. Poco a poco pude ir descubriendo los rasgos de su fisonomía. Sus facciones, conforme se iban acercando a mí, iban cobrando una definición lenta y precisa, agudizando los rasgos de su nariz, aquilina, precisando la curvatura de las comisuras de sus labios plegados en una expresión de desaliento y de terror, las volutas de su pelo negro cayéndole sobre la frente amplia, el color de su tez morena. Sólo su rostro era visible, pues iba cubierto con un grueso abrigo y sus manos, que de vez en cuando agitaba sobre su cabeza, estaban enfundadas en guantes de piel negra. Cuando ya estuvo más cerca de mí, adiviné en la expresión de su rostro una angustia violenta; su mirada era como la de la fiera acorralada por la jauría. No tuve duda de que ese hombre me llamaba desesperadamente para implorar mi ayuda. Caminaba lentamente hacia mí sin que por ello su paso no denotara esa premura contenida de quienes sólo desean correr hacia una escapatoria pero que están dominados por una fuerza superior que se lo impide. Volvió a agitar la mano enfundada en el guante negro. Sus palabras llegaban ahora claramente a mis oídos.

–Hey... tórsievo nat... nat versie... hey hey... –gritaba sofocado mientras seguía caminando lentamente hacia mí.

De pronto se detuvo, miró a su alrededor asustado y su vista se fijó unos instantes en la altura de uno de los edificios que se levantaban a un costado de la plaza. Él también parecía querer adivinar qué era lo que se escondía detrás de las fachadas imperturbables de esas casas, o tal vez ya conocía su secreto demasiado bien. Luego de mirar unos instantes se volvió a mí. Se encontraba ya a unos diez pasos de donde yo estaba, pero sus palabras apenas se distinguían. Hablaba apresuradamente, jadeando a cada sílaba que su boca vertía hacia la plaza enorme en la que sus palabras se perdían como pequeñas emanaciones o estertores.

–Nat versie... nímera... contarsie... nat? ...nímera... grandnieve pur furna... nat?

Yo lo miraba lleno de asombro sin acertar a comprender lo que decía. Comenzó a hablar nuevamente con gran agitación después de haber lanzado una mirada furtiva hacia el edificio. Mientras hablaba repitiendo casi siempre las mismas palabras, volvía la mirada angustiada hacia la altura del edificio blanco. Yo no comprendía el significado de sus palabras. A señas traté de inquirir qué era lo que pasaba. Con desencanto patente volvió a hablarme.

–Jorostievo nat condroi, nat irume, verstie pruna...

Pero en ese momento otra voz lo interrumpió. Era una voz atronadora que parecía surgir de un megáfono imponderable escondido en alguna de las casas que rodeaban la plaza. «Edetsie... edetsie... –decía la voz invisible–, ...jorti nat platzi... nat condroi... nat condroi...»

El hombre, presa ya de un terror incontrolado, se volvió con la boca abierta hacia los edificios, como tratando de descubrir el origen de esa voz, me miró unos instantes y luego, llevándose las manos enguantadas al rostro, dando muestras de gran abatimiento, doblegó la cabeza y comenzó a llorar, profiriendo, entre sollozos convulsivos, palabras incomprensibles. La gran voz volvió a hablar. A cada palabra surgida de ese reducto impreciso, el hombre se agitaba y lanzaba aullidos de dolor que en la desolación de la gran plaza merodeaban un instante en torno a nosotros y luego se perdían, desapareciendo de golpe en el silencio que todo lo rodeaba. El hombre todavía intentó dar unos pasos más hacia donde yo estaba, pero a cada intento la voz parecía retenerlo y frenarlo. «...Nat condroi edemi... nat condroi...», decía, y a cada palabra el hombre se doblegaba más tratando de no escucharla hasta que casi parecía que iba a caer por tierra. Luego se incorporaba cuando la voz cesaba y avanzaba unos pasos hacia mí, pero la voz volvía a atronar y el hombre, transido de un dolor inexplicable, se desplomaba y se agitaba intensamente tratando al mismo tiempo de incorporarse. A cada intento decía, «Verstie pruna... verstie pruna...»

A unos pasos de donde yo estaba el hombre cayó a tierra, de espaldas, como abatido por un rayo. La gran voz seguía diciendo «Nat condroi edemi... nat condroi...» El hombre ahora yacía jadeante. Con gran dificultad alzó los brazos y haciendo un esfuerzo supremo trató de quitarse el guante de la mano derecha. Lentamente la piel de su mano iba quedando descubierta. «Nat condroi...» volvió a decir la voz. Arrancándose violentamente el guante, el hombre alzó la mano derecha hacia la altura y con el brazo erguido amenazadoramente su cuerpo se fue desplomando, casi imperceptiblemente, hasta quedar extendido en una actitud mortuoria al tiempo que decía rabiosamente, como para sí, «Putana...» y cerraba los ojos en un espasmo de dolor. «Putana», volvió a gritar con todas sus fuerzas y con el brazo extendido hacia arriba se quedó muerto allí en la plaza junto a mí. Lo miré unos instantes. Hubo algo que en medio de esa violencia me hizo detenerme a contemplarlo. Fascinado, me acerqué a él y, apenas consciente de los actos que mis manos realizaban, le quité los guantes: a su mano derecha le faltaban los tres dedos de en medio y una rugosa cicatriz enrojecida, violácea casi, corría como un riachuelo de púrpura entre el nacimiento del pulgar y el del meñique. Levantada contra la desolación de esa gran plaza desierta, su mano parecía hacer la seña del diablo hacia la altura. Eché una mirada hacia el edificio blanco en un costado de la plaza y luego me alejé de allí.

Aquella noche, para olvidar el día, pacté con una prostituta de la ciudad. La índole de nuestro pacto era la tenebrosa blancura del alba y el cansancio de un cuerpo que nada recuerda y de una mente que nada olvida. A las primeras horas del día sentí la soledad de esa compañía fláccida y miré el cuerpo desnudo tendido jadeante y ebrio a mi lado hundido en el sopor de la fatiga viscosa de la infamia. Con la boca entreabierta, emanando exhalaciones de cloaca y asomando como una bestia feroz los dientes ennegrecidos y quebrados entre los labios pálidos, inmóviles en un rictus de espanto estúpido hecho de sueños de chacal o hiena, la puta dormía pesadamente. Miré a mi compañera, recorriendo lentamente su cuerpo desnudo como se recorre con la mirada un panorama inquietante y macabro. Antes de tomarla en mis brazos nuevamente, noté que le faltaban tres dedos de la mano derecha.

La falsa inocencia de todas la cosas

Juan Vicente Melo llamaba místicas a sus especulaciones en torno a la pregunta de si cada acto e instante –material o en la mente– mantiene un vínculo más allá de la causa y el efecto con cada otra cosa del mundo y la vida. Además, creía en los presagios y en los demonios que salen de la ouija. Se le «revelaban» signos y veía en la astrología una especie de billar demiúrgico en donde cada planeta hace carambolas con los distintos aspectos de nuestro carácter y nuestro sino.

Vale notar que todo determinismo degenera en «métodos» y «conocimientos secretos» encaminados a quitar al *destino* algo de su perentoriedad: entonces aparecen los conjuros y las palabras mágicas. La superstición astrológica surge de la intuición de que existe una secreta concatenación de todos los fenómenos del mundo. Sin embargo, tal sospecha, por inspirada que sea, jamás puede ser una certeza y precisamente por eso se convierte en superstición.

De aquí se deriva que Melo se impusiera la tortuosa misión de hacer de su escritura, de cada palabra (sagrada), una contribución al movimiento de los astros. En su *Autobiografía* (1966) Juan Vicente Melo dijo que se convirtió en escritor por «destino», por «naturaleza»; pero también afirma que escribe «por necesidad de inventar una realidad más próxima a mí, porque presiento que así me será revelado, a través de lo que escribo y de lo que escribiré, una verdad que me explique a mí mismo». Y parece que logró esta curiosa síntesis de voluntad y destino.

La angustiante contradicción que paraliza e impulsa a Juan Vicente Melo, lo lleva a una salida desesperada, insidiosa, que coloca al hombre como el único redentor de sí mismo. Crucificado en su propia carne, el hombre busca la resurrección. Muy significativa es esta imagen blasfema de «El agua cae en otra fuente» –otra historia sobre un «elegido», prefiguración de *La obediencia nocturna*–: «Se vio, cuando amanecía, subir las escaleras de la catedral, abrir el portón, caminar por la nave mayor y arrodillarse ante su propia efigie solicitándose misericordia».

Paradójicamente, Juan Vicente Melo llegaría a descubrir que el «destino» de cada hombre consiste precisamente en librarse de las potencias del *destino,* del tenebroso influjo de los planetas creados por el Demiurgo, de la vida signada por las fuerzas que alejan de la conciencia de los individuos su verdadera identidad.

La obediencia nocturna (1969) es, también, la irracional plegaria que elevó Juan Vicente Melo por el don de la conciencia. Esta novela, estación ineludible de la narrativa mexicana, se propuso indagar en torno a la pregunta central de las teologías: «¿Quién soy?» «Soy la divinidad», responden los mitos. Pero nada importa la respuesta sino el proceso que atraviesa la vida de quien se ha propuesto encontrar la respuesta.

Los cuentos de Melo no se dejan leer con facilidad debido, me parece, a que están contados en un tono ominoso, las palabras discurren en sordina. Exigen atención, aferre, porque de lo contrario apenas capta uno la anécdota. La lectura minuciosa de cada palabra revela, generalmente, una situación retorcida, abyecta, triste. La vida cotidiana de los seres humanos y sus relaciones, las más de las veces, según Melo, sólo acarrean daños al Espíritu. (Y en *La obediencia...* demostrará que sabe de lo que habla: «He sido fiel y obediente y lo único que he conseguido es sentirme mal, contaminado, sin posible absolución porque he pecado contra el Espíritu».) La casi totalidad de los cuentos es anterior a *La obediencia nocturna.* Los mejores de ellos («Tarántula», «Música de cámara», «Los muros enemigos», los tres de *Fin de semana,* «Mayim», «Algunos pedazos descoloridos de tela barata», «And my ending is dispair», «Los amigos») son un tanteo de la forma, la perspectiva y el tono que Melo perfeccionaría para la ejecución de su novela. Él se decía muy influido por la prosa de William Faulkner, pero no es difícil notar que las características de su estilo acatan la oscuridad del universo que se propuso expresar. El narrador de «Viernes: La hora inmóvil» es el prototipo de la voz que Melo quiso adoptar para manifestar su obra: «Soy, nada más, el que ve, el que cuenta». No obstante la insoportable ecuanimidad en que transcurre el *delirium tremens* de *La obediencia...*, Melo tuvo que meter las manos al fuego: «Porque para eso te han contratado y elegido: para no quedarte callado. [...] Eres, para decirlo en lenguaje culto, el que concede el testimonio. Habla pues. [...] Alguien tiene que escucharte. Alguien puede ser yo. Yo quiero, necesito oírte para saber».

Antes del final, de la caída en el misterio de Beatriz, Melo se desnuda de las apariencias: «Me encontraron en la calle y me dieron nombre y apellido. Pero no hay papel, documento alguno que certifique la autenticidad de las firmas de aquellos que aseguraron ser mis padres. No tengo nombre, nacionalidad, familia. Nadie me conoció antes de que me encontraran. Siempre he estado solo, buscando, escapando, echado a patadas de todos los lugares, abandonando sitios seguros, en el instante en que me permitirían el descanso que me correspondía». Ya está listo para saber quién es.

Casi sin darse cuenta, Melo pasó de la supercheria «de que soy víctima de las fuerzas atávicas que me rodean o me gobiernan» (*Autobiografía*) al conocimiento: «No comprendes, tonto, no te das cuenta. Aquí estoy, perseguida. Aquí estoy y no me has reconocido. Te voy a cantar algo que te recuerde y al mismo tiempo te haga olvidar, que te obligue al reconocimiento...»

Desde luego, no es un amor terrestre el origen de las penas del protagonista de Melo. Es un amor incestuoso consigo mismo, con la clave de su identidad: «Beatriz: viéndote todo es duradero. Mi edad es duradera, casi tanto como el anhelo de mirarte siempre y de esta manera transcurrir por todas las edades. Cierro los párpados y te retengo. Así consigo que me mires. Inclino la cabeza y ese simple movimiento es como penetrar en ti y conocerte. Estás viva».

No creo que haya sido dispuesta por los astros la terminología con que Melo concluye el vertiginoso proceso de *La obediencia...*: «Todo está terminado. Me siento bien, tranquilo. Puedo decirme, ridículamente, que estoy curado». En otras palabras, es el testimonio de un *artista* dedicado al *opus*.

Juan Vicente Melo
Tarántula

No, no llegaré nunca. Treinta y seis escalones. Descanso. Cuarenta y ocho escalones. Descanso. Después no sé cuántos. Uno está roto. No sé si el segundo o el cuarto después del decimotercer descanso. O tal vez al siguiente. Pero uno, fatalmente, tiene que estar roto. Cuando tropiece con él me romperé el pie.

Arriba se encuentra una explanada muy grande rodeada por techos de tejas que simulan un rompecabezas y hasta allá tengo que llegar. Una escalera. He dicho una, pero en realidad hay muchas, demasiadas para que en este momento recuerde cuántas. Pero sólo bajando por «esa», podré ponerme a salvo. Trato de calmarme, de sentirme absolutamente tranquilo, para empezar a recordar. Acaso diciéndome mil y mil veces que no tengo por qué huir de esta manera, que soy inocente, podré ver todo más claro. ¿La tercera a mi derecha? No, no. ¿La primera de la izquierda? Y estoy seguro que saltaré hasta el suelo; tardaré exactamente tres minutos en caer. Y de nuevo ese sofocamiento que me ahoga, ese terror convulsivo que, incansable, insiste en sacudirme. O tal vez si silbara la canción que tarareaba mi madre para dormirme... Pero el aire no sale. Sólo me río (y mi risa es casi como un aullido), me río más y más fuerte, hasta que el callejón lleno de escalones no es más que una mueca espasmódica con disfraz de carcajada.

Ahora caigo. Sí, el que está roto. Grito, no sólo por el dolor que me causa el pie que se va de lado sin que lo pueda controlar, sino de miedo, porque tengo un miedo horrible de no llegar allá arriba, de no encontrar la única escalera que me puede salvar, de tenerme que tirar al suelo, de que se necesiten exactamente tres minutos para estrellarse. Pero si no corro me alcanzan, de eso es lo único que estoy seguro.

Ya me he pellizcado hasta sangrarme para convencerme que todo esto no es una horrible pesadilla. Maldigo la hora en que se les ocurrió ir a ver qué me decía la ouija. Estaban frente a mí viéndome los ojos y yo creo que palidecía de terror. Todos empezaron a reírse. Yo no quería ir, lo juro. De pronto, advertí que ellos no eran hombres, nada más que intestinos que se contorsionaban de risa en el suelo. Primero un hombre con un espejo se tiene que acercar, y pegando su espantosa boca desdentada a la mía, me anunciará, bañándome en su aliento fétido: «El número ocho», y tratará de retratarme en el vidrio. Luego muchos tentáculos me rodearán por todo el cuerpo tratando de arrojarme a las ruedas del camión. La ouija dijo que me tenía que atropellar. Exactamente ése, de color verde, muy viejo y marcado con el número ocho. Y desde entonces me persiguen arrastrándose silenciosamente por todos esos escalones, como si fueran serpientes. Porque yo no quiero, no quiero echarme bajo las ruedas.

Ni siquiera los conozco. Tampoco sé cuántos son. Un día me llevaron a mover los dedos en la tablita de madera y se echaron como lombrices a reírse en el suelo, y ahora me persiguen, arrastrándose, para obligarme a morir. No me dieron tiempo de explicarles que no he hecho nada malo a nadie, que busquen a otro, que conmigo no tienen derecho. O que tengan piedad; sólo eso. Aunque en realidad hubiera sido inútil. Nunca he sabido de intestinos que tengan orejas.

Es un jazz desenfrenado. Recuerdo que cuando iba con la mujer aquella a bailar, nos gustaba escucharle y nos apretábamos uno contra el otro hasta trasmitirnos calor. Ahora suena muy fuerte. El salón está lleno de sombras, pero apenas aparezco se ilumina como por relámpagos. Hay muchos hombres. Les pido que me ayuden. Tal vez la luz me cegó al entrar, pero son ellos que ríen después de llevarse un líquido amarillento a una especie de hoyo que tienen abajo de una vesícula ocupada por un ojo vidrioso que se obstina en mirarme.

Y grito y grito hasta quedarme ronco y sin aliento.

Esa música era muy bonita y la mujer aquella y yo bailábamos muy apretados.

Ahora suena muy fuerte. Pero era más bonita la canción que tarareaba mi madre mientras yo me esforzaba en no dormirme para que se quedara meciéndome en sus brazos.

Ahora son tantos, que se oye como un ruido seco, rítmico, desesperantemente rítmico, como si un metrónomo marcara el compás. *Tac... tac... tac...*

El pie me duele y avanzo muy despacio. El ruido suena más fuerte, más aún que la música.

Podría jurar que dicen algo. Pero ya no puedo jurar nada. Es posible que sólo sea un coro inmenso y desafinado de gatos que se pelean. Podría hacerlos callar, claro que podría. Pero ya no puedo hacer nada. *Tac... tac... tac ...*

¿La primera de la izquierda? ¿O la segunda? ¿O la tercera? Tres minutos y ¡paf! en el suelo, entre la niña que vende flores y el idiota que pide limosna temblando de todo el cuerpo. ¡Paf!, como estallan los insectos contra un vidrio. Es todo lo que quedará de mí al caer.

Huele a gasolina. Llega a mi nariz como un vapor espeso hasta meterse muy dentro a pesar de que la oprimo con todas mis fuerzas. Huele a gasolina y a ese licor amarillento y a excremento. Y de nuevo el sofocamiento que me ahoga y el dolor de estómago y el arqueo rítmico hasta que no sale sino saliva espesa y amarga.

Un chirrido de frenos. No sé si yo he dado un alarido. Pero ha sido horrible. Alguien ha gritado: «No quiero». Un espejo. Alguien ha gritado: «No he hecho nada». Un número, un número cada vez más grande. ¿Será por eso? ¿Por qué no he hecho nada?... Me retratan. Un fogonazo que me ciega. El hombre del espejo es realmente un hombre. Tiene manos y dientes y orejas y, además, no huele a gasolina ni a excremento. A mí; exactamente a ese olor que me sale de todo el cuerpo. Huele a angustia y a miedo y a un deseo inmenso de vivir... *Tac... tac... tac...*

El número es ocho... ocho... ¡ocho! Lo veo bien claro a pesar de la luz que me cegó hace un momento. El idiota está allá abajo temblando y la niña vende flores aunque tenga sueño y frío y hambre.

El pie me duele, pero ya no le hago caso. ¿La de la derecha?

Te compraré un ramito, el más pequeño, para que tengas un dulce.

Tac... tac... tac... Tres minutos en caer. Pero el ocho es más poderoso que el tres. Y tengo veinte, ¡veinte! años... ¿Tienes rosas?... *Tac... tac... tac...* Mi madre me tomaba en sus brazos y me arrullaba cantando, pero ¡ay!, ya no recuerdo la canción. Pero eso sí, era más bonita que la música que bailábamos casi incrustándonos el uno contra el otro, la mujer aquella y yo...

El del espejo soy yo, y yo soy el otro, el que no tiene dientes, el que en vez de manos posee tentáculos. A fin de cuentas yo también soy un intestino sin orejas que he venido arrastrándome, huyendo de aquéllos, pero persiguiendo a alguien que ni siquiera conozco. Acaso ese alguien es más niño que yo y trato de arrebatarlo de los brazos de su madre que le canta arrullándolo, para echarlo entre las ruedas de un camión... Claro que no estoy loco ni veo visiones. El espejo está pegado a mis ojos. Y en él, viéndome, bailándome como un gnomo burlón, un rostro apergaminado, un cuerpo deforme, incompleto, inacabado, un aborto, un feto calcificado, me sonríe... ¡Uno!... Yo no quería ir, me llevaron a la fuerza. Me repito mil y mil veces antes de contar hasta tres, que no quería ir. La ouija dijo: «Se llama Muerte»... Y los muy cochinos están allá abajo viéndome con su único ojo y esperando pacientemente a que me tire, como esperan en el circo a que resbale el que camina en un alambre... ¿O violetas?... ¿Ni un solo ramito de violetas?... ¡Dios!... La canción decía: «Duérmete», así nada más, «duérmete»... ¿Será cierto que mi nombres es Muerte? O acaso tú, que vendes flores, ¿sabes cuál es mi nombre?... Es verde, viejo... frenos... ¡treees!... ¡Paf! Del camión brota una carcajada que me araña todo el cuerpo como si fueran cientos de púas lacerantes. Y la risa suena más horrible aún que cuando se repetía, rebotando de esquina en esquina, por todo el callejón.

El camión se detiene y algunos pasajeros bajan o se asoman por las ventanillas preguntando qué pasa. El camión se detiene. Está pintado de rojo y lleva el número seis. Me quedo con el espejo roto entre las manos y después lo arrojo al suelo. Alguien me toma del brazo y pregunta si me siento bien. No respondo y echo a caminar hasta perderme en lo oscuro del callejón para empezar a subir los escalones. Llueve.

Los subo ahora lentamente. De nuevo silencio y el olvido de todo lo anterior. Olvido y silencio hasta llegar a la explanada que simula un rompecabezas. Olvido y silencio hasta arrojarme. Ya no más carcajadas hasta que yo sea el que ría, hasta que grite, hasta que empiece a bailar apretado con la mujer aquella y hasta que me meta, apelotonándome, entre los brazos de mi madre que se mecerá en el sillón, tan rítmicamente, como los pasos de los intestinos que me persiguen arrastrándose. Todo se ha instalado repentinamente en la esencia misma de mi ser, tan luminosamente como el relámpago de la fotografía en el vidrio.

La niña cuenta sus flores y le da unos centavos a un viejo que se tambalea de borracho y le pega.

El idiota recoge los pedazos de vidrio y se queda viéndome. Le digo muy triste:

–¿Sabe?... Es que tengo veinte años y no quería morir...

Él me ve muy fijamente con sus ojos sin brillo. De su boca torcida escurre a intervalos un hilito de baba. Con un movimiento de su cabeza me hace saber que ha comprendido, pero no me explica...

Bibliografías

Francisco Tario (México, D. F., 1911-Madrid, España, 1977). Cuento: *La noche,* Robredo, 1943; *La puerta en el muro,* Colección Lunes, 1946; *Breve diario de un amor perdido,* Los presentes, 1951; *Tapioca inn. Mansión para fantasmas,* Tezontle, 1952; *La noche del féretro y otros cuentos de la noche,* Novaro, 1958; *Una violeta de más,* Joaquín Mortiz, 1968. Novela: *Aquí abajo,* Robredo, 1943; *Jardín secreto* (póstuma), Joaquín Mortiz, 1993.

Juan Manuel Torres (Minatitlán, Veracruz, 1938-México, D. F., 1980). Cuento: *El viaje,* Joaquín Mortiz, 1969. Novela: *Didascalias,* Era, 1970.

Pedro F. Miret (Barcelona, España, 1932-Cuernavaca, Morelos, 1988). Cuento: *Prostíbulos,* Ediciones del la Flor, Buenos Aires, 1973; SEP/INBA/Pangea, 1987; *Rompecabezas antiguo,* FCE, Letras Mexicanas, 1981; *Esta noche... vienen rojos y azules,* Hermes, Buenos Aires, 1964; CNCA, Lecturas Mexicanas, Cuarta Serie, 1997; *La zapatería del terror,* Grijalbo, 1978. Novela: *Insomnes en Tahití,* FCE, Letras Mexicanas, 1989.

Jesús Gardea (Ciudad Delicias, Chihuahua, 1939-México, D. F., 2000). Cuento: *Los viernes de Lautaro,* Siglo XXI, 1979; *Septiembre y los otros días,* Joaquín Mortiz, 1980; *De alba sombría,* Ediciones del Norte, New Hampshire, 1985; *Las luces del mundo,* Universidad Veracruzana, 1986; *Difícil de atrapar,* Joaquín Mortiz, 1995. Novela: *El sol que estás mirando,* FCE, 1981; *La canción de las mulas muertas,* Oasis, 1981; *El tornavoz*, Joaquín Mortiz, 1983; *Soñar la guerra*, Oasis, 1984; *Los músicos y el fuego*, Océano, 1985; *Sóbol*, Grijalbo, 1985; *El diablo en el ojo*, Leega, 1991; *El agua de las esferas*, Leega, 1992; *La ventana hundida*, Joaquín Mortiz, 1992; *El árbol cuando se apague*, CNCA, El Guardagujas, 1997.

Guadalupe Dueñas (Guadalajara, Jalisco, 1920). Cuento: *Las ratas y otros cuentos* (plaqueta) Ábside, 1954; *Tiene la noche un árbol*, FCE, Letras Mexicanas, 1958; *No moriré del todo*, Joaquín Mortiz, 1972; *Imaginaciones*, Jus, 1977; *Antes del silencio*, FCE, Letras Mexicanas, 1991.

Efrén Hernández (León, Guanajuato, 1903-México, D. F., 1958). Cuento: *Tachas*, Liga Nacional de Estudiantes/SEP, 1928; *El señor de palo*, Acento, 1932; *Cuentos*, Imprenta Universitaria, 1941; *Entre apagados muros*, Imprenta Universitaria, 1943; *Cerrazón sobre Nicomaco*, Imprenta Claridad, 1946. Novela: *La paloma, el sótano y la torre*, SEP, 1949.

Arqueles Vela (Tapachula, Chiapas, 1889-México, D. F., 1977). Cuento: *El Café de Nadie*, Ediciones de la *Revista Horizonte*, 1926; *Cuentos del día y de la noche*, Don Quijote, 1946, *Luzbela*, Costa-Amic, 1966. Novela: *La volanda*, 1956; *El picaflor*, 1961; *Novelerías*, 1966.

Daniel Sada (Mexicali, Baja California, 1953). Cuento: *Un rato*, UAM-I, 1984; *Juguete de nadie y otras historias*, FCE, Letras Mexicanas, 1985; *Tres historias*, UAM/Juan Pablos/CNCA/INBA/Cuadernos del Nigromante, 1990; *Registro de causantes*, Joaquín Mortiz, 1992; *El límite*, Vuelta, 1997. Novela: *Lampa vida*, Premià, La red de Jonás, 1980; *Albedrío*, Leega, 1989; *Una de dos*, Alfaguara, 1994; *Porque parece mentira la verdad nunca se sabe*, Tusquets, 1999.

Álvaro Uribe (México. D. F., 1953). Cuento: *La linterna de los muertos*, FCE, Letras Mexicanas, 1988. Novela: *La lotería de San Jorge*, Vuelta, 1995.

Ricardo Elizondo Elizondo (Monterrey, Nuevo León, 1950). Cuento: *Relatos de mar, desierto y muerte,* Universidad Veracruzana, 1980; *Maurilia Maldonado y otras simplezas,* Universidad Veracruzana, 1987. Novela: *Setenta veces siete,* Leega, 1987.

Salvador Elizondo (México, D. F., 1932). Cuento: *Narda o el verano,* Era, Alacena, 1966; *El retrato de Zoe y otras mentiras,* Joaquín Mortiz, 1969; *El grafógrafo,* Joaquín Mortiz, 1972; *Camera lucida,* Joaquín Mortiz, 1983. Novela: *Farabeuf o la crónica de un instante,* Joaquín Mortiz, 1965; *El hipogeo secreto,* Joaquín Mortiz, 1968; *Elsinore,* El Equilibrista, 1988.

Juan Vicente Melo (Veracruz, Veracruz, 1932-Veracruz, Veracruz, 1996). Cuento: *La noche alucinada,* Prensa Médica Mexicana, 1956; *Los muros enemigos,* Universidad Veracruzana, 1962; *Fin de semana,* Era, Alacena, 1964; *El agua cae en otra fuente,* Universidad Veracruzana, Rescate, 1985; *Al aire libre* (póstumo), en *Cuentos completos,* Fondo Estatal para la Cultura y las Artes de Veracruz/ Gobierno del Estado de Veracruz/ Instituto Veracruzano de Cultura, Frondas Nuevas, 1997. Novela: *La obediencia nocturna,* Era, 1969; *La rueca de Onfalia,* Universidad Veracruzana, 1996.